24歳の僕が、オバマ大統領のスピーチライターに?!

デビッド・リット
山田美明 訳

THANKS,OBAMA
My Hopey,Changey White House Years

光文社

24歳の僕が、オバマ大統領のスピーチライターに?!

THANKS, OBAMA
by
David Litt

Published by arrangement with Ecco, an imprint of HarperCollins Publishers
through Japan UNI Agency, Inc., Tokyo

何でも僕のことをお見通しで
とにかく僕を好きでいてくれる
ジャッキーに

事実に関する注記

（事実がまだ存在すると仮定して）

僕はホワイトハウスで仕事をしていた間、日記をつけていなかった。議会に提示を要求されそうなものは何一つ残しておきたくなかったのだ。そのため本書は、記憶や、無数のグーグル検索、家族や友人に繰り返し話したエピソードをもとにしている。職業柄、事実確認はできるかぎり行った。引用は、思い出せるかぎり一語一語正確に記し、少なくとも発言の意図が間違いなく伝わるようにした（オバマ大統領の言葉を引用するときには特に気をつけた）。公人については実名を使ったが、それ以外の人物については基本的に仮名を使っている。

序

エアフォースワンのルッコラ・サラダ

「あの野郎、そのままひっくり返っちまえ！」

車の窓から身を乗り出した男性が叫んでいる。この男は、自分が大統領の車列に向かって怒鳴っていることに気づいていない。いや、気づいていたとしても気にしないだろう。二〇一六年一月二〇日、ワシントンDCに雪が二、三センチ積もった。アメリカの首都を混乱に陥れるには、それだけで十分だった。映画『アナと雪の女王』と『マッドマックス』が入り混じった光景が現れた。

大統領は本来、交通渋滞に巻き込まれることはない。それが、大統領という仕事の特権の一つだ。だが、今夜は例外だった。どこからともなく現れ、ワシントンの道路を渋滞に追い込んだ吹雪のせいで、大統領のヘリコプターが離陸できなくなった。大統領専用車を通すために道を空ける時間もない。ホワイトハウス警護室には、せいぜい雪に強い車を用意することしかできなかった。通常、大統領は「ザ・ビースト」と呼ばれる車で移動する。これはもはや、リムジンのコスチュームに身を包んだ戦車だと言っていい。しかしその日は地面が凍っていたため、厚い装甲よりも滑りにくさが優先された。バラク・オバマはアメリカの最高司令官だ。その決定一つで市場が動く。その命令一つでほかの国を破壊できる。だがその夜は、オバマも中年の一般市民と同じようにSUV車に乗り、予定どおりの時間に帰宅しようと四苦八苦していた。

それでも大統領の車は四輪駆動だ。一方、僕のような若手のスタッフは、普通の一五人乗りのバンに乗せられた。雪のせいで後輪がやけに横滑りする。

アンドルーズ空軍基地を出て、当時の政治の世界を象徴するこんな状況に飛び込むことになろうとは予想さえしなかった。アメリカ政府はこの道路と同じように、どうしようもないほど麻痺していた。前へ進もうにも、いらつくほどゆっくりとしか進めない。大統領に随行する最後の旅行には、このような幕切れこそふさわしいのかもしれない。正しい方向へ進んでいると確信してはいるが、車輪が外れそうで不安になる。僕たちの車がスリップし、道路わきに停車した車にぶつかりそうになったときに聞こえてきた罵声でさえ、ご意見番気取りが政府を批判しているような意味に解釈できなくもない。

「あの野郎、そのままひっくり返っちまえ!」

だが、僕たちはくじけることなく態勢を立て直しては、少しずつ前進を続けた。

その日の朝、飛行機に乗ったときには、こんな象徴的な出来事を想像するどころか、軽食のことばかり考えていた。エアフォースワンに乗り込むと、クローゼットからナルニア国に足を踏み入れるような気分になる時期もあった。だが、この最後のフライトのころには、すっかり自分のルーティンができ上がっていた。まずは階段を上り、会議室のそばを通り抜け、ボウルに盛られた果物の山からブドウを少々つまむ。次いで、クローゼットにジャケットを掛け、イーサネットのケーブルを接続し、大統領用のエムアンドエムズを一箱くすねる。そして、アイスコーヒーを注文し、収納されているフットレストを引き出し、シークレットサービスに撃たれないように、エナメル加工した金属製のピンをつける。それから、昼食までにスピーチの原稿を仕上げるのである。

大統領が機内で食事をしているのを見かけるときはいつも、ヘルシーなものを食べていた。たいていは鶏の胸肉と野菜だけだ。一方、ほかのスタッフはと言えば、人食い人種が僕たちを太らせるために用意したとしか思えない料理を食べていた。さまざまな形容詞の並んだ、とてもカロリーの高いメニューばかりだ。その日の朝のフライトは、デトロイトまでという距離の短いものだったが、それでも、クリーミーなブリーチーズとカリカリのパンチェッタをのせた田舎風のガーリックトーストが出た。新鮮なルッコラのサラダには、ひきたてのコショウと削いだパルメザンチーズがかかっている。

以前、乗組員のテッドとこの件について話をしたことがある。「軽めの食事」でさえ、ベーコンビッツまみれだったり、溶けたチェダーチーズがたっぷりかかっていたりするのは、どういうわけなのだろう?

「軍隊は腹で行進するんだよ」とテッドは言った。

実際の軍隊であれば、そうかもしれない。兵士は遠くまで行進し、敵を殺すのにカロリーを消費する。だが、スピーチライターは行進しない。敵の弾丸が飛んでくる心配もない。それよりも、腹がふくれたあとに襲ってくる眠気のほうが心配だ。僕は大統領専用機の中で、詰めもの入りのポークチョップや、カニ身をのせたプレッツェルを食べた。ディップ用に、バッファロー・ブルーチーズソースを入れた巨大なカップまでついている。しかもこれが軽食なのだ。原稿を仕上げたあかつきには、自分へのごほうびとして、窓際に置いてあった菓子皿から、食べきりサイズのツイックスやスニッカーズ（訳注：どちらもマーズ社製のチョコレートバー）をいただいた。それ以外にも、本格的なデザートが用意されている。僕はいったい、わが国のために働いている間に、ペカンパイやいちごパフェ、りんごのタルト、アイスクリームを添えたブラウニーをいくつ平らげただろう？

一〇年前の自分に、二九歳のときに何をしていると思うか尋ねても、まさかエアフォースワンで動脈を詰まらせているとは思わないだろう。確かに当時、僕はイェール大学に通っていた。創立以来、政治家を数多く輩出している気取った大学である。だが、僕は違った。二〇代には冒険という冒険を味わいつくそうと思っていた。遠い異国の地を歩き、知らない言語を学び、腹筋が割れるほど体をきたえてやろう。それとも、社会を混乱させてやろうか？　体制をひっくり返すか、乗り越えるかしてやる。体制の一員になる？　ありえない。そんなことがあるものか。

ところが、それからの一〇年間を早送りしてみよう。結局、自己発見の旅など一度もしなかった。その一方で、ネクタイの在庫は驚くほど増えた。財布の中には名刺が少々、かばんの中にはバックアップ用のメモリーカードがたっぷり入っている。仕事でエアフォースワンに乗るたびに、空軍の将校が温かいタオルを差し出し、僕を「サー」と呼ぶ。決して皮肉ではない。気をつけていないと、自分がそう呼ばれるにふさわしい人間だと思ってしまう。

だが、スタッフが身のほどを思い知る機会はいくらでもある。このデトロイト旅行の二か月前、僕は、オバマ大統領が毎週行っている定例ビデオ演説の収録に立ち会った。普段なら収録の間、控えめにスタジオの隅に隠れているのだが、そのときは最前列の中央の席に陣取っていた。今となっては、なぜそんな場所にいたのかわからない。大統領がテレプロンプター（訳注：講演や演説などの際に台詞や文章を表示する装置）のほうに視線を向けた瞬間、たまたま僕と目が合った。

大統領とのにらめっこほど気まずいものはない。だが、もう始まってしまっている。どう終わらせればいいかわからない。ジェーン・オースティンの小説に登場する恥ずかしがりやの乙女のように目をそらそうかとも思ったが、よけいに居心地が悪くなるかもしれない。そこでオバマ大統領をそのまま見つめ続けた。大統領もこちらをじっと見つめている。何時間もたったような気がしたあと、とうとう大統領が口を開いた。

「そんなところで何をしてる?」大統領は別にいらいらしていたわけではない。ただ、僕がそこにいるのが意外だったのだろう。犬小屋にいるはずの飼い犬がリビングにいてびっくりした、という感じだ。

この状況に、ほかの若いスタッフなら体裁よく対処しただろう。たとえば、高潔にこう答えたかもしれない。「わが国に尽くすためにここにいます」。あるいは、難しく考えずにこう言ったかもしれない。「誤字があったら直そうと思いまして」

だが僕は、こんな態度を取った。何を勘違いしたのか、さりげなく見せようとして、こともあろうに自由主義世界のリーダーに、犯罪がばれた連続殺人鬼のような不敵な笑みを浮かべ、こう言ったのだ。

「いえ、ただ見ているだけです」

大統領は鼻から軽く息を吸い込むと、まゆを上げ、カメラマンを見てため息をついた。

「リットがそばにいると不安になるんだよ」

僕は九〇パーセントの確率で、オバマ大統領は冗談半分でそう言ったのだと確信している。

それから二か月後、大統領に随行する最後の旅行では、ルッコラとブリーチーズで腹をいっぱいにしながらも、大統領と目を合わせないように気をつけた。デトロイトの舞台裏で大統領は、講演前にいつも行うように、テレプロンプターのオペレーターと握手をし、秘書官とジョークを交わした。そして登壇すると、会場を埋め尽くした自動車製造業の労働者に向け、七年前にこの産業を救った話をした。

　僕はそれまでに大統領の自動車関連のスピーチを何度も書いていたため、そのスピーチに特に目新しい内容はなかった。それなのに、大統領のスピーチが結びの段落に入ると、僕の目に涙があふれてきた。大統領向けに作成する最後の原稿、車での最後の随行、エアフォースワンでの最後のフライトなど、ことあるごとに心の準備をしてきた。それでも、数々の思い出が胸に迫ってくる。僕はスタッフ席を離れ、トイレに駆け込むと、シンクに左手をついて体を支えた。右手には、最初のページを除いたスピーチの原稿を握っている。

　僕は自分に言い聞かせた。大人にならなきゃだめだ。大人は、上司の上司の前で泣いたりしない。

　気分を落ち着け、一度深呼吸すると、控え室に戻って待った。大統領との随行旅行とはこんなものだ。自分の運命が世界一重要な人物と分かちがたく結びついているときもあれば、もう使われなくなった教室や誰もいないオフィスで時間をつぶしているときもある。五分が過ぎ、一〇分が過ぎた。すると廊下のほうから声が響きわたった。

「リット！」

　大統領だった。左手に握ったスピーチの原稿の最初のページには、紛れもない大統領のサインが添えられている。大統領は握手を求めて右手を差し出した。

「きみが辞めるとは聞いてなかった」と大統領が言う。

「実は、こっそり逃げ出すつもりだったんです」。僕にしては意外なほどうまいジョークだった。すると大統領もジョークで切り返した。

「失敗したな。捕まえたよ」

大統領が辞職の件について尋ねようとすると、秘書官の一人が、講演後のインタビューに備えているカメラマンの列を指差した。「時間がないか。じゃあ、飛行機の中で話をしよう」と大統領が言う。

だがもちろん、そんな話はできなかった。帰りのフライトでは、大統領は仕事に忙しく、僕も、キューバのピカディージョ（訳注：ひき肉と野菜をトマトソースで煮込んだ料理）とつけ合わせのサラダを食べながら、感傷的な気分を追い払うのに忙しかったからだ。ワシントンが悪天候だという話を聞いたのは、アンドルーズ空軍基地まであと三〇分ほどのころだった。間もなく僕たちは、吹雪の中に着陸した。そして車に乗り込み、アスファルトの隅から隅まで車に埋め尽くされている光景を目撃した。

僕たちの車は全然進まなかった。信号が赤になり、大統領の車列はまたしても停車した。今度はチキンサンド店「チック・フィレー」のそばだ。これも何かの象徴なのかもしれない（訳注：二〇一二年五月、オバマが同性婚を支持すると、同店の社長が反対を表明し、それ以降、同店を舞台に賛成派と反対派が議論を闘わせることになった）。僕はいらいらするとともに不安になり、誰かいいアイデアはないかと思った。

そのとき、共和党の政治家サラ・ペイリンの言葉が頭に浮かんだ。この女性はいつもそうだ。気分がふさいでいるときに現れる。僕に嫌がらせをするおとぎ話の妖精のようだ。

彼女はこう言っていた。「あの希望や変革とやらは、いったいどうなったんでしょうね？」

これは、ペイリンが二〇一〇年から使うようになった言葉だ。当時、オバマ大統領の支持率は急落し、ティーパーティ運動（訳注：民主党政権による「大きな政府」政策に反対する保守派市民による政治運動）が盛り上がりを見せていた。だから、バカにするような不愉快な口調を別にすれば、いい質問だと言っていい。僕は二〇代の大半をオバマ・ワールドで過ごした。キャリアという点では成功した。だが、そのほかの点ではどうだろう？　バラク・オバマという人物に魅せられた無数の人々同様、この八年間は感情のジェットコースターに乗っているようなものだった。大統領選の画期的な勝利も、中間選挙の大敗で台なしになった。医療保険改革法を通過させた喜びもつかの間、それを守るのに大変な苦労を強いられた。ホワイトハウスに初めて黒人の大統領が登場したことで、国民の融和がいっそう完璧なものになったが、一年後には、アメリカの欠点を擬人化したようなドナルド・トランプにその座を明けわたすことになった。

相変わらず大統領の車列はスリップを続けた。三〇キロメートル余りの間、車は右に左に滑り、何度もぶつかりそうになりながら、ようやくホワイトハウスのサウスローンに到着した。僕にはここでもルーティンがあった。バンを降りたら、ホワイトハウスのウエストウィング

（西棟）を通り抜け、道路を渡った先にある自分のオフィスに向かう。これまでに何度もたどった道だ。だが、もう二度とこの道をたどることはない。ローズガーデンのそば、列柱の間の敷石を革靴の底で踏みしめながら、僕は一月の空気の中にただようサラ・ペイリンの質問に思いを馳せた。

あの希望や変革とやらは、いったいどうなったのか？

24歳の僕が、オバマ大統領のスピーチライターに?!

目次

第一部　オバマ・ボット

第二部

私たちが歴史に占める（ささやかな）場所

第一部

オバマ・ボット

1　有頂天

二〇〇八年一月三日、僕はバラク・オバマに身も心も捧げることを誓った。正式に愛の告白をしたわけではない。「希望」と書かれたオバマのポスターの刺青《いれずみ》を胸一面に彫りつけたわけでもない。それでも僕は、一瞬のうちに、心の底から変身を遂げた。その前までは、政治にほとんど関心のない、典型的な大学四年生だった。そんな男が、次の瞬間には、イリノイ州選出の新人上院議員のためなら何でも（本当に何でも）やろうと決心していた。

　僕はとても、こんな変身をしそうな人間ではなかった。その前の夏には、風刺新聞を発行しているオニオンでインターンとして働いた。上司は、ローラースケートのついたスニーカーをはき、キオスクで買った女性衛生用品を自分の席で売っているような男だった。だがそれは理想の仕事だった。僕はコーヒーを持ってきて仕事に励んだ。ときにはライターの会議にも同席し、編集主任が精神錯乱ぎりぎりの状態になる姿を目撃した。「おれたちが作っているのは風刺新聞だ。くだらない考えなしの新聞なんかじゃない！」と叫んで、部屋を飛び出してしまうこともある。僕は、これほど意義のある活動に参加したことがなかった。

ただ、一つ問題があった。うまく折り合いをつけられなかったのだ。僕はインターンとして、記事の校正と、天気に関するジョークの作成を任された。だが、このジョークの仕事が常に、校正の仕事の妨げになった。僕は毎朝、出勤してはこんなジョークを考えた。「ミートボールが降りそうな曇り空でしょう」。つまらないことはわかっている。だがこのフレーズが、呪文か腫瘍のように頭にこびりついて離れない。そのため、誤字脱字を修正することも、だらだらと長い文章を簡潔にまとめることもできなかった。

ミートボールが降りそうな曇り空、ミートボールが降りそうな曇り空、ミートボールが降りそうな曇り空。

これは、どこにでもある月並みな仕事ではなかった。僕はオニオンを崇拝していた。マンハッタン育ちだった僕にとって、あの同時多発テロの数週間後に発行されたこの新聞の見出しは忘れられないものだ。当時の僕は、一〇年生（訳注：日本の高校一年生に相当する）が終わるまでにアルカイダに殺されると思っていた。ところが、その見出しにはこうあった。

ハイジャック犯、自分が地獄にいることにびっくり

いてもたってもいられず、アメリカの国旗をかたどったケーキを焼く女性

この見出しに感心した瞬間、その小さな風刺新聞が、わが国で唯一大好きなものとなった。挑戦的で、誇り高く、何があっても楽観的だ。オニオンは、童貞のまま一生を終えなくてすむかもしれないという希望を与えてくれた。それ以上に励みになるものがあるだろうか？

アメリカのいちばんいいところを象徴しているのが風刺だとすれば、アメリカのいちばん悪いところを象徴しているのが政治だった。僕の家系の物語は、まさにアメリカンドリームそのものだ。曽祖父母は、宗教的な迫害を逃れてアメリカに移住したロシア人だったが、それから二世代後の僕の両親になると、週末にはニューヨークを離れて郊外の別荘で暮らす生活をしていた。僕はそれについて、何らやましい思いを抱いたことはない。幼いころから、アメリカではまじめに働いていれば報われると教えられてきたからだ。しかし、こうも言われた。どんなサクセスストーリーにも、どこかで幸運に恵まれた瞬間がある。だから、アメリカンドリームをつかんだ者には、その幸運をほかの人に分け与える義務がある。それが当然だ、と。

ところが、国を動かしている人たちは、そうは考えなかった。ジョージ・W・ブッシュ政権下で、大金持ちや大富豪は数々の減税を受けていた。その一方で、学校は資金不足に悩み、道路や橋は老朽化していた。家計所得は減り、赤字は増えていた。

それに、アメリカは戦争を始めた。ブッシュ大統領は、大量破壊兵器の破壊を口実にイラクへ侵攻した。結局、大量破壊兵器などなかったことがわかったが、もはやあとの祭りだった。アメリカは一国を破壊し、その結果生まれた混乱を引き受けなければならなくなった。国務長官のコリン・パウエルはこれを、「ポッタリーバーン社のルール」（訳注：「展示商品を壊したら弁償してもらう」という方針を指す）と呼んだ。確かに、気の利いた言い回しではある。だが、それとこれとでは訳が違う。展示商品を見に行って、何兆ドルもの費用、何千人ものアメリカ人の人命を犠牲にすることなどありえない。

つまり、わが国のリーダーは間違った選択をしたわけだ。それなら、もっといい人をリーダーに据えればいい。それが政治システムのあり方だと高校の飛び級クラスで教えてもらった。しかし現実の世界では、イラク侵攻をきっかけに、反民主的な暗い雰囲気が広がった。戦争や捕虜の虐待に反対する人はもちろん、減税に異議を唱える人さえ、まるで国を裏切っているかのような非難を受けた。もはや、大統領の政策を支持しているのか、アメリカ軍の行動を支持しているのか、区別がつかない。このような世論を生み出すのは、選挙戦略としては危険であり、誠実でもない。だが、それがまた功を奏した。

そのため僕は、こうした政治家たちを評価していなかった。周囲の人からも、自分で世界を変えなければいけないとずっと言われてきた。その言葉が正しいことを証明したくなり、二〇〇四年にはジョン・ケリーが出馬した大統領選挙戦にボランティアで参加した。

理屈のうえでは、僕たちの側のほうが歴史の向かうべき方向へ進んでいた。何しろ、平等のため、機会均等のため、弱者のために闘っているのだ。しかし実際のところ、民主党支持者は、臆病で意気地がなく、アメリカ的でないとの烙印を押されていた。『オズの魔法使い』に登場する、ドロシーがやって来る前のマンチキン（小人）のようなものだ。僕は、ケリーならブッシュより優れた大統領になるだろうと確信していた。だがケリーは、自信を持って自分の主張を述べているようには見えなかった。選挙期間中ずっと、ビートルズでいちばん才能があるのはリンゴだと主張しているかのようなのだ。ケリーの敗北が決まったとき、僕はひどく落ち込んだ。いや、それ以上に恥ずかしく思った。自分のささやかな行動で、わが国の進む方向を変えられると思い込んでいた。なんと愚かで世間知らずだったのだろう。

僕は政治と縁を切った。よく使われる決まり文句を信じるのをやめにした。「世界を変える」は、誠実さのかけらもない人の言葉だ。こういう人は、有機トマトでないトマトを毛嫌いするくせに、自分が吸っているたばこについては何も言わない。また、「わが国を取り戻す」は、スーツやネクタイを身につけて通学する新手の知能犯の言葉だ。

それから僕はどうしただろう？　世界を変えられないと気づいたので、その埋め合わせに世界をからかってやることにした。大学時代にいちばん情熱を傾けたのは、即興コントグループだった。二番目に情熱を傾けたのは、ユーモア雑誌である。オニオンでインターンとして働き、楽しそうに仕事をしている社員が始末に負えない風変わりなニヒリストだと気づいても、幻滅するどころか、むしろわくわくした。こんな魅力ある毒舌家になりたい、いつか自分も会議でぶちぎれ、部屋を飛び出していくようなまねをしたいと思った。そこで、天気をネタに、誰も思いつかないような最高にとんでもないジョークを書いてやろうと心に決めた。ところが、である。

　ミートボールが降りそうな曇り空、ミートボールが降りそうな曇り空、ミートボールが降りそうな曇り空。

　才能もないのに、これこそ運命の仕事だと思い込んでしまうことは往々にしてある。僕は理想の仕事を始めると、生理用ナプキンを大量に買い込み、上司のまねをしている自分の姿を想像した。なんならローラースケートも買おう。だが、八月が近づくにつれ、はっきりわかったことがあった。一緒にインターンとして働いていたマリアナは、自分の考えたジョークをすでに六つほど採用してもらっていた。一方、僕は一つも採用されていない。

　結局この仕事は、それほど意味のあるものではないのかもしれない。

　僕はそう思い直し、人生で初めてもっと高い目標を探そうと考えた。選挙運動に参加したあの苦い経験から、政治関係の仕事は論外だった。そのときふと、ＣＩＡに志願しようと思い立った。歴史を専攻し、コントグループでリーダーの経験もある僕なら、オサマ・ビン・ラディンに裁きを受けさせるにうってつけのはずだ。

　ＣＩＡから連絡があったとき、自分がどこで何をしていたか、まったく記憶がない。大学四年生だったことを考えると、二日酔いから治りかけていたか、二日酔いになろうとしていたかのどちらかだろう。面接官の名前も覚えていない。だが、チップとかジミーとか、そんな実にアメリカ人らしい名前だったことは覚えている。その人物は驚くほど快活で、まるで休暇用賃貸住宅や刃物の訪問販売員のようだった。

バディだったかテックスだったか、そんな名前の面接官は言った。「よし、じゃあまずは、この一年で禁止薬物を使ったことはあるかな?」

ここでうそをついていたら、テストに合格していたかもしれない。今ごろは、ホワイトハウスに関する本を書いているどころか、ダート銃の中に隠したやや小ぶりのダート銃で麻薬王を毒殺していたか、わが国の安全のために、ため息が出るほどのスーパーモデルと愛を営んでいた可能性もある。結局のところはわからない。僕は二か月前にマリファナを吸ったと告白した。

すると、面接官の口調から快活さが消えた。「ルールを破る人間も嫌いじゃないが、過去一二か月の間に違法薬物を使ったことのある人間は採用できない」。そんなわけで、テロリスト・ハンターとなる夢は消えた。

昨夜の中華料理とともに発泡スチロールの容器がごみ箱行きになったように、高い目標へのあこがれもCIAの夢とともに消えるだろうと思っていた。ところが驚いたことに、あこがれは生き残っていた。続く数週間、僕はありとあらゆる未来の自分を想像した。ファッションリーダー、旅人、銀行家、ブルースを弾く白人ギタリストなどなど。だが、こうした姿の自分はどれも、半サイズ小さすぎるジーンズのようだった。試着してみるとまるで似合わない感じがし、自分の欠点をさらけ出しているような気になるのだ。こうして、一一月から始めた別の自分を探す旅も、その年が終わるころには行き詰まり、すっかり人生におじけづいてしまった。

そんなときにはたいてい、神様にすがったり、パレオ・ダイエット（訳注：原始時代の人間の食生活を再現したダイエット法）に走ったり、アイン・ランド（訳注：人間が生きる目的は自分自身の幸福の追求にあるとする合理的エゴイズムを主張した作家・思想家）の著作に耽ったりするものだ。

だが僕はそうしなくてすんだ。翌年の一月三日、ある大統領候補者に出会ったからだ。

飛行機の機内での出来事だった。僕を乗せた飛行機は、ジョン・F・ケネディ国際空港へ降下する態勢に入っていた。当時は、機内でのテレビ放送の生視聴が始まったばかりだった。僕が通販番組からスポーツ番組へとチャンネルを移動していると、その間のチャンネルでたまま、アイオワ州の民主党党員集会を中継していた。どうやら同州の予備選が終わったところらしく、これから勝利者の演説が始まるようだ。ほかにいい番組もないので、これを見て時間をつぶすことにした。シートベルトがきちんと締まっていること、トレーテーブルがロックされていることを確認する。そして、目の前のテレビ画面に合わせて小さく映し出された会場で、五センチメートルほどの男が勝利宣言するのを見た。

それまでバラク・オバマの噂を聞いたことがなかったわけではない。二〇〇四年の民主党党大会での基調演説は記憶に残っていた。僕よりも政治に熱心な友人の中には、その選挙運動に夢中になっている者もいる。だが僕は、あまりに大人すぎて、彼らの言うことをまじめに受け止められなかった。友人たちは、フセインというミドルネームを持つこの男がアメリカの大統領になればいいと言っていた。それならいっそのこと、「歯の妖精」(訳注：抜けた乳歯をコインと交換してくれる妖精)に投票してはどうだろう? ローマ法王にはウーピー・ゴールドバーグを指名したらいい。

僕はオバマの演説を見守った。

それから数年がたち、大統領のスピーチの原稿をいくつも書いた今では、演説を読んだり聞いたりすると、つい頭の中で編集作業をする癖がついてしまった。そのアイオワ州での歴史的な党員集会で、オバマはまずこう語った。「彼らは、こんな日は絶対に来ないと言った」。今、改めてこの言葉を読んでみると、さまざまな疑問がわく。「彼ら」とは誰なのか? 彼らは本当に「絶対に」と言ったのか? 当時はジョン・エドワーズが、ヒラリー・クリントンの本来の支持基盤である白人労働者階級にも支持を広げ、二人で票を奪い合っていた。それなのに「彼ら」は、反戦を掲げて力強い資金調達活動を展開するオバマが、この三つどもえの民主党予備選に勝利できないと本気で思っていたのだろうか? それなら「彼ら」は、まるで見当違いをしていたことになる。

だが、こうした分析はいずれもあとづけに過ぎない。当時は、ストレスによる不眠症や、ホワイトハウスのレストラン「ネイビーメス」の勘定の心配などしなかったように、そんなことは考えもしなかった。むしろ、その言葉にすっかり魅了されていた。オバマは続けた。

「あなた方は、歴史におけるこの決定的瞬間に、皮肉屋から不可能だと言われたことを成し遂げた」。まるで映画に登場する大統領のような話しぶりだ。僕の父親より若く見える。僕はよくよく考えるどころか、何も考えなかった。ただその言葉を信じた。

バラク・オバマはそれから一二分間、話を続けた。着陸装置が機体から飛び出た瞬間にひやっとしたが、それ以外は演説に釘づけだった。オバマは、僕たちは一つだと言った。僕は中央の座席に座っている男性を見て、そのとおりだとうなずいた。また、民主党と共和党を一つにまとめて医療を拡大するとも述べた。僕は、彼の言うとおりになると確信した。さらにオバマは、居並ぶ運動員やボランティアのほうを見て言った。

「きみたちががんばったのは、きわめてアメリカ的な信念を持っていたからだ。それは、どんな困難に陥っても、この国を愛していれば変えられる、という信念だ」

二一歳にもなれば、突然、心を奪われるような恋心に襲われた経験もなくはない。そんなときには、話を聞いてくれそうな友人に胸の内をまくしたてる。「こんな女の子がいるんだ。カリフォルニアの子でね。以前、ワシントン州で一週間、一緒に過ごしたんだけど、どれだけ共通点があると思う?」オバマの演説を見たとき、僕をとりこにしたのは、性的な魅力ではなく政治的な魅力だった。だが政治であれ何であれ、心は望みの方向へ向かう。

僕はこの国を愛している! だったら、この国を変えられる! あの人はまるで僕のこれまでの人生を知っているみたいだ!

演説のあと、滑走路が近づきつつある飛行機の中で、自分の心に何が起きたのかを考えてみた。僕はレーガン政権の終わりごろに生まれた。そのころの政府は、解決策よりも問題を生み出していた。初めて選挙で投票したのは、ブッシュ政権のときだ。当時は、国外の敵にも国内の敵にも、「おまえは私たちの味方か、テロリストの味方か」という二者択一が適用された。だが今、この大統領候補者は、ニューヨーク市の数千フィート上空で、こう語りかけていた。僕たちは、共和党支持者と民主党支持者の寄せ集めではなく、アメリカ合衆国の市民だ、と。僕たちが一つになれば、どちらかだけでできることより、はるかに偉大なことが成し遂げられる。

搭乗ブリッジから出てきたころには、僕はもう、バラク・オバマについて黙ってはいられない人間になっていた。僕一人ではない。大学のキャンパス中に、いやアメリカ中に、理想を求める人が続々と現れていた。希望や変革を願う人々が、ゾンビのように群れ集まっていた。

僕たちは後に、批判的な人たちから、オバマへの献身的愛情が度を超えているとからかわれ、「オバマ・ボット」と呼ばれた。オバマのロボットという意味である。だが実際、そのとおりだったのではないだろうか？　オバマにとりつかれたのは、自分が下した判断の結果とは言えない。むしろそれは、数年ごとに製作される殺人ロボット映画の主人公のような心境だった。ある日、主人公に取りつけられていたスイッチが入れられ、長らく眠っていたコードが作動する。すると、温和な主人公が一転して殺人ロボットと化し、敵の臓器をスプーンでえぐり取るようになる。実際には、僕は誰の臓器もえぐり取っていない。ウェブ上で「私のリンクトインのページはこちら」というボタンを見ていらついたとしても、そんなことはしない。それでも、自分がそんなロボットになったような気がした。僕はすでに、友人に寄付を求めたり、手当たり次第に電話をかけて投票を促したりする能力をプログラミングされている。そのプログラムのスイッチが今、入ったのだ。

僕は大学に戻ると、オバマの選挙運動組織「オバマ・フォー・アメリカ（アメリカにオバマを）」の地元支部に参加した。すると運動員から電話番号の一覧を渡された。見知らぬ人の名前と番号がぎっしりと書かれている。僕は毎晩、手が痛くなるまで電話のボタンを押し続けた。最近は、こうした電話をかけるより受け取るほうが多い。僕はすぐに電話を切ってしまうので、受話器の向こう側ではきっと僕を毒殺してやりたいと思っていることだろう。だが二〇〇八年当時は政治が大いに盛り上がっていたため、民主党支持者は、見知らぬ人からのおせっかいなアドバイスにも喜んで耳を傾けてくれた。当人は、その四か月もの間ずっと自分の政治活動に酔いしれていた。

僕は間もなく、電話をかけた相手の男性や女性を「自分の有権者」と考えるようになった。相手が電話を取らないときには、役に立つ音声メッセージを一分間にわたり残した。相手が電話を取ったときには、まったく同じ内容のメッセージを伝えたが、こちらには最後に質問する時間を与えた。売り込み文句は少しずつ変えた。たとえばティファニーには、オバマには国民を一つにまとめる力があると言った。タッカーには、オバマの家系は中西部にルーツがあると伝えた。トレショーンには、一文の中に「歴史的」という言葉を三度も四度も使った。

だが主に語ったのは、イラク戦争のことだった。戦争の直前、ヒラリー・クリントンは、ブッシュ大統領にイラク侵攻の権限を与える票決で、賛成票を投じた。ヒラリーは、原理原則に従ってそうしたのか？　それとも、自分をタフな人間だと思わせようとしてそうしたのか？　答えは誰にもわからない。だがオバマの態度は違った。二〇〇二年、ブッシュ大統領に反対すれば政治生命を絶たれるかもしれないときに、オバマはイラク戦争を「ばかげた戦争」と呼んだ。僕は自分担当の有権者に、大統領になるには二つのものが必要だと言った。判断力と勇気だ。オバマはたった一度のスピーチの中で、この両方を示してみせた。

「経験はどうなの？　まだ上院議員を二年務めただけでしょ？」

「経験が重要だとは思いません」と僕は断言した。確かに、自分の即興コントグループのリーダーを二年生に任せるぐらいなら、焼身自殺したほうがましだ。それでも国家の運営となれば、新人上院議員にもできると確信していた。

僕は担当の有権者を五段階に分けた。ヒラリーを支持している人は五、投票先を決めていない人は三、オバマを支持している人は一である。この一、二週間の電話で、考えられるほとんどの話題を取り上げた。当選の可能性、教育、インフラ、遺伝子組み換え作物などだ。やがて僕は、こうした会話にはこつがあることを知った。間違いのない専門知識を披露するよりも、個人的な話をしたほうが効果がある。

「もちろん、アメリカの農民を支持していますす。いつもサラダを食べていますから！」

「祖父母が四人いますから、社会保障制度について気にしないわけにはいきません！」

そんな類いの話だ。

仲間の民主党支持者も僕もめったに口にしないが、いつも意識していたことがあった。人種である。僕がボランティア活動をしている候補者は、アフリカ系アメリカ人だ。白人が有権者の九〇パーセント以上を占めるアイオワ州で勝利することなどありえない。それなのに勝利を果たした。この候補者の魅力の核心はそこにある。オバマは、変革のために闘っているだけではない。変革そのものだ。メッセンジャーであるとともに、メッセージそのものでもある。約束の地について生き生きと語る預言者についていくのと、実際に奇跡を起こす人に従うのとでは、訳が違う。

だから、そんないい話を周囲に教えないのは自己中心的だと思った。僕は一夜にして伝道者となり、友人の前に現れた。彼らの魂の生殺与奪の権を握るオバマの証人として、一票を求めた。戦術については、これまでの英雄たちからヒントを得た。マハトマ・ガンジーはハンガーストライキを行った。ローザ・パークスはバスの座席を譲るのを拒否した。それならと僕は、メールのアドレス帳にあるすべてのアドレスをｂｃｃ欄に貼りつけ、その週のニュースについて自分の見解を記したメールを送った。

「ここ数日オバマが大勝利を収めているのは、オバマに投票してくれた数多くの支援者のおかげです。圧勝を重ねるごとに勢いはどんどん増していきます！」

こうしたニュース速報に返信してくれる人は誰もいなかったが、気にしなかった。僕は、愛するわが国を変えようとしていた。それに、マーチン・ルーサー・キング牧師と同じような困難に直面することはわかっていた。

オバマへの投票を呼びかける電話をかけ始めてから四週間後、僕自身がオバマに投票できる機会がめぐってきた。二月五日に、コネチカット州で予備選が開かれるのだ。コネチカット州は小さな州だが、ヒラリー・クリントンの第二の故郷とされるニューヨーク州の隣りに位置し、きわめて重要な意味を持つ。選挙の一週間ほど前に、当日オバマ自身が遊説に来るという告知もあった。

僕は大半のユダヤ人同様、キリストの再臨を心待ちにした記憶がない。だが、その予備選までの時間を数えながら、眠れない夜を過ごしていると、再臨を待ち望む気持ちがわかるような気がした。二月四日、オバマがやって来る聖なる時間が近づくと、僕は仲間の支援者を集めた。そしてルームメイトの車を無断で拝借し、仮の聖地であるコネチカット州ハートフォードへ巡礼の旅に出かけた。

数年後、大統領に同行してこうした選挙集会に出かけた僕は、聴衆はなぜこんなところに来たがるのかと不思議に思った。あまりにも待ちが多すぎるのだ。聴衆は、演説者が話を始める何時間も前から開場を待つ。金属探知機を通り抜ける順番を待つ。プログラムが始まるのを待つ。そして、演説者が話を始めるのを待つ。こうして少なくとも二時間は待ち、せいぜい一時間ほどの話を聞いたあとにはまた、演説者が退場するのを待つ。自分の前の聴衆が出ていくのを待つ。そしてさらに、バスや電車や車が来るのを待つ。大統領選の演説会はいわば、「待ち」の十種競技だ。

インターネットで見ればいいのに。そう思う僕は、ハートフォードでのあの日のことをすっかり忘れていた。あの日の僕は、自分の足で出かけ、何時間も待ちながら、その時間を一秒たりともほかのことに費やしたくないと思っていた。バスケットボールの競技場に立ち、一万六〇〇〇人もの仲間の巡礼者に取り囲まれながら、自家製のプラカードを掲げていた。ウェーブもした。仲間の中には、会場に大合唱を引き起こそうとする者もいた。

「イエス・ウィー・キャン！　イエス・ウィー・キャン！　イエス・ウィー……あれ、まだかな。まあいいや」

時間がわからなくなってだいぶたってから、ようやくプログラムが始まった。バラク・オバマがテッド・ケネディとともに現れた。二人はこの一週間、一緒に各地を回っていた。それは、実に意外な組み合わせだった。たとえて言えば、ジュリー・アンドリュースとレディー・ガガがタッグを組んでクリスマス・アルバムを制作するようなものだ。ベテラン議員のテッド・ケネディはかなり耄碌《もうろく》していたが、数十年の経験でつちかった知恵でどうにか議員生活を続けていた。一方、新人議員のオバマは、ところどころ未熟な点もあったが、否定の余地のない才能を持っていた。二人は対談の中で、民主党の定番となっているあらゆる話題を取り上げた。イラク戦争の終結、手ごろな価格の医療サービス、中間層の復興などだ。

驚くべきことに、僕はこのときの言葉をまるで覚えていない。ジョン・F・ケネディ空港に向かう飛行機の中では、この候補者に魅了された。だがこのハートフォードでは、群衆に魅了された。もちろん、これまでにも多様性を目にしたことはある。大学の入学パンフレットを見ても、さまざまな人々が表紙を飾っている。しかし、歓声を上げる無数の民主党支持者を見上げた瞬間、僕は生まれて初めて、自分が実に多様な人々の中にいることを実感した。

人種や階層でアメリカ社会を単純化するのには、危険がつきものだ。だがその日の午後、この会場は、名ばかりの平等主義とは無縁だった。若者もいれば、年寄りもいる。同性愛者もいれば、異性愛者もいる。黒人も白人も、男性も女性も、金持ちも貧乏人もいる。アメリカではよく、こうした違いが分断線になる。だがここハートフォードには、明るい未来への希望があった。それを体現しているのは、候補者ではなく僕たちだった。会場にいる人すべてが、自分という人間やそのルーツを誇りに思っていた。いや、それよりも、もっと大きなものの一部であることに誇りを抱いていた。

「U－S－A！　U－S－A！」

背後から大合唱が押し寄せてくる。自分でも意外なことに、僕はそれに声を合わせた。こうしたむき出しの愛国主義は、ブッシュ政権の時代にもあった。当時は、わが国を愛するのであれば、ほかの国への侵攻を支持せよと言われた。右派は「自由」や「解放」といった言葉を口にした。左派が捨ててもかまわないと思っている言葉だ。ところが今、僕たちは、皮肉でも何でもなく、大合唱しながら拳を突き上げている。

だがそれは、仲間のオバマ・ボットだけに向けたものではない。僕たちが「イエス・ウィー・キャン（私たちにはできる）」と唱和するとき、その「私たち」には、オバマの支持者も、ヒラリーの支持者も、共和党の支持者も、無党派層もすべて含まれている。僕たちは、誰もが間もなく光明を見出すだろうと確信していた。

しかしそのためには、選挙に勝利しなければならない。僕は仲間と大学のキャンパスに戻ると、寮の部屋を本部とし、それぞれの受け持ち区域を決めた。そして担当の区域を一軒一軒回り、民主党支持者に投票に出かけるよう呼びかけた。その仕事を終えると、自分も投票に行った。投票のときには、オバマの名前の横にある丸を塗りつぶした投票用紙を、しばらくじっと見つめずにはいられなかった。それからまた、ルームメイトの車を無断で拝借し、有権者を投票所まで連れていく活動を続けた。

僕たちはバーに集まって結果を見守った。当初はいやな雰囲気がただよっていた。ヒラリーが早々にリードしたのだ。しかし、ハートフォードやブリストル、ニューヘイブンなど、大都市から開票結果が入ってくると、大勢が明らかになってきた。結局、わずか一万四〇〇〇票差でオバマの勝利だった。わずかな差でも、勝ちは勝ちだ。僕たちは大騒ぎしながらキャンパスの本部に戻った。その途中、路上の乞食二人の前を通りすぎると、彼らがこちらを見ている。僕たちも彼らを見返した。

「バラク・オバマ?」

「バラク・オバマ!」

その瞬間、僕たちも乞食も一緒になって抱き合い、飛び跳ねながら歓声を上げた。オバマの勝利により、僕たちと乞食の間にあったあらゆる溝が一瞬にして埋まったのだ。全世界ががらりと変わったと思い込んだとしても無理はない。

僕を夢から現実に引き戻したのは、当時なんとなくつき合っていた三年生のエリカだった。僕は彼女が、予備選当日の朝もまだ態度を決めかねていたことを知っていたが、哲学を専攻しているせいだと思って気にしなかった。いずれ時が来れば、正しい選択をしてくれるものと信じていたのだ。

ところがエリカは、ヒラリーに投票した。オバマも好きだが、女性を応援したかったのだという。そう考えるのもわからないわけではない。だが実際のところ僕は、一緒に食事をしに行った店で、彼女が平気で人肉を注文したかのような印象を受けた。そこで、彼女がどれだけひどい選択をしたのかをわからせようとしたが、どういうわけか、僕が望むように考え方を改めてくれない。僕たちは数日後、なんとなく別れた。

そのころのオバマは連勝を続けていた。ネブラスカ州、メイン州、メリーランド州、ウィスコンシン州など、コネチカット州予備選から二月一九日までに一一の予備選や党員集会があったが、そのすべてに勝利した。二月末には、オバマのリードが決定的になった。数か月前にはとても考えられなかったことだが、アフリカ系アメリカ人、白人富裕層、若者が、オバマを民主党の大統領指名候補にしようと団結していた。そんな勝利感に浸っていた僕には、なんとなくつき合っていた恋人との別れを嘆いている暇などなかった。

それに、別の希望に賭けてもいた。僕はまた友人に言った。「こんな女の子がいるんだ。でも、デートに誘う勇気もないし、向こうもデートに誘ってもらいたそうな感じじゃない。だいたい、どれだけ共通点があると思う？」

相手はエイミーという名前の女性だった。のびのびとしていて反抗的で、バットマンとコンピューター科学が好きだという。どう見ても高嶺の花だ。ところがそう思った瞬間、オバマの言葉が脳内に響きわたった。「絶望的な困難に直面したとき、おまえにはまだ無理だ、やめたほうがいい、できないと言われたとき、何世代ものアメリカ人が、その国民の精神を象徴するシンプルな信念で、それに対処してきた」。そのフレーズが、呪文か腫瘍のように頭にこびりついている。

イエス・ウィー・キャン。イエス・ウィー・キャン。イエス・ウィー・キャン。

しかし二月の間ずっと、エイミーからは丁重に拒否され続けた。僕は手持ちの武器を総動員した。手作りのケサディージャ（訳注：トルティーヤにチーズや玉ねぎなどを包んで焼いたメキシコ料理）、三分の一ほど残ったイエローテールのワイン、『ザ・ソプラノズ　哀愁のマフィア』のＤＶＤ――それでもだめだった。

ところが、望みがないと思っていた矢先に、道が開けた。エイミーがオバマに取りつかれたのだ。ロードアイランド州で予備選が開かれる三月四日、僕は彼女を誘った。何もかも放り出してプロビデンス（訳注：ロードアイランド州の州都）に行き、戸別訪問をしよう、と。すると驚いたことに、彼女はその誘いに乗った。僕は彼女の気が変わる前に、ルームメイトの車を無断で拝借し、州間ハイウェイ九五号線を東へ向かった。

現地に到着した瞬間から、オバマがとても勝てそうにないことがわかった。ロードアイランド州の有権者に対してオバマに投票してくれと言うのは、エイミーに対して勉強の骨休みに午前一時に会おうと言うようなものなのだ。しかし、この日に予定されていたもっとも熾烈な争いが予想される五つの予備選でも、歴史的な瞬間が訪れつつある予感があった。有権者は確かに僕たちの言うことに反対した。強硬に反対する人も多かった。それでも、愛するわが国を変えようと努力する若者が玄関先に来ると、喜んで話を聞いてくれた。あるヒラリー支持者は、レモンケーキをごちそうしてくれた。寒いだろうから中に入れと言ってくれた人もいる。あるひげの男は、扉を開けるなり、選挙運動ではまだ聞いたことのない質問をしてきた。

「きみはユダヤ人？」

僕がそうだと言うと、白いつつましい家の中に僕を招き入れ、家族とともに安息日の祈りを唱えてくれた。彼らは、オバマに投票するぐらいなら、ベーコン・チーズバーガーを山盛り食べたほうがましだと思っていたに違いない（訳注：ユダヤ教では肉と乳製品を同時に食べてはいけないとされる）。それでも、優しい目で僕を迎え入れてくれた。政治はこうあるべきであり、人生もこうあるべきだ。

再びエイミーと合流するころには、世界が変わりつつあることをこれまで以上に強く確信していた。ロードアイランド州で負けたってかまうものか。アメリカは、輝かしい新たな章に入ろうとしている。僕たちは民衆をそこへ導く使徒になろう。僕はがっかりするどころか、喜びに震えていた。力があふれ、有頂天になった。かつて経験したことのない感覚だ。

僕はエイミーと車に戻った。彼女も同じような気持ちでいることがわかったので、体を寄せてキスしようと思った。だがそれでは、あまりにありふれていて、いかにもありきたりで、そのときの「かつてない」感覚にそぐわない。僕はよくよく考えるどころか、何も考えず、こう口走っていた。

「裸でニューヘイブンまで帰らない？」

それは、とても想像できないが、考えようによってはありえなくもないアイデアだった。まさに、バラク・オバマ的な提案である。彼女は、ほんの一瞬で同意した。

正直なところ、運転中にどうやって服を脱いだのか、よく覚えていない。ただ言えるのは、そんなことができる技能を示すバッジがあるとしたら、僕たちにはそれを身につける資格があるということだけだ。街中では減速帯や赤信号があって難しかったが、ハイウェイに出てしまえば何も気にしなくていい。僕は左車線を走っていたが、追い越していくドライバーが助手席を見てあぜんとしていた。

これはデートなのか？　ただのおふざけなのか？　いずれにせよ、二人ともこのドライブを終わらせたくなかったのは間違いない。僕たちは互いに見つめ合ってバカ笑いをした。パトカーが見えるたびにひやひやした。水族館に寄ろうと思ったが（そのときにはいいアイデアだと思った）、結局は入館を断られ、ハイウェイに戻って裸のドライブを続けた。

僕はあの言葉を思い出した。「彼らは、こんな日は絶対に来ないと言った」

僕の今後を決める決定的瞬間になったのは、バラク・オバマの演説に魅せられたあの党員集会でもなければ、初めてオバマをじかに見た二月の選挙集会でもない。あるいは、それから六週間後にオバマが行った歴史的な人種問題演説でもない。そのころにはもう、エイミーと僕の間に燃えていたわずかな火はくすぶり、燃え尽きてしまった。

そんな経験が決定的瞬間になったと言えば聞こえはいいが、実際のところそうではない。僕のその後の人生を変えたのは、交通量の多いハイウェイで、ルームメイトから拝借した日産車の座席にほおを押しつけていたあのときだった。ほんの数か月前には、皮肉ばかりが頭にはびこっていた。それが今はどうだろう？　よりよい世界を作ろうとしている。見知らぬ人を家の中に招き入れて食事を分け合う世界、好きになった女の子が理由もないのに服を脱いでくれる世界だ。僕たちは、変革のために闘っているだけではない。僕たちが変革そのものなのだ。僕はアクセルを踏み込んだ。期待で肌がぞくぞくする。

二一歳の僕は、バラク・オバマのアメリカにいた。できないことは何もない。

2 ホワイトハウスの仕事につかない方法

事務所の掃除は禁止。
オバマの取り巻きにさせること！

オハイオ州ウェイン郡の民主党委員長ジャニス・マイヤーは、僕のことが嫌いだった。公平を期して言えば、オバマのことも嫌いだった。八〇歳を超え、誇りを持ってヒラリーを支持しているこの女性は、ヒラリーのライバルであるオバマを成り上がりの若造と見なしていた。その延長線上で考えると、僕など胎児も同然だった。それも、うっとうしい胎児である。予備選は一か月前に終わっていたが、そんなことは関係なかった。ジャニスは、西ゴート族の人間を風呂に迎え入れなければならなくなったローマ人のように、冷たく見下した態度で僕を迎え入れた。

ジャニスは、僕を肉体的に痛めつけられるような体格ではなかった。身長は一五〇センチメートルもないほど小柄で、戯画に登場する魔女のように腰を曲げ、頬をたるませている。だが、

その小柄な分を、しつこく激しい憎しみで補っていた。その結果が、冒頭に掲げた掃除に関するメモだ。ある晩遅く、僕は一部屋しかない選挙事務所を出た。そして翌朝そこに戻ってくると、壁にこのメモが貼ってあった。事務所の鍵を持っているのは二人しかいない。一人は僕、もう一人はジャニス・マイヤーだ。

オハイオ州に着いて早々、こんな問題を抱えることになるとは思いもしなかった。五月に民主党の予備選も大学生活も終わってしまうと、僕はすっかり張り合いをなくした。ところがその二週間後には、激戦州であるオハイオに車を走らせていた。オバマ・フォー・アメリカが、僕を「特別運動員」に指名してくれたのだ。だがこれは、体のいい「契約奴隷」に過ぎない。僕は一日一六時間、無給で働いた。ただし、選挙本部がそれと引き換えに、ずぶぬれの犬のにおいがきつい見知らぬ人の家の空き部屋を都合してくれた。信じられないような幸運に恵まれたわけだ。僕は毎朝ベッドから起きると、ボタンダウンのシャツから犬の毛を払い、意気揚々と外に出ると、オハイオ州カントンの善良な市民にしつこくつきまとった。

「ちょっとお尋ねしますが、選挙人名簿には登録されてます？」

「いや、おれは投票しないから」

「だめですよ！　一緒に登録に行きましょう！」

有権者に登録を呼びかけていないときには、オバマの支持者に電話をかけ、その家に押しかけた。この訪問活動は「ワン・オン・ワン（一対一）」と呼ばれている。ワン・オン・ワンがうまくいけば、その人は新たなボランティアとなり、ホームパーティを開いて、オバマへの投票を訴えるDVDを客に見せてくれるようになる。もっとうまくいけば、事務所のスタッフにラザニアを届けてくれるなど、心のこもった気前のよい支援をしてくれるかもしれない。

コロンバスで僕を指導してくれた人物の一人、ステフ・スパイアーズはこう言っていた。

「忘れないで。有権者はバラク目的で来る。でも、その人たちを引き留められるかどうかはあなたたち次第だから」

僕は大学時代からステフを知っていた。僕と一学年しか違わない。だが、こうした若い人が上に立つのはよくあることだと間もなく気づいた。現場の運動員は、能力次第でいくらでも出世できる。年長者の言うことを素直に聞いたり、組織図を神聖視したりしている暇はない。この世界では、数字さえよければ（つまり数多くのボランティアを集め、数多くの有権者に接触すれば）、上に行ける。数字が悪ければ、上へは行けない。ステフは、たった一二か月前に選挙運動に参加したばかりだ。それなのに今では、オハイオ州の南西地区全域を任されている。オハイオ州全域の運動員を集めたセミナーで、彼女は出世に役立つモットーを教えてくれた。

すべての票を獲得しようと思うな。半分プラス一票獲得すればいい。
電話ほど頼りになる武器はない。
頭で考え、心で動け。

最後のモットーは偽善っぽく聞こえるが、そんなことはない。毎週の目標を達成するには、有権者を人間ではなく数として考える割りきった気持ちが必要だ。むしろ、そういう気持ちが少々強すぎるぐらいのほうがいい。僕は仲間によくこんなことを言った。「血漿《けっしょう》バンクの外に、未登録者らしき人の列ができてる！　都合のいいことに、あの人たちはただぼさっと立っているだけだ！」

だがその一方で、僕は自分の中に思いがけない熱意を発見した。僕が最初のころワン・オン・ワンに出かけた相手に、ゆったりとしたブラウスを着た中年女性のブレンダがいた。彼女は別れるとき、不安げに僕を見て言った。

「本当に勝てると思う？」

こういう場合、普段の僕なら、あらゆる可能性を警告しておく。だが、選挙事務所で働いているうちに、僕の中の長らく眠っていた部分が目を覚ました。

「もちろん勝てますよ！　ブレンダがチームに入ってくれたんだから！」

これほどの熱意はいったいどこから生まれたのだろう？

僕は学生としてさほど輝かしい成績を収めていたわけではない。四年間の大学生活は、ノーブランドのウォッカと甘い基準の成績評価以外、ほとんど何もなかった。このような可もなく不可もない人生が今後も続くのかと思うと不安になった。だが選挙運動をしていると、何かがしっくり来た。いつの間にか、有権者の登録カードを大量に集めていた。一日に三度ラザニアを食べていた。こうして数週間、契約奴隷を続けていると、やがて運動本部がその働きに気づき、無給の運動員から薄給の組織員に格上げしてくれた。そして、ウースターの事務所開設を僕に任せてくれた。ウースターはウェイン郡の郡庁所在地で、酪農が盛んなオハイオ州北東部の中ほどにある小さな町だ。

ウェイン郡は、組織員たちから「タフな地区」と言われていた場所だった。それは、ジャニス・マイヤーが僕を嫌っていたからだけではない。二〇〇四年の大統領選挙では、この地区の票の六〇パーセントをブッシュが獲得していた。残りの四〇パーセントは、地元の大学生や貧困層に集中しており、それ以外の人は、民主党を支持していてもそれを言い出しにくく、国民皆保険制度の創設や最低賃金の引き上げを堂々と主張するのがはばかられるような土地柄だったのだ。

そのため僕たちの選挙運動は、民主党支持をカミングアウトするお披露目パーティのような観を呈した。オバマの演説に感銘を受けた人が、おずおずと事務所の扉を開けて入ってくると、すでにそこには友人や隣近所の人がいたというわけだ。僕が開いた小さな事務所は、街の広場のすぐそばにあったため、そこは間もなくボランティアの男女でいっぱいになった。銀髪のチェーンスモーカーのエレン、町のことなら何でも首を突っ込むシルビア、徹底した社会主義者のロス、立派なキノコ農園を経営しているベスなどだ。こうしたボランティアの人たちは僕に、

「中古車のセールスマンになるといい」と言った。どうやらお世辞のつもりだったらしい。

僕にはその意味がわかった。新たなボランティアを獲得するには、ある程度、恥を捨てなければならない。だが僕は、組織を盛り上げるために、ボランティアになってくれと根気よく頭を下げたり、現在の政治に対する罪悪感を巧みにあおったりしただけではない。僕の組織員としての最大の強みは、修道僧のように大義に身を捧げているその姿にあったようだ。僕は六月から大統領選のある一一月までの間に、ビールを二杯しか飲まなかった。ほぼ自主的に、ほぼ禁欲を貫いた。また、国内ニュースに惑わされないようにしようと、ポルノサイトをブロックするソフトウェアをダウンロードし、その設定を変更してCNNニュースを見られないようにした。

売り込むのが大統領候補者でなく車だったら、これほどひたむきにはなれなかっただろう。オハイオ州では毎日、自分が大きな流れを生み出している一員だという気がした。たとえば、四年間に三度、製造業の仕事を首になったリサという女性がいた。リサは六月、看板を頼りにこの事務所にやって来たが、ボランティアなんてとても自信がないと言っていた。ところが一一月になるころにはこの地区のチームリーダーとなり、ウースター全体の活動を指揮していた。

また、ウェンディという女性もいた。彼女は椎間板ヘルニアを患っており、立ったままでも座ったままでも激しい痛みに襲われる。そのため、広場をゆっくり歩きまわりながら有権者に電話をかけていた。僕はボランティアを限界まで追い込むことを自慢にさえしていたが、このときばかりは無理をしないでくれと言った。

「あなたがこんなことをしなくてもいいんですよ」

「いえ、やります。でないと、病気を治すのに必要な医療保険を受けられなくなりますから」

それほど大事なものがかかっているからこそ、週に一二〇時間も働けるのだ。

ポルノサイトをブロックするソフトウェアのおかげで、僕たちの組織が成長していた間に経済が崩壊しつつあったことにはまるで気がつかなかった。その年の九月一五日、リーマン・ブラザーズが破綻したが、僕は副大統領候補のジョー・バイデンを迎える選挙集会の準備に忙しく、気にも留めなかった。だが、ボランティアの人たちは違った。彼らには、選挙運動以外の生活がある。僕のように何も知らないで満足しているわけにはいかない。以前は、電話の合間にブッシュの悪口を言っていた。今ではそれが、年金の話題に変わった。運動仲間たちがカントンを回ると、どの家も差し押さえられていた。

第二の世界恐慌が迫ってくると、支援者が自分たちの未来を心配するあまり、運動に時間を割けなくなるのではないかと不安になった。ところが実際には、反対のことが起きた。ボランティアの人たちはこれまで以上に、国民生活と自分たちの生活とが切り離せないものだということを理解した。そして、オバマの言う「激しい切迫感」を持って行動を再開した。彼らがペースを上げると、僕もそうした。一〇月には、ステフのモットーを捨て、もっと個人的なモットーを採用した。

疲労はただの感覚に過ぎない。

そして、とうとう大統領選の投票日がやって来た。奇妙なことに、その日は不気味なほど静かだった。投票所が開く数時間前、僕はあるボランティアの家の居間にあったソファに座り込み、決定的瞬間を待った。部屋にはほかに誰もいない。二リットルのジュースの空きびんが一つと、古いアメフトのゴムボールがある。僕は、アメリカ史上きわめて重要な一日を、びんにどれだけボールを当てられるかというゲームをしながら過ごした。

バシッ。バシッ。ドスン、ガチャン、くそっ、ランプが壊れていないか確かめにじゅうたんの上を歩いていく足音、安堵のため息。バシッ。

この部屋の外では、ウェイン郡の地元組織が慌ただしく働いている。だがその場を取り仕切っているのは、もはや有給の組織員ではなかった。経験を積んだ地元のボランティアが自分たちで切り盛りしていた。学生や教授、専業主婦もいれば、空手の講師や農業の研究者、年金生活者もいる。今では彼らも運動員だった。

その日の夜のテレビで、オハイオ州でのオバマの勝利、そして全国でのオバマの勝利が伝えられた。僕たちには、オバマの成し遂げたことが信じられなかった。いや、それ以上に、自分たちの成し遂げたことが信じられなかった。確かに、経済はまだ危機的状態にある。イラク戦争はまだ猛威を振るっている。きっとジャニス・マイヤーは、僕がオフィスマックスで買ってきたレーザープリンターを横取りしてしまうだろう。僕がスポンジで彼女の折り畳みテーブルをぴかぴかに磨くまで、返してくれないに違いない。

「みんなのものを横取りするなんて卑怯だぞ！」僕がそう言うと、彼女は初めて笑顔を見せ、口をゆがめながら言う。

「ふん、これがウェイン郡のやり方なんだよ」

僕は結局、清掃員に格下げとなり、ごしごし机を磨くはめになるのだろう。だがそれは先の話だ。今、僕たちが支えてきた新たな大統領が、全国に向けて演説をしている。ボランティアたちは喜びに涙を流している。キング牧師が言ったように、道徳的な世界が描く弧が、ようやく正義のほうへ曲がりつつあった。


大統領候補者を当選に導いた後に親元へ帰ったときの気持ちを、どう表現すればいいだろう？　それは、とてもお勧めできない経験だった。選挙運動期間中、僕はスターのような扱いを受けた。それなのに実家の寝室には、サマーキャンプでもらった色あせた表彰状が飾られており、毎晩その「いちばん成長したで賞」を目にすることになる。

自分の格が一気に下がったことを実感したのは、実家のアパートの中だけではない。ニューヨーク市の街中を歩けば、細かい辱めをたびたび受け、自分は無数の人間プランクトンの一匹でしかないことに気づかされた。ブルックリンの屋台では、ひげの生えた体格のいい男が、僕の前に割り込んでくる。ブリーフケースを持った出勤途中の銀行員が、僕をかすめて通り過ぎていく。僕には仕事もなく、将来の展望もない。
実際、僕にあるのは一通の封筒だけだった。一月初めに届いたその封筒からは、格式と気品がにじみ出ていた。

大統領就任委員会より、ご臨席をお願い申し上げます。

分厚い高価なカード用紙。きらびやかに装飾された文字。数字ではなくアルファベットで書かれた年表記。こんなにしゃれたものを手にした経験は一度もない。
美しく印字された書状と一緒に、招待状が二枚入っていた。一枚は、連邦議会議事堂で行われる公式セレモニーの招待状、もう一枚は、就任舞踏会の招待状である。僕は、チョコレート工場見学ツアーに行く前のチャーリーのように、この招待状を大切に保管した。それも当然だ。就任式まで残り数週間になると、この就任式招待状セットには最大二万ドルの値がつく。オークションサイトに出品すれば一儲けできる。だが、本当のところは、そんなことをするぐらいなら腎臓でも売り飛ばしたほうがましだった。金持ちやコネがある人なら、いくらでも就任式に出られるだろう。だが、自室のドアにクッシュボール用のバスケットゴールを貼りつけている二二歳の若者に、そんなチャンスはまず巡ってこない。その誰もが欲しがる招待状が、この手元にあるのだ。これほど明るい将来を保証してくれるものが、ほかにあるだろうか？

僕は、オバマとじかに仕事ができることを期待してワシントンに出かけたわけではない。ロックバンドのフィッシュと仕事ができることを期待してフィッシュのコンサートに出かけるフィッシュ・ファンはいない。それでもこの封筒が届くと、行動を決意した。ジョージ・W・ブッシュの二期目の任期はあと五日しか残っていない。僕は、貴重な招待状のほか、ボタンダウンのシャツ五枚、カーキパンツ二本、高校の卒業記念パーティに着たタキシードをスーツケースに詰めた。まだ将来の展望はない。何の計画もない。だが希望と変革は、アメリカの首都に向かって進んでいる。それなら僕も行こう。

就任式の日の夜明けの数時間前、僕はワシントンDCの中心部にいた。何の気まぐれなのか、その日は並外れて寒かった。紫色の招待状の指示に従い、連邦議会議事堂近くの指定された待ち合わせ場所へと歩いている間、ふかふかのコートを着ていても体が震えた。

問題はそれだけではない。待ち合わせ場所に着いてみると、警察が十分なスペースを確保していないことは明らかだった。数千人に及ぶかつての組織員が凍えながら、バスケットボールのコートほどの広さの囲いの中に詰め込まれている。化学的な表現をすれば、僕たちは午前七時には固体になっていた。

だが、選挙運動仲間と一緒に閉じ込められても、自分を不憫に思うどころか、むしろ誇りを感じていた。いわゆるＶＩＰなら特別待遇を要求したかもしれないが、新たなワシントンはそんなうぬぼれとは無縁だ。僕たちはみな平等に生まれついている。押しつぶされて死ぬチャンスも平等だ。これ以上の平等がどこにある？

僕がそんな高尚な考えにふけっていると、群衆の間からささやき声がさざ波のように伝わってきた。

ジェシー・ジャクソン。ジェシー・ジャクソン？　ジェシー・ジャクソンだ！

僕の感覚では、ここにはリスが動きまわれるほどのスペースもない。肩幅の広い山のような大男などなおさらだ。だが本当に、あの市民権運動の巨人がやって来た。一九〇センチメートルを超える大男が黒の巨大なロングコートを着て、こちらに向かってくる。すると驚いたことに群衆が割れ、人間の回廊が生まれた。ジェシー・ジャクソンは、人ごみをかき分けるどころか、悠々と歩いていく。その表情は横柄どころか鷹揚で、まるでいずれ配布を予定している肖像画のポーズを取っているかのようだ。高価なウールが僕のジャケットのナイロンにすれ、シュッと音がした。僕は恐れおののき、呆然として口もきけなかった。

だがそのとき、あることに気づいた。歩いてきたのは、生きる伝説ただ一人ではなかった。小さな男が、こそこそとその後ろについてくる。中年の男で、ふさふさの白いひげを生やし、インディ・ジョーンズから借りてきたような帽子をかぶり、ジェシー・ジャクソンのコートの後ろをしっかりとつかんでいる。そして、僕たちが押し合いへし合いしているというのに、サメの腹をきれいにする魚のように、ジャクソンについてすいすい進んでいく。この男がそばを通り過ぎていくとき、僕と目が合った。すると男は、空いているほうの手でこちらに手を振りながら言った。

「どうも、どうも！」だが、僕が返事に詰まっているうちに、人間の回廊は閉じてしまい、その小男の姿は見えなくなってしまった。

僕たちはまた、待ちの態勢に戻った。三〇分後、ナショナルモールの地下のトンネルに並ぶよう指示があった。これが郵便局だったら、待ち時間のあまりの長さに腹を立て、窓から椅子を放り投げる人も出てきたことだろう。だが、この就任式の日には、誰からも文句が出なかった。紫色の招待状を持った凍える人々の列は、数ブロック分の長さに及んだ。それからまた一時間たったが、列は少しも動かない。すると、またささやき声が列を伝わってきた。

ゲートが閉められた。ゲートが閉められた？　ゲートが閉められた！

それは本当だった。ジェシー・ジャクソンが通過して間もなく、紫のエントランスで不幸な出来事が起きた。会場がいっぱいになったため、シークレットサービスが入り口を閉鎖してしまったのだ。こうなったら、就任式を見たければ、どこかでテレビを探すしかない。しかも今すぐに。僕は列を離れると、方向を見定めて走り、あるバーにたどり着いた。

トンネルでは、そばにいた人たちは、この歴史的瞬間に酔いしれていた。一方バーでは、そばにいた人たちは、午前六時から酒を飲んで酔っぱらっていた。討論クラブのような禁欲的な雰囲気もあるが、大学の部室のように雑然とした男性的な雰囲気もある。テレビ画面に女性議員が現れるたびに、店内に野次が飛び交った。

「ナンシー・ペロシ最高！」

「ダイアン・ファインスタイン最高！」

招待状を受け取っていた一部の人にとってはまさに、希望が皮肉と化した瞬間だった。翌朝にはこの悲劇に名前までついた。「悲運の紫トンネル」である。僕はこの悲運に最後までつき合いはしなかったが、その僕でさえ、何かが変わってしまったことを認めないではいられなかった。それから数日後の夜、今度は選挙運動スタッフ向けの就任舞踏会の会場に入ろうと待っていると、厚かましく列に割り込んでくる女性がいた。よく見ると、オハイオで一緒に組織員をしていたミランダだ。

「みんなこうしてるのよ」と言う。

僕たちの運動は、こんな割り込みとは無縁だったはずだ。だが心の片隅でこうも思った。ミランダも、あの白ひげを生やした小男も、僕より頭がいいのだ、と。

僕は、オバマが率いるワシントンで自分の居場所を見つけるのは、ホグワーツ魔法魔術学校で寮を決めるのと同じぐらい簡単なことだと思っていた。それでも保険として、ホワイトハウスに雇われる選挙運動スタッフの選抜が始まるまでの間、クライシス・コミュニケーション(訳注：危機的状況に直面した企業が行う情報開示などのコミュニケーション活動)の代理店でインターンの仕事を見つけた。この会社は、元議員の取締役がいることを鼻にかけていた。その一方で、将来この会社の実名を公表することを禁止する契約書に署名させもした。

面接官の女性は、「きっとこのクライシス・ハット(仮名)が気に入ると思う」と電話越しに請け合った。そして、僕がオバマの選挙運動に携わっていたことを知ると、この会社もやはり希望と変革に身を捧げていると言った。

「顧客にベビーベッドの製造会社があるんだけど、そのベッドが壊れたせいで赤ちゃんが死んで大問題になったときに、私たちが二度目のチャンスをつかむ手助けをしてあげたの」

僕は、ほんの数週間でクライシス・ハットの正社員になってしまったらどうしようと思いながら、この面接官の申し出を受け入れた。何しろ、組織員としてずば抜けた成績を収めた男だ。政府のどんな仕事であれ、すぐに見つからないわけがない。

だがオバマには、史上類例のないほどの選挙運動スタッフがいた。スタッフ全員にいきわたるほどの仕事があるとは思えない。オハイオ州の選挙スタッフだった仲間とは、定期的に電話会議を開いて状況を確認し合った。だがそれは、状況が徐々に悪化していく北極探検の記録を読んでいるようなものだった。

一月二一日　張りきっていこう！　出陣の準備だ！
二月九日　前向きでいよう。人選には時間がかかる。
三月一六日　自分にこう問いかけよう。目標を高く設定しすぎていないか？
四月三日　大丈夫、仕事がなくても問題はない。

この間、かつてガリラヤで「キリスト以前」という言葉が使われていたように、ワシントンでは「アイオワ以前」という言葉がよく使われていた（訳注：最初の大統領予備選がアイオワ州で行われた）。確かにそうだ。ステフ・スパイアーズのように、当初から選挙運動に参加していた人が先に仕事を手に入れるのが、公平というものだろう。だが、それ以外の雇用判断にはどうも納得できなかった。たとえば、就任舞踏会で列に割り込んできたミランダは、僕よりあとに選挙運動に参加した。それなのに、ワシントンに来てほんの数週間で、誰もがうらやむ政府の仕事を手にしていた。

そのころになると僕も、いらいらしてはいたが、もう驚きはしなかった。新たなワシントンでさえ、特定のスキルを持つ者を優遇するのだ。おべっかを使うスキル、揺るぎない権利意識を振りかざすスキル、自分の業績に不釣り合いなほどの自信を抱くスキルである。だが彼らも、テレビドラマ『ハウス・オブ・カード　野望の階段』のように、トップにはい上がろうと強姦殺人を際限なく繰り返したわけではない。ほかに差がないのなら、こうしたやり方をちょっと試してみたくなる気持ちもわかる。

そういう僕も、同じ手を使ってみたことがあった。友人の友人に、医療政策に携わっている二六歳の政府関係者がいた。その人がコーヒーにつき合ってくれるというので、僕は跳び上がらんばかりに喜び、その三〇分間、必死にその人の知恵にすがろうとした。だがその男性は、最後にいちばん大事なことを言った。

「いいかい。きみが役に立たない人間なら、コネだって何の役にも立たないよ」。そう言うと彼はリサイクル箱に紙コップを放り投げ、出口へ向かった。あとでメールを送っても返事はなかった。

オバマの選挙運動後にクライシス・ハットで働くのは、映画『ソイレント・グリーン』に登場するソイレント社のマーケティング部に入るようなものだ。クライシス・ハットの顧客には、金融危機の一因となったウォール街の銀行がある。労働者の安全を考慮しない石炭会社、近隣の池をシアン化物で汚染している大手金採掘企業もある。以前の仲間が更新するフェイスブックは、僕にはとうてい行けない異国の地からのポストカードのようだった。たとえば、かつてオハイオで一緒に活動し、現在はホワイトハウスの職員となった仲間が「私たちの景気刺激策が通った！」と投稿していた。僕は、オバマ大統領の経済法案が議会を通過したのを知ってうれしく思う半面、いやな気分にもなった。この「私たち」は以前と違う。そこに僕は含まれていない。僕の運動の成果ではない。

事態は悪くなっていくばかりだった。三月になると、まだ仕事を見つけていない友人たちが、軍隊にさえ入隊を拒否されたまぬけのようにワシントンからこっそりと逃げていった。ちょうどそのころ、僕はクライシス・ハットの上司であるガートルードに、こう告げたことがあった。再生金を扱う宝石商が、わが社の顧客の大手金採掘企業の利益を脅《おびや》かしている、と。

するとと上司は、妙に個人的な口調でこう言った。「バカな環境保護主義者ね。いつも環境のことばかり言って。違う？」

今振り返ってみると、そのころは僕にとって、選挙運動員が言う「選択のとき」だったのではないかと思う。一方には、クライシス・ハットを見限り、仕事探しをやめ、マンハッタンでプランクトンのような生活に戻るという選択肢がある。もう一方には、この会社にとどまり、災害を招きそうな石炭会社やシアン化物で汚染された池を黙って受け入れるという選択肢がある。だが、どちらの道も負けだという気がし、どちらかを選ぶ気にはなれなかった。仕事生活が悪循環に陥り、ワシントンを変える夢も果たせない。進退窮まった僕は、ワシントンのインターンなら誰もが夢見ることをした。不良になったのだ。

まずは服装規定に反旗を翻し、留学プログラムで中国に行ったときに買い集めたシャツを着た。テーマは「ポリエステル」である。次に、自宅からノートパソコンを持ってきて、自分にあてがわれた仕事スペースを離れ、休憩室に自分のオフィスを開設した。金融危機により毎月何十万もの仕事が失われている状況でなければ、仕事仲間から文句を言われていたかもしれない。だが、彼らも深刻な不安を抱えていたため、僕の好きに仕事をさせてくれた。

次第にこの「仕事」は、「マインスイーパ」と同義になっていった。これは、ノートパソコンにインストールされていた二つの無料ゲームの一つである。最初は一〇×一〇マスの初級コースで遊んでいたが、一日に六〜八時間もプレーしていると、しまいには一〇〇×一〇〇マスの上級コースも攻略できる腕前になった。それでも注意されなかったため、さらにかつてない大胆な反逆行為を思いついた。上司に何か尋ねられたときに、現在プレーしているマインスイーパにたとえて返答をするのだ。

たとえば、ガートルードがこう尋ねたとしよう。「デビッド、インフラ投資に関するあの報告書できた？」

すると僕はこう答える。「もう少しですね。マインスイーパやってるときの感じわかります？　最高難度のやつをやってると、あと一個地雷が残っているけど、どこをクリックしたらいいか、なかなかわからないことがあるじゃないですか？　ちょうど今、あんな感じです」。

そしてキーボードを叩き、架空の仕事に忙しいふりをしながら、こう言う。

「まだしばらくはかかるかもしれませんね」

僕はみごとな表現を思いついた自分をほめたたえた。だが、ギリシャ神話のイカルスのように太陽に近づきすぎた。ある日の昼近く、合成繊維の服を着て、一人離れて仕事をしていると、後ろから声が聞こえた。骨ばった、サメのような顔をしたビルだ。ガートルードの上司である。

「私のオフィスに来い。今すぐにだ」

それから三年もしないうちに僕は、ホワイトハウスのインターンにこう尋ねられた。どうやって夢の仕事についたんですか？　僕はそのとき、相手が期待するとおりの役柄をうまく演じ、眉を寄せると、自分が本当にしたいことをしろとか何とか答えたものだ。そんな偉そうなことを言いながら、ビルのオフィスに歩いていくときには、ベージュのカーペットがやけにふかふかだということしか考えられなかった。光沢のある木製の額縁の写真を見ると、ビルの妻と息子がなじるようにこちらを見つめている。上司の上司は、自分の椅子に腰掛けると、背もたれに体重を預けた。サメのような目には、怒りととまどいが入り混じっている。休憩室では反抗的で生き生きとしていられた僕も、そこではもう大人げなかったとしか思えない。

その日、自分の意外な一面を知った。僕は、必要とあらば許しを請うことをためらわない人間なのだ。

許してもらえたのは幸運だった。不良インターンに、まず二度目のチャンスはない。それに僕の場合、二〇〇九年当時には幸運と言われていたもの、現在では一般的に特権と呼ばれているものにも恵まれた。これは何も、名門大学の出身であることを示すサインをちらつかせて仕事を手に入れたといった類いのことではない。僕が街角に立って「おれは白人の男なんだから、何とかしてくれてもいいだろ！」と叫んでも、成功への扉が開くとは思えない。だが実際に、便宜や、やり直しの機会や、励ましの言葉をもらえた。卒業後も数か月間、両親が僕の家賃を支払ってくれた。ワシントンで成功を収めたOBがたくさんいる大学にも通えた。そして何よりも、ほかの性や人種だったら直面していただろう障害に苦しまずにすんだ。

それに、自分が役立たずかどうかはともかく、僕にはコネがあった。友人の兄が、ジョン・ケリーのスピーチライターをしていた。その人が、クライシス・ハットでのインターン契約期間が終わった僕に、ウエストウィング・ライターズのインターンの仕事を紹介してくれた。ビル・クリントンやアル・ゴアの元スピーチライター四人が設立した、スピーチ原稿の執筆を請け負う会社だ。二〇〇九年の夏、僕は晴れてその会社の正社員になった。

スキルを磨くチャンスは、こちらから出向かなくても、向こうからやって来た。会社を設立した四人はワシントンでは最高レベルのライターであり、それぞれが違うことを教えてくれた。ビンカ・ラフルーアからは、頭韻はあまり目立たないが、タイミングよく使えば効果があることを学んだ。ポール・オーズラックからは、演説者からいちばん伝えたいことを聞き出すテクニックを教わった。ジェフ・シェソルは、こんな話をしてくれた。スピーチライターの仕事は芸術であり匠の技であって、同じスピーチは二つとないが、流れるような長い文章の間にパンチのきいた短い文章をはさむのが、一つのパターンになっている、と。これは効果的だ。

そしてもう一人のジェフ・ヌスバームは、公人にジョークを提供するという独自の世界を開拓していた。ユーモア好きの公人が望む、ジョークの微妙なバランスについて教えてくれたのは、このジェフだった。政治家のためのジョークを書くのは、全盛期を過ぎたマーロン・ブランドにドッキリを仕掛けるようなものだ。考慮しなければいけない点は山ほどある。

僕は当初、これを理解していなかった。六月、オバマ大統領のスピーチライターが、間もなく開かれるホワイトハウス記者晩餐会でのジョークをジェフに依頼してきた。そこで僕も、いくつかのアイデアを提供した。その中には、大統領夫妻が最近ブロードウェイのショーを見に行ったことに関するジョークもあった。

「私を批判する人たちは、税金を使ってニューヨークへ行き、ミシェルと夜のデートを楽しんだと言って腹を立てている。だが、はっきりさせておきたい。あれは単なる支出ではなく、刺激剤なんだ」（訳注：「夫婦の刺激剤」という意味と「景気の刺激剤」という意味を掛けている）

当然、この大統領夫妻の刺激剤に関するジョークは、演説原稿に盛り込まれなかった。ところが、そのほかのジョークは盛り込まれた。スピーチが行われた翌朝、ユーチューブで確認すると、オバマ大統領がＮＢＣの記者チャック・トッドにこう語っていた。

「チャックは、両方の世界の長所を備えている。テレビの特派員らしく早口だし、ラジオの特派員らしいひげもある」

これは僕のジョークだった。僕はスクロールバーを戻すと、もう一度見た。とても天才的なジョークではない。拍手も丁重なものでしかなかった。それでも、呆然とせずにはいられなかった。この頭で考えた言葉が、ほんの数日後に、アメリカ合衆国大統領の口から飛び出たのだ。魔法としか思えない。

だがそのときでさえ、自分が大統領のスピーチライターになるとは夢にも思わなかった。実際そのころ、いずれホワイトハウスで働きたいかと友人に聞かれたことがあったが、オバマにはもうライターが十分にいると答えている。本当にそう思っていた。

それに、金回りのいい顧客の仕事をしていると、さまざまな特典があった。ある顧客は正真正銘の億万長者で、バスケットボールのプロチームを所有していた。この仕事を初めて数か月もすると、そのチームの試合に招待された。個室となった特別観覧席に入り、ぜいたくな椅子に座ると、目の前には信じられないような光景が広がっている。ビールは飲み放題、ホットドッグは食べ放題。そして特等席から見る迫力ある試合風景。申し分のない午後だった。

だが、オバマが提出した医療保険改革法案に話題が及ぶと、その場の雰囲気ががらりと変わった。顧客の億万長者は、ぼんやりと悲しげな目をして言った。

「もう金持ちになっても割に合わないな」。そして、特別観覧席の外を見ながらため息をついた。

公平を期して言えば、オバマの政策に少々不安を抱いているのは、この人だけではなかった。二〇〇九年四月一五日、ワシントンの繁華街を歩いていると、三角帽子を打ち振り、政府に抗議している群衆に出会った。それでも、ハロウィンのような衣装を着ていたので、これをまじめに受け止めるべきかどうか、僕にはよくわからなかった。セクシーなネコに扮した女性が、メディケア（訳注：高齢者向けの公的医療保険）の民営化を主張している姿を想像してみてほしい。だが、彼らの存在を軽く考えるべきではなかった。保守派のティーパーティ運動が驚くべき速さで拡大していることは、テレビでもこの目でも確認できた。

この運動の一部の指導者は、「ティーパーティ」の「ティー（TEA）」は、「Taxed Enough Already（もう税金はたくさんだ）」の略だと主張した。当初は、確かにそんな内容だったのかもしれない。だがティーパーティ運動は間もなく、税とはまるで関係のない妄想であふれ返ることになった。そのひどい妄想はワシントン市民を驚かせたが、選挙の際に激戦州にいた人にはすでに心当たりのあることだった。オハイオ州で選挙運動をしていたころ、僕たちは経済、環境、医療などの項目を書き出し、有権者がどの項目を重視しているかを確認していた。だが、いったいどの項目にあてはめればいいかわからないような関心事もあった。たとえば、こんなことを考えている有権者がいた。オバマは密かにイスラム教を信じているのか？　オバマはテロリストなのか？　共産主義者なのか？　キリストの敵なのか？　あの候補者はこの世に終末の日をもたらすと言う牧師の話を信じている有権者を、どう説得すればいいのだろう？

はっきりと人種差別をする人もいた。カントンの失業者センターの外に、ぼさぼさの髪にぼろぼろのTシャツという姿の、やせこけた白人の男がいた。その男は、何があろうと絶対にオバマを支持しないと言った。理由を尋ねると、男は指を二本突き出し、静脈の浮いた前腕の内側をとんとんと叩いてみせた。僕は最初、それがどういう意味なのかわからなかった。

「あなたがヘロイン中毒だからオバマには投票しないってこと？」

それから一〇秒以上かけてやっと、男が肌の色を言っているのだと気づいた。

こうした点がいつも話題になったわけではない。オバマにマイナスの影響を与えたのは人種差別だけだと言えばうそになる。だが、人種差別などなかったと言えば、それもやはりうそになる。こうした偏見は、ブライアン・ウィルソンのいないビーチボーイズのような効果をもたらす。同じ歌詞を歌っていても、あの独特の「ウー」や「アー」がなければ、まったく別のサウンドになってしまう。

選挙運動の最初の数か月は、こうした妄想や偏見が背後でくすぶっているだけだった。ところが、共和党大統領候補のジョン・マケインがサラ・ペイリンを副大統領候補に選ぶと、その妄想や偏見がぶちまけられた。後にスピーチライターになった僕は、ある行動が認められる状況を表現するのに、「許可システム」という言葉を使った。たとえば、ダイエットをしているときには、「ごほうびデー」がこの許可システムにあたるかもしれない。その日は、たっぷりの油で揚げた鶏手羽肉にチョコレートケーキが食べられる。

サラ・ペイリンは、オバマに対する妄想や偏見の許可システムそのものだった。ホームドラマの理想的な母親のようなわざとらしさと、赤狩りを推進したジョゼフ・マッカーシーのような世界観を持つ彼女は、ブッシュ政権がほのめかすにとどめていたことを高らかに言い広めた。

「私たちが思うに、アメリカの最良の部分は、このような小さな町にあります。ささやかだけどすばらしいこうした地区にこそ、私の言う本当のアメリカがあるのです」

「彼は、テロリストと手を組んでいます」

「あの人がアメリカのことを、あなたや私のようには考えていないのではないかと心配でなりません」

　すると、毎日が「ごぼうびデー」になった。ボランティアの報告によれば、田舎では、庭に立てたオバマの看板が射撃訓練に使われた。郵便箱が夜の間に叩き壊された。ある日僕がショッピングセンターのパン屋に立ち寄り、駐車場に戻ってくると、カジュアルな上着を着た白人の老人が、僕の車に貼ったバンパーステッカーに暴言を吐いていた。きっと黒人が大統領になることが許せなかったのだろう。だが、肌の色は、オバマのイメージを悪化させたさまざまな要因の一つでしかない。オバマの大都市での経歴、若さ、名門大学の学位、名前、リュダクリスは入っているがパット・ブーンは入っていないiPodなど、オバマが異質であることを示す要素は無数にある。

　僕は最初、ホワイトハウスで生活できるのは勝利した候補者だけであるように、ワシントンを支配できるのは勝利した理念だけだと思っていた。オバマが大統領に就任して最初の一〇〇日間は、まさにそのとおりだった。連邦議会は、低所得世帯の子供に医療保険を拡大し、クリーンエネルギーやインフラに投資し、同一労働同一賃金を支援した。大統領は、自動車産業を救済する作業部会を設置し、女性の健康への財政的支援を拡充し、ブッシュ政権が禁止した幹細胞研究を認可した。

しかし、意欲に燃えていたのは僕たちだけではなかった。二〇〇九年九月一二日には、七万五〇〇〇人以上のティーパーティ運動支持者がワシントンを行進した。連邦議会議事堂前は、パステルカラーのローンチェアと「Don't Tread on Me（自由を踏みにじるな）」と記された黄色の旗が点々と散らばる白っぽい人の海と化した。

このときも、サラ・ペイリンが群衆をあおった。彼女は八月七日、大統領の提出した医療保険改革法案には「死の委員会」（訳注：終末医療を受けている患者の延命について定期的に協議するとされる機関）の設置が含まれていると主張した。これは、まったくのでたらめだった。それが本当なら、オバマは僕たちの頭の中に卵を産みつけようとしているという噂にも抗議しなければならなくなる。だがティーパーティ運動支持者は、なぜかそれを信じ、三角帽子をかぶってナショナルモールへと行進した。

僕はこうした詐欺まがいの主張に腹を立てたが、新進のスピーチライターとして、この巧妙なスローガンを生み出したサラ・ペイリンに感心しないではいられなかった。「イエス・ウィー・キャン」が左派の心をとらえたように、「死の委員会」は右派の心をとらえた。もはや中道派は縮小するばかりだった。国民はどちらかの側につくしかない。

とりあえず「イエス・ウィー・キャン」チームは勝利を続けた。二〇一〇年三月二三日、オバマ大統領が提出した全面的な医療保険改革法案がとうとう議会を通過した。僕はオハイオ州でボランティアをしていたウェンディを思い出し、涙を浮かべた。だが「死の委員会」チームも勢力を増しつつあった。そのころにはもう、共和党議員にとってオバマの法案を採決するのは、ヒトラーの絵画を批評するようなものだった。内容の良し悪しにかかわらず、拒否しなければならない。

一一月の連邦議会議員選挙が近づくにつれ、反オバマの波が高まってきた。会社の上司たちは、僕に五週間の休暇を与え、この流れを食い止めろと命じた。そこで僕は、民主党全国委員会本部の小さな作業スペースに陣取り、再びボランティアの募集と有権者への呼びかけに奔走した。だが今回は、投票日の夜にその努力が報われることはなかった。僕たちは、勝利を望んでいたあらゆる選挙区で敗北した。新たに下院の支配権を握った共和党は、大統領が可決を目指すあらゆる法案を拒否する権限を手に入れた。

僕は、オバマに対する信頼を失ったわけではなかったが、新たなワシントンという理念がこれほどばかばかしく思えたことはなかった。もう首都に未練はない。僕は、公共ラジオ局NPRの音楽プロデューサーに部屋をまた貸しする約束をすると、送別会の招待状を配り、シカゴのアパートを探し始めた。オバマの再選を目指す選挙運動本部が、シカゴに設置される予定だったからだ。その本部の扉を叩き、オハイオ州での実績を示し、あとは誰かが雇ってくれるまで荷ほどきでもしていよう。

だが僕は気づいていなかった。人生にまつわりつくつるや茂みをやみくもに叩き切っているうちに、いつの間にか出世の道が開けていたのである。事の次第はこうだ。何とも気前のいいことに、上司が僕の原稿のサンプルを、デビッド・アクセルロッドとジョン・ファブローに送った。デビッドはオバマ大統領のコミュニケーション担当責任者、ジョンはオバマ大統領のチーフ・スピーチライターである。するとジョンが、僕の履歴書を求めてきた。ジョンと僕の間には、二〇一〇年の選挙運動を通じて共通の友人がおり、僕の人柄についてはその人たちが保証してくれた。そのうちの一人が、大統領夫人のスピーチライターを務めるタイラー・レヒテンバーグに僕を紹介すると、タイラーはこっそり僕に、ワシントンを離れないほうがいいと忠告してくれた。僕は知らないうちに、役立たずではなくなっていた。

数日後、僕はジョンと会って一緒にコーヒーを飲んだ。ジョンの話によると、副チーフを務めていた人物が辞めるらしい。僕はそれを聞いて、彼のチームに入りたがっている無数の候補者の中に自分も加えてもらおうかと思った。だが、ほかにも選択肢があった。大統領の上級顧問を務めるバレリー・ジャレットが、何か月も前からスピーチライターを探しているが、まだ決まっていない。僕にその気があれば、この仕事の単独候補になれるという。

それはまさに「選択のとき」だった。能力主義を信じて無数の候補者の中に飛び込むべきなのか？　それとも、単独候補というおいしい話に飛びつくべきなのか？　これが二年前なら、いちばん能力のある人間が採用されるはずだと確信し、はやる思いで大統領のスピーチライターに申し込んでいたことだろう。だがもはや、そんな確信はない。僕はジョンに、ジャレット氏のもとで働きたいと述べた。そして、NPRのプロデューサーにうそを言って部屋を取り戻すと、スーツとシャツとネクタイをそろえた。

これも、マインスイーパにたとえてみよう。最初は、どんなに一生懸命がんばってもやり方がわからない。だが次第にこつがわかり、最高難度の問題にさえ取り組めるようになる。そして、思ってもみなかったゴールが、突然目の前に現れる。

そんな感じだ。

それから数日後、僕はスーツを多少息苦しく感じながら、会社の数ブロック先にある小さな建物に向かった。防弾ガラスの向こう側から、シークレットサービスのエージェントが「何かご用で？」と尋ねる。

「ええ」。僕はそう言うと、言葉を継いだ。用事があったからだ。

「ホワイトハウスで人と会う約束があるんです」

3 採用決定

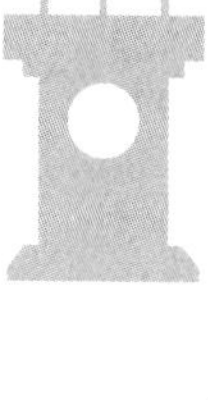

面接の場所に案内してくれたインターンは、バル・ミツバー（訳注：ユダヤ教の男の子の成人式）に参加する少年のように、規則どおりにしか動けないおどおどした感じの男だった。僕はまず、バレリー・ジャレットの首席補佐官を務めるマイク・ストロットマニスのオフィスに連れていかれた。この人物は、先ほどのインターンよりはるかに自分に満足しているようだった。オフィスの暖炉の上には、肖像写真や記念額ではなく、プロバスケットボール選手、姚明《ヤオミン》のサイン入りスニーカーがあった。会議テーブルの隣りには、パット練習用の機械がある。ホールに入れるとボールが自動的に吐き出される仕組みのものだ。彼の名前を間違えてストラウトマニスと発音してしまったが、ほかの高級官僚ならうるさく言うだろうに、ストロットはまるで気にしなかった。

僕はそれまでの数日間、面接で聞かれそうな質問に答える練習をしてきた。お気に入りのオバマのスピーチ。自分の最大の強み。最大の弱み（実は、これにも最大の強みを答えるつもりだった）。だがストロットは、こうしたことは一つも尋ねなかった。それどころか、僕に覆いかぶさるようにして椅子から立ち上がると、ドアに向かいながら言った。

「こうしよう。私はこれから一時間席を外す。その間に、ＣＥＯとの朝食会用のスピーチを二ページ分ほど書いてくれないか。それを見させてもらうよ」

　むちゃくちゃな話だった。僕が働いている会社なら、二ページ分のスピーチに少なくとも一週間はくれる。それに、どんな内容にすればいいか指示を出してくれる。だが時間はどんどん過ぎていく。文句を言っている暇はない。僕は早速取りかかった。ホワイトカラーの何でも屋が、スピーチ爆弾を処理してやろう。

　いいか、デビッド、よく考えるんだ。大統領の言葉からの引用、経済に関するあれこれ、アメリカのイノベーションへの賛辞、それでうまくいくかもしれない。

　ストロットが戻ってくるほんの数秒前に、何とか原稿を書き上げた。彼がそれに目を通している間、僕はあのバル・ミツバーに参加する少年のようなインターンに連れられ、地階にあるアイクスという油でべとべとしたカフェテリアに行った。そこで、ハムとチーズをはさんだ分厚いサブマリン・サンドイッチを注文し、指を震わせながら食べた。

　少なくとも僕には、一仕事終えた満足感があった。最悪のシナリオでも、ホワイトハウスでスピーチの原稿を書いたと、これからずっと自慢できる。最良のシナリオでは、数日後に改めてジャレット氏と面接することになるだろう。

　オフィスに戻ると、ストロットが言った。「こうしよう。今、時間があるか彼女に聞いてみる」

「ありがとうございます！」と僕は答えた。

だが、本心からそう言ったのではなかった。バレリー・ジャレットと会うのなら、さまざまな分析を伴う準備が必要だ。バレリーは、大統領の上級顧問および渉外政府間問題局長であり、ホワイトハウスできわめて影響力のある人物の一人だった。つまりは、世界できわめて影響力のある人物の一人ということだ。長々としたウィキペディアの記述を読んだだけで、その魅力と恐ろしさが伝わってくる。アメリカ版『ヴォーグ』誌の鬼編集長アナ・ウィンターとスフィンクスを足して二で割ったような人物だ。

だから僕はあっけに取られてしまった。バレリーとの面接は、面倒なことは何もなく、拍子抜けするほど落ち着いた調子で、あっという間に終わってしまった。バレリーは、表向きは「いつでもおまえをつぶせることを忘れるな」的な態度を取っているが、実際には心の温かい、親しみやすい人物だった。これまでの経歴を尋ねられ、このチャンスにわくわくしていると伝えると、何かを考えるようにうなずいていた。話は一〇分ほどで終わった。その後、ストロットが給与の話を始めたときになって初めて、ジョン・ファブローの話が決してうそではなかったことに気づいた。本当に、候補者はほかに誰もいなかったのだ。この仕事はすでに僕のものだった。

こうして当時を思い返すときにはいつも、この出来事に重々しい雰囲気を添えたい気持ちに駆られてしまう。たとえば、こんな具合だ。この幸運について考えていた僕の心に、ジョン・F・ケネディのあの言葉がこだました。「国が自分に何をしてくれるかを考えるな」。僕は自分にそう言い、自由を与えてくれた神に感謝した。

ばかばかしい。僕はアパートに飛んで帰ると、スーツを脱ぎ捨て、下着姿で小躍りした。拳を高々と突き上げ、感嘆詞を連発し、思いつくかぎり卑猥な言葉を叫んだ。そしてすぐに知り合いに電話をかけまくった。

だが、もっと慎重に行動すべきだった。ホワイトハウスから内定をもらうのは、トム・クルーズからのプロポーズを受け入れるようなものだ。正式に話をまとめる前に、無数の書類を作成しなければならない。適正評価は、面接が終わる前から始まっていた。ストロットが、まだ話していないことはないかと尋ねてきたのだ。

「自分から言ったほうがいい」。そう言う彼の口調は、友人のようであり、殺し屋のようでもあった。「以前にも内定を取り消した例がある」。こうして身元調査が始まった。

最初に、連邦政府による調査があった。FBIが友人や家族に根掘り葉掘り尋ね、その話に矛盾やずれがないかを確認した。次いで、SF－86という書類を渡された。一二七ページに及ぶモンスター級の質問表である。僕はそこに、これまでに住んだあらゆる住所を書き込んだ。これまでに就いたあらゆる仕事を列挙した。中にはごく標準的な質問もあった。有罪判決を受けたことがあるか？　負債返済の義務を怠ったことがあるか？　だがそれ以外は、奇妙なほど大文字の力を信頼し、アメリカの敵が正直に答えるものと思い込んでいる質問ばかりだった。

「テロ行為に特化した組織に属しているか、あるいは、一度でも（ＥＶＥＲ）属していたことがあるか？」

「武力によるアメリカ政府転覆を目的とする活動であることを知りつつ、その活動に参加したことが一度でも（ＥＶＥＲ）あるか？」

質問の大半は、神経に障りはするが、心底不安になるようなものではなかった。たとえて言えば、空港で手荷物検査を受けながら、心の片隅で「あれっ、荷物と一緒に爆弾なんか詰めてないよな」と考えているような感じだ。ただし、僕の年代の民主党支持者には、恐るべき問題が一つあった。ドラッグだ。かつては、どんな類いの薬物使用であれ、それだけで自動的に連邦政府への就職はご破算になった。今はもうそんな時代ではない。だが、いまだに幅を利かせている不文律は無数にある。二〇一一年当時、ワシントンの若者の間では、こんな噂がささやかれていた。


大学時代だけなら問題ない。

コカインでなければ問題ない。

アムステルダムで使用したのなら問題ない。

売っていなければ問題ない。

このシステムは、ときに残酷な結果をもたらす。二〇〇九年、ウエストウィング・ライターズの先輩であるトムが、政府への就職を決めた。そしてSF－86の質問に対し、大学時代にマリファナを「定期的」に吸っていたと記した。これがいけなかった。連邦捜査官が、マリファナの害悪が叫ばれるようになった戦前のほこりまみれの診療記録を調べたが、「定期的」という言葉の公式定義が見つからない。そこでトムは「習慣的」と書き換えた。だが、診療記録によれば、「習慣的」は「毎週」を意味し、「毎週」は「中毒」を意味する。

トムがリハビリ施設に入り、この架空の習慣を絶っていたら、まだチャンスがあったかもしれない。だがアメリカ政府の法令により、彼は麻薬でいかれたまま治っていないと判断され、内定を取り消された。僕がウエストウィング・ライターズに入ったころ、トムはちょうど告訴の準備をしていた。音声入力ソフトウェアを使っていたため、廊下の奥で録音している声がまる一週間聞こえてきた。その口調はまるで、自白を強制されているかのようだった。

「一九九九年……三月……一二日……私は……ルームメイトの……マリファナを……吸った」

トムの運命を逃れようと、僕は具体的に答えることにした。大学時代のマリファナ使用をざっと数え、三〇件を列挙した。そしてさらにキノコの使用経験を一つ加え、それについてははっきり楽しくなかったと記した。後に僕は、国家安全保障会議で働く友人に、その数を誇らしげに伝えた。すると友人はこう言った。

「三〇？　せめて一桁にしとけよ！」

僕が国家の脅威になるかどうかをＦＢＩが確かめている間に、ホワイトハウスの法律家たちは、僕が扱いに困る人間かどうかを確かめていた。本稿を執筆しているトランプ政権時代にはもう、道徳的に芳しくない人間を拒否するのは、自家製のモモを瓶詰にするのと同じくらい古くさいことだと見なされている。だが（ほんの数年前の）昔は、この審査プロセスにびくびくしないではいられなかった。

審査は、まったく主観的というわけでもなかった。イェール大学のある同級生のように、いつか公職選挙に立候補したときに汚点にならないように、パーティなどでうまく写真に入らないようにしていたのであれば、おそらく審査に合格できる。女性の体の構造について喜んでツイートしたり、「ＤＪホワイトパワー（訳注：「白人至上主義」を意味する）」という芸名でレコードをかけたりしていれば、まず合格はできない。だが僕のような場合、どっちつかずの苦しみを味わうことになった。ホワイトハウス法律顧問局に勤めるリンジーという女性が電話してきて、親しげにいろいろ質問してきたが、彼女はそのあとで誰に電話するのだろう？　別れた恋人も標的になるのだろうか？　高校時代の演芸会でお笑いを一席披露したが、あんな昔の取り返しのつかない出来事も審査の対象になるのか？

僕はこの仕事の単独候補であり、優先的に扱われると言われていたのに、それにしては時間がかかりすぎる。ある週には、個人情報の確認を求められた。翌週には内務省に呼ばれて尿を採取された。僕は三月の間ずっと、連邦政府が演出するリアリティ番組（訳注：台本や演出によらず、素人の出演者たちが直面する出来事や体験を見て楽しむ番組）の出場者となり、途中脱落となるか最後に花束を手渡されるかわからないまま、さまざまな課題に挑んだ。そのころには毎日、どきどきしながら受信箱を確認していた。提出した尿からまずいものでも見つかっていないか？　大学時代、アニメ『ルーニー・テューンズ』のパジャマに古着のブレザーをはおって登校し、新たなトレンドを生み出したと思い込んでいた時期があったが、そんな事実はばれていないだろうか？

二〇一一年三月三〇日、ストロットのアシスタントのアレックスからとうとうメールが来た。この二四年間の人生で自慢できることと言えば、「異様にややこしいいたずら」というジャンルに含まれるものばかりだった。そんな僕が、四月一日からホワイトハウスで働くことを認められたのだ。

仕事始めの最初の週、僕はシークレットサービスのエージェントに命じられ、コーヒーがなみなみと入ったカップを金属探知機に通した。すると数秒後、カップは横に倒れ、空になって出てきた。エージェントはタオルを探しながらため息をついた。「中に金属製のものは入ってないようだな。次からはよく考えてくれ」。きっと僕は、このエージェントの「パスワードを保存しない」リストに追加されたことだろう。

こんなことになるとは思いもしなかった。ホワイトハウスの門をくぐれば、それだけで以前よりも力強く有能な、立派な人間になれると思っていた。だが、そうはいかない。仕事が以前より刺激的なものになっただけで、それ以外の僕は、基本的に何も変わってはいない。

これには大いに困った。これまでと能力は変わらないのに、期待だけは格段に高まったからだ。たとえば、ほんの数か月前の僕は、毎週ルームメイトと家事の分担について話し合うのにもうろたえていた。それが今では、とんでもない役割を与えられていた。バレリーが国際的な女性問題についてスピーチする予定があれば、国家安全保障会議（NSC）のスタッフから専門家を六人ほど集め、話を聞かなければならない。

このミーティングがとりわけ恐ろしいのは、そこに大統領の人権担当上級顧問サマンサ・パワーが参加するからだ。まだ四一歳だが、ハーバード大学ロースクールの学位を持ち、ピューリッツァー賞の受賞歴があり、すでに何年も前からホワイトハウスの上級スタッフとして活躍している。僕よりはるかに優秀な人でも、この女性の前では形なしだ。僕はこの運命の瞬間が来ると、びくびくしながらNSCの広々としたオフィスに向かい、扉を開いた。同世代では並ぶ者のいない外交政策の第一人者に、がらくた並みにおとしめられることを覚悟しながら。

だがサマンサ・パワーは、前の予定が押していてしばらく遅れるという。これはまたとないチャンスだ。その間に下位のスタッフと仲良くなっておけば、大統領顧問の前でも味方になってくれるかもしれない。僕は六人の専門家たちと、椅子を円形に並べて座った。そしてできるかぎり愛想を振りまくと、うれしいことに、意外にもその作戦がうまくいった。普通に雑談ができている！　うまく溶け込んでいる！　僕はにこやかな笑顔に囲まれていた。だが、そのときになってふと、自分の右隣りに無表情で座っている政策スタッフに見覚えがあることに気づいた。

その男はリチャードといい、自分が自己紹介する番になると言った。「奇遇だね。デビッドとは何年か前に会ったことがあるよ。大学で、彼の担当教授のアシスタントをしていたんだ」。すると、僕の倍ほど年上の別のスタッフが、僕をちょっとからかってやろうと思ったのか、こう言った。

「で、デビッドは優秀な学生だったの？」

僕は、その質問に正直に答えたリチャードを永遠に恨むだろう。リチャードは、たまたま乗った飛行機でリンジー・ローハンと隣り合わせになった芸能雑誌のカメラマンのように、眉をつり上げて言った。「利口そうに見えるだろ。でもいつだって、教室にはいたくないって顔をしてたよ。まったく集中してなかったからね」

お近づきの笑みを浮かべていた六人が険しい顔つきになったちょうどそのとき、サマンサ・パワーがやって来た。僕はなんとか集中しようと本気で努力したが、努力は空回りするばかりだった。僕が詳細を尋ねたり、要点をつかめなかったりするたびに、六人から白い目で見られた。

大学時代の知り合いにとがめられるのは甘んじて受け入れよう。だが、新たな上司にとがめられるのだけは、なんとしても避けたい。しかしそれは、口で言うほど簡単なことではなかった。バレリー・ジャレットには、僕が事前に答える用意をしてこなかった質問をするという超能力があったからだ。僕は、ウエストウィングにある彼女のオフィスに入って、つややかな木製の会議テーブルに着くまでの間に、あらゆることを調べておく。聴衆の人数は？　司会者の名前は？　スピーチの時間は？

ところが彼女はこんな質問をする。「それで、私のあとには誰がスピーチするの？」バレリーがどんな手を使っているのかはわからないが、こうしたことが毎回起きた。

バレリーが恐い人物だと評判なのは、そんなところから来ている。あるいは、相手を見る目つきが、金魚を見る目つきと同じだからかもしれない。一応大事に飼ってはいるが、誤って下水孔に流してしまっても気にしない程度の金魚である。スタッフはよく、「彼女はスタッフにも自分並みに働くよう望んでいる」と言った。こういう言葉は、ワシントンでは一般的に、「インターンに嫌がらせをする」や「スケジュール管理者の顔にホチキスを投げつけた」という言葉をやんわりと表現するために使われる。だがバレリーの場合は、そのままの意味だった。

彼女は一九九一年、シカゴ市役所の仕事に応募してきたミシェル・ロビンソンという若い女性の面接をした。それから間もなく、ミシェルの婚約者だという若い弁護士を紹介された。それがバラク・オバマである。

オバマ夫婦とは、それ以来家族同然のつき合いをしていた。オバマ夫婦の歩んできた道がいかに奇跡的なものだったかを、バレリーほど知っている人物はいないだろう。だから彼女は、この奇跡的なチャンスを生かすため、一秒たりとも無駄にしないと決意した。そして、自分のもとで働くほかの人にも、同じ決意を求めた。

バレリーから直接そう聞いたわけではないが、僕はやがて、彼女は自分を大統領の良心の守り手だと見なしているのではないかと思うようになった。彼女が上級顧問として仕えているのは、オーバルオフィス（訳注：大統領執務室を指す）にいる単なる中年の政治家ではなく、二〇年前に会った若き理想主義者なのだ。その思いが、DADT法（訳注：同性愛者の入隊を認めない米軍で、本人が同性愛を公言しないかぎり軍勤務を容認し、当局も兵士に性的指向を確認しないことを定めた法律）を廃止し、スラム街の貧困と闘い、ホワイトハウスに性別不問のトイレを設置する行動につながっている。「必ずしも注目されないが正しい行動」というタイプの政策は、たいていバレリーが主導している。

強烈な忠誠心で、遠慮なく進歩主義的政策を推し進めていく姿は、悪口の格好の標的になった。「アメリカ大統領のスポークスマン、バレリー・ジャレティコフ同志！」（訳注：ロシア風の名前に変えて、その社会主義的政策を皮肉っている）といった感じだ。彼女を嫌っているのは、インターネット上の「荒らし」だけではない。共和党のきわめて上品なエリートでさえ、彼女の名前を口にするだけで嫌な顔をする。ユタ州の下院議員ジェーソン・シャフェッツは言う。「彼女は、あらゆる問題、あらゆる話題に触手を伸ばしているようだ」。まるで、映画『リトル・マーメイド』のアースラが、ホワイトハウスのウエストウィングに住んでいるかのような言い草だ。

だが、彼女が声を盗んだり、哀れな魂をもてあそんだりしている場面を、僕は一度も目撃したことがない。確かにバレリーの書類かばんは分厚い。だがそれは、上級顧問の書類かばんすべてに言える。提案者および実行者として幅広い問題に首を突っ込むのが、彼女流の仕事のやり方なのだ。僕がホワイトハウスに就職したばかりの二〇一一年四月には、こうした彼女の役割がかつてないほどの重要性を帯びていた。失業率は九パーセントに迫っている。家計所得は増えるどころか減りつつある。次の大統領選まであと二年もないこの時期に、失敗は許されない。ケアレスミスが命取りになる。

特に心配なのは若いスタッフだった。オバマ政権の巻き返しを図る側近たちは、映画『ゴーストバスターズ』第一作目公開後に生まれた若者たちに、政権を失墜させられてはたまらないと考えていた。そのため半年ごとに開かれるオリエンテーションの場で、ストロットは新たなインターンに訓戒を垂れた。最初は友情や個人の成長といった話で安心させておき、そのあとでいきなり声を低めてこう言うのだ。

「ここで一つだけはっきりさせておく」。そのときになってようやくインターンは、テディベアがグリズリーだったことに気づく。「バカなことをしでかして、ワシントン・ポストの一面を飾るようなことがあれば、即刻クビだ。おまえたちの言い分など聞かない。二度とチャンスはないと思え。情けをかけるようなことは一切ない。それどころか、一生思い出すこともない」

話を聞いていた若者は、きっと心臓がのど元までせり上がったことだろう。

僕は、こうした場にいる唯一のスピーチライターだった。渉外政府間問題局の市民参加室（OPE）で働くバレリーの部下は、ほとんどが「連絡員」だ。つまり、それぞれがオバマ連合の一端を担うプロの外交家である。熱心な若いスタッフがそれぞれ、若者、アフリカ系アメリカ人、ヒスパニック、ユダヤ人、州議会議員、環境保護主義者などのグループとの交渉や応対を担当している。ほかの部署にブラックユーモアがあふれているとすれば、ホワイトハウスのこの一画には一途な楽観主義があふれていた。

同僚たちはよくメールにこう記した。「OPEはHOPE（希望）の中にある！」そこには一かけらの皮肉もない。

僕は大統領のスピーチライター・チームのミーティングにも出席したが、こちらは皮肉が飛び交っていてほっとした。それでも、ジョン・ファブローが僕を喜んで迎え入れてくれるかどうか不安だった。二九歳にしてオバマ大統領のチーフ・スピーチライターを務めているジョンは、その若さと優れた仕事ぶりで、一部の間ではちょっとした有名人だった。ハリウッド女優とデートを重ね、上半身裸でビール・ポン（訳注：ビールの入ったカップにピンポン玉を投げ入れ、外した人はそのビールを飲み干すというゲーム）をしている写真を見物人に投稿されたこともある。一方、僕はビール・ポンが得意ではなかった。それに、ゴシップ好きな見物人に上半身裸の写真を狙われる場面など、想像したくもない。そんな僕がジョンとうまくつき合っていけるかどうか心配だったのだ。

それまで気づかなかったが、ファブズ（僕はジョンをそう呼んでいた）は圧倒的な天才だった。スピーチライターというのは、優秀な人も含め、たいていは頭脳派か心情派のどちらかだ。僕は頭脳派で、論理的に論点を結びつけて全体を作り上げ、そのあとで感情に訴える言葉を追加する。心情派はその逆だ。ところがファブズは、僕がこれまで会ったことがないような真のスイッチヒッターだった。彼の書いたスピーチは、抒情的でありながら、論理的にまとまっていた。時代を超えた価値と日常的な関心事とを優雅に結びつけることなど、お手のものだった。

そんな生まれつきの才能を持っていたからだろう。ファブズは人を二種類に分類する傾向があった。生まれつきの才能を持っている人と持っていない人だ。僕は幸運にも、持っているほうだと判断された。ホワイトハウスに入った日から、ファブズは僕を、そばに置いておけばチームの役に立つ存在として扱ってくれた。そうでもない証拠は山ほどあったのだが。

友人からはよくこう聞かれた。「やっぱり、びっくりするようなことがあるの？」

もちろん、びっくりすることだらけだった。たとえば、バレリーのアシスタントのキャシーから、バレリーがオーバルオフィスに呼ばれたのでミーティングの予定を変更しなければならないと連絡が来ることがある。彼女はそれを、ごく普通のことのように言う。自分の上司が自由主義世界のリーダーに呼ばれているのに、ケーブルテレビ会社に電話して待たされているだけといった口ぶりなのだ。また、ファブズら大統領のスピーチライターたちが、スピーチの一節のアイデアをとりとめもなくしゃべっている姿を目にすることがある。すると数日後に、それとまったく同じ一節が、ニューヨーク・タイムズ紙の一面に掲載されていたりする。信じられない。まるで舞踏会に来たシンデレラのような心境だ。

だが、舞踏会前のシンデレラのような心境になることもあった。僕は今まで、これほど働いたことはなかった。スピーチライターの世界では、「ペンを握る」はスピーチの原稿作成を引き受けることを意味する。僕はこの仕事を始めた最初の週に、五日で七つのスピーチの「ペンを握」った。八時間の間に一つのスピーチを四回手直しするのも、珍しいことではない。

それに、報酬に比べ、リスクがあまりに大きかった。そつなく仕事をこなしたとしても、誰も気づいてくれない。だが逆に、引用元を間違えたり、「public」の「l」を入れ忘れたりすると（訳注：「pubic」は「恥骨の」を意味する）、全国的なニュースになってしまう。そのため、昼には一生に一度の経験ができたが、夜にはきわめて現実的な仕事の夢に悩まされた。翌日のスピーチで上院議員への感謝の言葉を忘れる夢、「buenas noches（訳注：スペイン語で「おやすみ」の意）」の発音を示すアルファベットを間違える夢、関係する政策チームに統計データを確認し忘れる夢などだ。

昼の仕事でも夜の悪夢でも中心的な役割を果たしていたのが、トランプほどの大きさの黒いプラスチック製品、つまりブラックベリーだ。ホワイトハウスの職員にはこのスマートフォンが配布されていたが、二〇一一年当時はすでに過去の遺物と化しつつあった。いわば、連邦政府の全職員で、ジャザサイズ（訳注：ダンスフィットネスの一種）のレッスンに参加したり、映画『スペース・ジャム』のVHSビデオを借りにレンタルビデオ店に出かけたりするようなものだ。だが、そんなことはどうでもいい。僕もほかのホワイトハウスのスタッフ同様、このブラックベリーに命運を握られていた。そのため間もなく、メールの来ることが直感的にわかるようになった。神経がうずくので、スマートフォンのホーム画面を確認してみる。すると一〇〇〇分の一秒後に、右上隅の赤いランプが点滅するという具合だ。

当時は、それが悪い兆候だとは気づかず、むしろ自慢に思っていた。新たなメールが届いた瞬間に、親指が行動に移る。わずか数秒で内容を読み、差出人に返信し、画面を再びロックする。しかもそれを、誰かと話をしながらやってのける。もはやメールの世界のサムライだ。

実は、僕は一種のノイローゼにかかっていたのだ。当時はそうは思わなかっただろうが、新たなメールが届くたびに、それがストレスの引き金になった。スマートフォンのランプが点滅すれば、バレリーに原稿の手直しを求められるか、新たなテーマのスピーチを早急に書き上げなければならない。だが、メール攻めよりもっと怖いのは、メールがまったく来ないことだ。

ポケットのブラックベリーが振動しない状態が三分続いただけで、猛烈な不安に襲われた。故障だろうか？　自分が返信を忘れたのか？　誰かにメールを送って、なぜ誰もメールを送ってこないのか聞いてみようか？

僕は、こんなプレッシャーなど耐えられると思っていた。ところが、数百件ものメールに対処していたある日の午後、あくびをすると変な音がした。間もなく右のほおが腫れてきた。顔全体がずきずきする。グーグルで検索すると、あっという間に病名がわかった。顎関節症である。平たく言えば、あまりにきつく歯を食いしばったため、あごが言うことを聞かなくなってしまったのだ。しかし、この病気よりもはるかにショックだったのが、同僚の反応だった。渉外政府間問題局の連絡員ジェシカに病状を説明したときには、彼女が同情してくれるものと思っていた。その日は休んだほうがいいと言ってくれるかもしれない。

ところが彼女は、パソコンから目を上げようともせずに言った。「ああ、よくあることよ。私も最初、ジョン・エドワーズの選挙運動のときになったの。しばらくかまないでいることね」

そのアドバイスに従っていると、一週間後にはあごの痛みも取れた。それでも、ブラックベリーが相変わらず振動を繰り返しているのを見ると、ホワイトハウスは人選を誤ったのではないかと思わずにはいられなかった。僕にも多少の才能はあるだろう。それは間違いない。だがアメリカには三億人以上の人間がいる。確かにその中には赤ん坊もいるが、大半は大人だ。僕以上の適任者はいくらでもいそうな気がする。

四月の最後の水曜日の昼前、ストロットのオフィスのそばを通りかかると、そこのテレビの前に人だかりがしていた。いつもと様子が違う。ホワイトハウスでは、テレビの音はたいてい消されている。僕たちが日常業務をこなしている背景で、ケーブルニュースの評論家たちが音も立てずに大仰なしぐさを続けている。ところがそのときには、ボリュームが目いっぱい上げられていた。画面の中央には、記者会見室のオバマ大統領の姿が見える。何やらひどく苛立っているようだ。僕は、ストロットのアシスタントのアレックスに尋ねた。

「うそ！　出生証明書を公開したの？」

バーサー運動（訳注：オバマ大統領はアメリカ生まれではなく大統領に不適格だと主張する運動）を僕が初めて知ったのは、数年前のことだ。「テキサス・ダーリン」というペンネームで書かれたブログがきっかけだった。テキサス州は、最後までヒラリーを支持した数少ない州の一つだ。そこでの対立は、まるでキリスト教におけるカトリックとプロテスタントの対立のような様相を呈し、テキサス・ダーリンは悪魔に身を売ってでも対抗しようとしたのだろう。そのブログは、サラ・ペイリンさえ慎ましく見えるほどの内容だった。

炭鉱作業員は、有毒ガスの有無を確認するため、一緒に連れていったカナリアを定期的にチェックする。僕はそれと同じように、テキサス・ダーリンのブログを定期的にチェックした。

この女性が三月のイースターの時期にこうした陰謀論を主張すれば、一二月のクリスマスの時期にはそれが保守派の主流の考え方になってしまうかもしれない。だが実際のところ、オバマはケニア生まれだとテキサス・ダーリンが主張し始めたころ、僕は言うにもほどがあると思った。いったい誰がそんな話を信じる？　ところがそれから数か月後には、何百万もの人々が信じていた。

テキサス・ダーリンのような人がバーサー運動に火をつけたとすれば、その火をさらにあおりたてたのが、あの不動産王ドナルド・トランプだった。今となっては信じられないかもしれないが、二〇一一年当時、トランプのスター性は陰りつつあった。彼が出演するリアリティ番組の人気は落ち、トランプというブランドにアメリカ全体が飽きていた。

そんなときにトランプは、壮大なスケールで再起を図ろうと、大統領の出生証明書を要求する行動に打って出た。その芝居っ気たっぷりの行動が、戦略によるものなのか本能によるものなのかは誰にもわからない。いずれにせよ、その行動には熱心な固定ファンがついた。共和党支持者の相当数が、自分たちが忌み嫌う大統領の仮面をはいでくれる英雄を求めていたからだ。数週間のうちに、トランプは反オバマ運動復興のリーダーとなった。マスコミも、オバマ政権の政策よりバーサーたちの突飛な行動を報道した。大統領が苛立つのも無理はない。

オバマ大統領は、トランプのはったりに対抗し、長文式出生証明書を世界中の誰もが確認できるようインターネット上に公開した。ストロットのオフィスのテレビ前に群がっていた僕たちは、誰もがみごとなやり方だと思った。たった一度の反撃でバーサー運動に致命傷を与え、運動の最前列にいるリーダーを詐欺師だと暴いてみせたのだから。

何よりよかったのは、オバマ大統領が、ドナルド・トランプに直接会う三日前にこの行動に出たことだ。その週の土曜日、二人はホワイトハウス記者晩餐会で顔を合わせる予定だった。

この記者晩餐会は、僕のホワイトハウスでのキャリアにおいて重大な役割を果たした。そう言えばおわかりのように、これは実に変わった晩餐会だ。一年に一度、イギリスの首相がマリアッチ楽団の指揮をしたり、中国の国家主席が茶番劇を演じたりするところを想像できるだろうか？　だがアメリカでは伝統的に、毎年春にワシントンのホテルのダンスホールで、黒ネクタイの礼装姿の最高司令官が漫談を演じることになっている。

ある意味ではこれは、つい最近始まった儀式だ。カルビン・クーリッジ以来、どの大統領もこの晩餐会に出席しているが、大半がジョークなど言わなかった。スピーチをするにしても、大統領とマスコミとの関係にかかわるものに限られていた。

だが、レーガン政権の終わり近くになると、記者が著名人を招くようになり、晩餐会にセレブがやって来た。一九九七年には、エレン・デジェネレスが当時交際していたアン・ヘッシュとともに現れ、レッドカーペットの話題をさらった。二〇〇二年には、自身のリアリティ番組が人気を博していたオジー・オズボーンとシャロン・オズボーンが招待されている。こうして、本来は高校生の奨学金の資金集めのためのイベントが、オバマが大統領になるころには、ハリウッドとワシントンの二国間サミットと化した。「オタクのパーティ」とも呼ばれるが、むしろ「有名人を知人呼ばわりする人たちのパラダイス」と言ったほうが正確だろう。

「政治家のクリス・クリスティが女優のソフィア・ベルガラと話しているのを立ち聞きしたんだけど……」

「それって、労働長官やキム・カーダシアンや『グリー』のキャスト三分の二に僕が話したジョークみたいだな」

この素人演芸会のさばき方は、政権によって異なる。ビル・クリントン大統領のときには、スタッフが競い合ってお気に入りのセリフを探し、それで同僚を容赦なく皮肉った。以前、クリントン政権の関係者に、標準以下のジョークを優雅に飛ばすコツを尋ねたところ、いちいち気にするなと言われた。「そのジョークが本当にどうしようもないものなら、ハイウェイの真ん中に押し込め。そうしたらトラックがひいてくれる」

ジョージ・W・ブッシュ大統領のスタッフは、それほど無慈悲ではなかったが、大統領のお笑いのセンスをさほど信頼してもいなかった。そこで、まぬけなスライドを使って難題を切り抜けた。大統領はそのキャプションを読むだけだったので、まずしくじることはない。

一方、オバマ大統領のときは、スタッフが内輪もめに陥ることも、用心深さを発揮することもなく、いつも決まったルールに従って対処していた。スタッフ一人ひとりが、自分の持ち分を担当するのである。大統領のスピーチライターの中でいちばんユーモアのセンスがあるのはジョン・ロベットで、チームのミーティングのときには、何かしら色に関するコメントで笑いを取るのが常だった。そのため彼がジョークを担当した。ファブズはそれを手直しし、台本の流れを作った。当時すでに次回の大統領選に備えてシカゴにいたデビッド・アクセルロッドは、名誉教授的な役割を果たした。アドバイスをしたり、気の利いた言い回しを提案したり、だじゃれを詰め込んだ長いメールを送ったりといったことだ。

そのほか舞台裏のボランティアとして、お笑いの世界と政治の世界から十数人のライターを集め、ジョークを提供してもらった。僕が去年、ジョークのネタを提供したのは、このボランティアとしてだった。しかし今回は内部の人間だ。去年以上に貢献できるはずだ。僕は自分にチャンスが巡ってくることを願った。

実際、さまざまな面でチャンスに恵まれた。ファブズとロベットは、僕に晩餐会のチケットを手配してくれた。段取りを微調整したり、話のつながりを作り変えたりしなければならないときには、僕の意見を取り入れてくれた。それに、漫談の草稿が修正されるたびに見せてもらえたので、どのジョークが予選を突破したのかが事前にわかった。晩餐会の日が押し迫った時点で、僕のジョークは四つが採用されていた。圧倒的と言えるほどではないが、相当な数である。その中でも特に自信のあるジョークがあった。バーサー運動に対抗し、二〇一二年の大統領選に立候補する共和党の政治家を皮肉ったものだ。

「ティム・ポーレンティをいかにもアメリカ的な人物だと思っているかもしれないが、彼のフルネームを聞いたことがある？　そう、ティム・〝ビン・ラディン〟・ポーレンティだ」

聴衆の間に衝撃が走った後、笑いの波が巻き起こる光景が思い浮かぶ。世紀のジョークになるだろう。当日が待ちきれなかった。

それでも、この晩餐会は自分が望んでいたほどのビッグチャンスにはならなかった。草稿を見せてもらえはしたが、それを除けば、ジョーク作成チームの中枢からは締め出されていた。僕には、ファブズやロベットがオーバルオフィスでのミーティングに僕を加えようとしない理由がわかっていた。マスコミはどんな手を使ってでもこのジョークの情報を欲しがっている。そんな情報を僕に委ねていいかどうか、まだわからなかったのだろう。だが僕は、とても近い場所にいながら、まだまだ遠くにいるような気がして、むしゃくしゃした。

晩餐会当日、僕がカフスボタンを探してワシントン中を駆けずりまわっていたころ、ファブズとロベットとアクセルロッドは、オーバルオフィスで大統領と最後の打ち合わせをしていた。それからほどなくして、僕のブラックベリーの赤ランプが点滅した。草稿が更新されたようだ。見ると、みごとな修正が施されている。特に、ロベットとジャッド・アパトー（お笑いの世界から呼んだ舞台裏のパートナーの一人）が考案した、トランプに対する一連のジョークの流れは傑作だった。だが、この最終稿の続きを読んで愕然とした。僕の一世一代のジョークが台なしにされている。「ビン・ラディン」という言葉が削除され、その代わりに、数か月前に退陣させられたエジプトの大統領の名前が使われていたのだ。

「ティム・ポーレンティをいかにもアメリカ的な人物だと思っているかもしれないが、彼のフルネームを聞いたことがある？　そう、ティム・〝ホスニ〟・ポーレンティだ」

僕の中で、何かがぷつんと切れた。確かに僕はまだホワイトハウスに入ったばかりだ。誰もが苦労して今の地位を手に入れたことはわかっている。だが、これは許せない。「ホスニ」がおもしろいなんて誰が思ったのだろう？　世界一重要な指名手配犯の名前を大統領に言わせるのが怖かったのか？　そこが肝だというのがわからないのか？　それに、響きの問題もあった。この男がどんな人物かはともかく、「ビン・ラディン」は語呂がいい。この言葉を大統領候補の名前の間にはさむと、ちょうど韻を踏むような形になり、そこに含まれる硬い子音がさらにその効果を高める。「ホスニ」なんてくずだ。まるで締まりがなく、切れが悪い。誰でもそう思うだろう。

だが、ファブズに文句を言うと、この修正は大統領自身が提案したものだと言われた。じゃあ、戻すように大統領に言えよ！　あんたスピーチライターなんだろ？　僕はそう思い、ホワイトハウスの門をくぐって以来初めて、自分が意見しないとだめだと一〇〇パーセント確信した。ブラックベリーを取り出して親指を走らせ、怒りに任せて意見書を書き上げた。そしてメニューを開き、「送信」ボタンの上に指を近づけた。

そのときふと、僕は指を止めた。官僚の姿をした小さな天使が、耳にこうささやきかけているような気がしたのだ。

自分の持ち分を守れ。じぶんのおお、もちぶんをおお、まもれえええ。

僕は構えたピストルをホルスターに戻すように、ゆっくりとブラックベリーをポケットにしまった。そして、家に帰ってタキシードに着替え、チケットをつかむと、ワシントン・ヒルトンへ向かうバスに跳び乗った。

その夜は、一生分に匹敵する有名人を見た。女優のエイミー・ポーラーが自分のテーブルを探していた。俳優のブラッドリー・クーパーが席に着く前に雑談をしていた。財務長官のティム・ガイトナーが受付で何をつまもうかと軽食を物色していた。僕は部屋の奥から、オバマ大統領の漫談に耳を傾けた。この大統領のそれまでの漫談の中でいちばんよかった。トランプを標的にしたジョークに差しかかると、何百人もの民主党員や共和党員が一緒になって嘲るような笑い声を上げた。聴衆は大統領に拍手喝采し、恥をかかされた億万長者は発疹のように赤くなって腹を立てていた。

僕はそのときこう思ったものだ。これでこの男も終わりだな。

その夜、ただ一つ残念だったのが「ホスニ」だ。心配していたとおり、このジョークはまったく受けなかった。そうなることがなぜほかの誰にもわからなかったのだろう？　プログラムが終わると、ＶＩＰは会員制のパーティに出席するため、ダンスホールから出ていった。僕は帰宅すると友人に、政治家のニュート・ギングリッチと俳優のジョン・ハムの間で小便をした話をした。こうした華やかさにもかかわらず、僕はもやもやとした気分を追い払えなかった。あの落ちは完璧だった。僕ならあんなふうにはしない。どうして誰も僕の言い分を聞いてくれなかったんだ？

翌朝、僕はささやかな抗議として、考えられない行動に出た。ブラックベリーをマナーモードからサイレントモードに切り替えたのだ。そして、大学時代の友人ニックとクレアと一緒に、メリーランドで開催される音楽フェスティバルに行った。スーツとはほど遠いTシャツとサンダル姿になり、昼間からビールを飲んだ。明日にはバレリーのスピーチがあり、いつ手直しを求められるかわからないのにである。僕を採用するとストロットから言われて以来初めて、僕は以前の二四歳の自分に戻っていた。

自由を謳歌した一日はあっという間に終わった。家にはあまり帰りたくなかった。それでも車の後部座席で、苦い顔をしながら仕方なくブラックベリーをサイレントモードからマナーモードに戻すと、それを待っていたかのようにスマートフォンが振動した。ストロットからほかのスピーチの原稿を頼まれるか、土壇場で明日のスピーチの修正を求められるかのどちらかだろう。

ところが、そのどちらでもなかった。驚いたことに、差出人は大統領の外交政策のスピーチを担当しているベン・ローズだった。件名には「最終」という単語や「ＵＢＬ」という略号がある。訳がわからない。その日の夜に大統領のスピーチは予定されていないはずだ。それに、その三文字の略号の意味もはっきりしない。「Unresolved Banking Liability（未決の銀行負債）」？　それとも「Unanimous Bipartisan Legislation（全会一致の超党派立法）」？　とまどいながらメールを開くと、そこにはこう記されていた。

オサマ・ビン・ラディンの死に関するバラク・オバマ大統領のコメント
ホワイトハウス
二〇一一年五月一日

僕はこれを見て、昨晩「送信」ボタンを押さなくてよかったと思った（訳注：「ＵＢＬ」はオサマ・ビン・ラディンのイニシャル）。

それからわずか数分で、このニュースがツイッターに広がった。ニックとクレアと僕は、興奮状態でワシントンに向かった。そこに着くと、バーに入ってＣＮＮを見たが、それだけではどうもしっくり来ない。僕たちは、スタジアムの照明に集まる蛾と同じ本能にすぐさま従った。

「ホワイトハウスへ行こう！」

ワシントンの中心部に着くと、ペンシルベニア通りはすでに若者であふれ返っていた。大学生が旗を振ったり、両手を高く掲げたりしている。仲間を肩車している同胞もいる。どこから湧き起こったのか、群衆が国家を歌い始めた。それはやがて誰もが知っている昔の歌に代わった。ヤンキースが勝つとよく耳にするあの歌だ。

ナナナーナ、ナナナーナ、ヘイヘイヘイ、グーッバイ。

選挙の投票日の夜でさえ、これほどにぎやかな祝宴に参加したことはなかった。だが、どの顔を見ても、そこに勝利の喜びはない。あるのは安堵の気持ちだった。僕の世代の人間は、ちょうど人格の形成期に9・11を経験し、その影響を大きく受けた。子供のころから僕たちは、アメリカは何でもできると教えられてきた。だがアメリカは、わが国を攻撃し、何千人もの国民を殺害したテロリストを、なかなか捕らえることができなかった。この一〇年間、僕たちが育んできた信念は影に覆われていた。その影が今、すっかり取り払われた。アメリカは、やると決めたことをやり遂げたのだ。

ヘイヘイヘイ、グッバイ。

そのとき、ブラックベリーが振動した。バレリーからだ。明日のスピーチの内容を大幅に変更し、大統領の勇気、判断、人格について、あるいは、二〇年前に会ったときからそれらの資質を備えていた点について話をしたいという。

僕がビン・ラディン襲撃を命じたわけではない。シチュエーション・ルーム（訳注：ホワイトハウスのウエストウィングの地下にある危機管理のための状況分析室）にいたわけでもなければ、その近くにいたわけでもない。だが僕はそのとき、ペンシルベニア通りから群衆が去った翌朝早くにでも、仕事に戻ろうと思った。ホワイトハウスの門をくぐり、ささいなことであっても求められる仕事をしよう。おそらく僕はまだ、この役職を務める最適の人間ではない。それは、学生時代に担当教授のアシスタントを務めていた男も保証してくれるだろう。だが今では、僕がいるべき場所にいるかという疑問よりも、僕がここにいるという事実のほうが重要な気がした。ささやかながら、アメリカは僕を頼りにしてくれている。僕は、曲がりなりにもチームの一員なのだ。

それにしても「ホスニ」とは。せめて「サダム」にしてほしかった。

4 権力の回廊

アレックス（二〇代前半、スタッフのアシスタント）　このメールの件で、手を貸してくれないか？
デビッド（二〇代前半、スピーチライター）　いいよ。何をすればいいの？
アレックス　あるCEOに返事を書きたいんだけど、こちらが相手の要請を無視するつもりだと思われないようにしたい。
デビッド　わかった。でも、実際のところはどうなの？
アレックス　無視するつもりだ。

ホワイトハウスに勤めていた五年間で、自分の人生がテレビドラマ『ザ・ホワイトハウス』に似ていると思った最初にして最後の瞬間である。これは何も、このドラマに関心がなかったからではない。三五歳未満の民主党員の例にもれず、僕はアーロン・ソーキンが脚本を担当したこのドラマを見て育った。大学一年生のときには、友人たちと一緒に暮らしていたアパートで、『ザ・ホワイトハウス』のDVDがループ再生されていた。再生を止めたのは、急に宗教に目覚めたあるルームメイトが一時期、アパートで聖書の講習会を開いたときだけだ。

マーク（きわめて熱心）　キリストについてもっと知りたくない？
デビッド（同様に熱心）　シーズン2の最終回見たくない？

ウィットに富んだジョークの言い合い、オーバルオフィスに飛び込んできてはぶつぶつ言う優秀なスタッフ、常に満足できる結末。いくら見ても飽きなかった。だが、『ザ・ホワイトハウス』で政治を知るのは、ポルノ映画『デビー・ダズ・ダラス』でセックスを知るのと似たようなものだ。つまり、空想よりも現実のほうがどれだけ満足感が高かったとしても、どうしても物足りなく感じてしまう部分はある。

物足りなさを特に感じたのは、オフィスのスペースだった。僕がむさぼるように見たDVDでは、ホワイトハウスのウエストウィングは広々としていて壮大だった。だが実際のウエストウィングは、人間のアリの巣といった感じで、一九三四年の大改修以来変わっていなかった。公平を期して言えば、オーバルオフィスはドラマのイメージと似ている。また、大統領の上級顧問数人は、「悪徳資本家風」という表現がぴったりの、ウッドパネル張りの大きな部屋を所有している。ところが残りのスタッフは、ホワイトハウスの外のちっぽけなオフィスに詰め込まれていた。シンクに積んだ洗い物の皿のように、無造作に積み重ねられていたと言ってもいい。

そのため職場は、世界屈指のぎゅうぎゅう詰め状態だった。シリコンバレーの企業がボールプールや卓球台で優秀な人材を勧誘していた当時、ワシントンでいちばん人気の仕事には、書き入れどきのウォルマート店内ほどのパーソナルスペースもなかった。人口過剰の証拠は至るところにある。昼休みには、レストラン「ネイビーメス」のテイクアウトの窓口に長蛇の列ができた。列の先にはジェットコースターでもあるのではないかと思うほどだ。待合室を兼ねた地階のホールではときどき、かすかに下水のにおいがした。

だが『ザ・ホワイトハウス』には、それ以上に現実にはありえないものがあった。それは歩きながらの話だ。ドラマのウエストウィングでは、スタッフが横に並んで歩きながら政策を論じ、補佐官がその周りをちょこまか動きまわっている。だが実際のウエストウィングでは、歩きながら話をするのは危険だ。ある日の午前、僕がファブズのオフィスを出て廊下を歩いていると、下水のにおいに気を取られていたせいか、黒い革靴につまずいて転びそうになった。相手が誰なのか確かめようと目を上げたところ、見覚えのある顔だが思い出せない。さまざまな選択肢が頭に浮かんだ。新たに採用された職員？　B級のスター？　それとも、料理番組『トップ・シェフ』の最新シーズンに登場したシェフ？

そのとき僕は気づいた。ああ、以前どこで見たか思い出した。この人はアメリカ合衆国大統領だ！

オバマの胸に頭突きを食らわそうとすれば、シークレットサービスに何をされるかわかったものではない。そんな事態に陥る直前に、僕は横っ飛びで身をかわした。この経験から学んだことがある。ウエストウィングには無限の可能性がある。だが、有限の狭いスペースしかない。

ホワイトハウス内に自分のオフィスがない理由の一端がそこにある。僕を含め大半のスタッフのオフィスは、ペンシルベニア通り一六〇〇番地のホワイトハウス内ではなく、一六五〇番地のアイゼンハワー行政府ビルの中にあった。華麗な装飾を施した一枚岩のような建物である。このビルは、ホワイトハウスのセキュリティ境界内にあるとはいえ、そのサイズといいスタイルといい、隣りの大豪邸とは大違いだ。五階建てで、街区を一つまるごと占拠している。一八八八年、当代随一のつむじ曲がりとして知られたヘンリー・アダムズが、これを「保育園レベルの建築物」と呼んだが、それから一世紀以上たった今、その意見にやすやすとは賛同できない。自分の職場なのに迷子になり、堂々たるらせん階段や威厳のある大理石の床をさまようことが何度もあったからだ。

この世に『廊下』の専門誌があれば、この行政府ビルは間違いなく、見開きページを独占したことだろう。この天井の高い広々とした廊下なら、映画『サウンド・オブ・ミュージック』のように六～八人が腕を組んで歩くこともできるに違いない。だが、そこにはないものがある。それは権力だ。公平を期して言えば、このビルの六〇〇近い部屋には、大統領の上級顧問もわずかながらいる。だがそのほかのスタッフとなると（もちろん僕も含め）、ホワイトハウスにオフィスを構える人たちとの間に相当な格差があった。

そんな格差はないように見えるかもしれない。実際、ホワイトハウスの構内に建物が一つしかないような話し方をよく耳にする。

「初日からあそこで働いてるの？」

「この要望はあそこからなの？　でなきゃ、無視だな」

「あそこ以外のランチにしようよ。水曜日はタコスの日だからな！」

だが実際には、ホワイトハウスの構内には、厳然と区別された二つの建物があり、誰もがそれを意識している。その間にある歩道、ウエスト・エグゼクティブ通りは、両者を分かつ境界として、もはや神話的とも言える重要な意味を持っている。僕は仕事始めの日に、緑のプラスチックカードを手渡され、それを首に掛けておくよう命じられたが、そのあとでスロットからこう告げられた。

「心配するな。すぐに青のＩＤカードと交換するから」。まるで秘密を告げるような小声だった。

間もなく気づいたのだが、これは重大な違いだった。青のＩＤカードがあれば、ウエスト・エグゼクティブ通りを渡っても、シークレットサービスに止められることはない。だが緑カードでは、青カードの同伴者がいなければ、この通りを渡れない。だからと言って、緑カードが二級市民というわけではない。それでも、青カードが緑カードに見下した態度を取らなかったと言えばうそになる。ドクター・スースの物語にたとえれば、おなかに星マークがあるスニーチが青カード、星マークのないスニーチが緑カードにあたる。

この厳格なカースト制度にも、ただ一つ例外があった。スモーキーという尻尾の短い野良ネコである。意地悪そうな顔をしているが、オスだかメスだかよくわからない。このネコは、威厳も何もおかまいなしに、ウエスト・エグゼクティブ通りをパトロールしていた。僕がミーティングに遅れそうになって鉢植えの木のそばを走り抜けていくと、隠れていた場所から急に跳び出し、怒ったようにうなってはどこかへ消えた。ノースローンにある検問所近くに潜み、僕がIDカードをかざすと、足元を急いで駆け抜けていくこともある。その姿はまるで、小さなグレーの敷物が飛んでいくようだった。

僕はスモーキーを不法侵入者だと見なしていた。そのため、鋳鉄製のフェンスの脇にフリスキーやピュリナの空き缶を見つけたときにはびっくりした。最初は、優しい観光客がごちそうをふるまったのかと思った。だが後に真相が発覚した。シークレットサービスの中にネコ好きがいたのだ。IDカードのあるなしにかかわらず、スモーキーはこのあたりをうろつく権限を与えられていた。

その様子を見ていると、スモーキーがホワイトハウス構内の東西の格差を直感的に理解しているような気がした。たとえば、雇用統計が予想以上によく、政権側に都合のいいニュースが多いときには、スモーキーの姿を見た覚えがほとんどない。その時期は、青のＩＤカードが通りを自由に行き来していた。僕も、シャツをドライクリーニングに出したいときには、ホワイトハウスの中を通り抜けて近道をした。おなかが空いたときには、シチュエーション・ルームの外に魔法のように現れるエムアンドエムズを失敬しに、ホワイトハウスへ立ち寄った。だが、問題が発生したり、経済指標が低調だったりすると、まるで東西をつなぐ跳ね橋が上がってしまったかのようになった。ルーズベルト・ルーム（訳注：ウエストウィングにある会議室）や首席補佐官のオフィスでのミーティングは中止され、ウエストウィングに用のある偉いスタッフが、寝不足の目をこすりながら、東西のビルの間を足早に行き来するだけになる。

都合のいい記憶だけが残っているのかもしれないが、こうした最悪の時期にはまず間違いなく、スモーキーが北欧神話のトロールのように、ウエスト・エグゼクティブ通りを見張っていた。僕の記憶が正しければ、二〇一一年夏の債務上限危機のときには、かつてないほどスモーキーの姿を目撃した。

債務上限問題はややこしく、説明を聞いても退屈なだけだが、それまでに貯めてきたお金を一晩で失ってしまうおそれがある。そのため、ここで本題を離れて債務上限問題について説明しておこう。あなたがクレジットカードで何かを買うとする。型が古くなって安くなったゴム製の五本指シューズでもミキサーでも何でもいい。すると月末には、口座からクレジットカード会社にその代金が支払われ、流行遅れの五本指シューズは手元に残り、未払い額はゼロになる。簡単だ。

だがここで、あなたにその支払いを許可するかどうかを決める権限が議会にあるとしたら、どうだろう？　あなたの手元にはすでに、流行遅れの五本指シューズがある。また、支払うお金がないわけでもない。それなのに、多数派の議員が支払いを許可しなかったら、あなたの支払いは違法行為になってしまう。

こうした勝手な判断によって引き起こされたのが債務上限危機である。あなたが支払いをしなくても、恐い男性が何度も家に電話をかけてくるだけだ。しかし、アメリカ政府が債務を返そうとしないと、世界経済が崩壊する。

債務上限危機は偶然の産物である。アメリカの連邦議会議事堂に世界の金融システムの自爆ボタンがあっていい理由などない。だが、実際にボタンはそこにある。二〇一一年五月一〇日、下院議長のジョン・ベイナーがそのボタンを押すと脅しをかけた。裕福なマンハッタン市民を招待した資金集めのパーティの席で、こう警告したのだ。債務不履行を引き起こせば大惨事になる。それでも、オバマが富裕層に一銭たりとも増税せず、連邦予算を数兆ドル削減するのでなければ、債務不履行を引き起こす、と。その脅しは、こんなコントのようにばかばかしいものだった。

銀行強盗（まじめくさった顔で）暴力なんか何の解決にもならないぞ。さあ、金を出せ。

さもないと撃つぞ。

晩春から初夏にかけて、ベイナーのこの身代金要求は、ウエストウィングのミーティングでもときどき話題に上った。それでも僕は、緊急事態だという感じはしなかった。債務上限問題を扱うのはあまりに危険なため、こうした脅しはまず間違いなく、徹底的な抗議の意を示すための手段に過ぎなかった。つまり、自分の赤ちゃんのころの写真をまた投稿したら自殺する、と宣言するのと同じようなものだ。

それに、ベイナーの行動を大目に見たほうがいいのではないかという気もした。怒れる保守派が新たに生み出したティーパーティ運動により、共和党支持者が増えていた。そんな状況の中で途方もない脅しをかけることで、ベイナーは過激な保守派にエサを投げ与えたのだ。こうして愚か者たちをなだめ、手なずけた後に、ベイナーはきっと柔軟な姿勢を見せ、国の債務を減らす超党派の大取引をオバマ大統領に呼びかけるだろう。

しかし、彼がずる賢くそんな戦略を立てていたとしても、そのとおりにはいかなかった。ベイナーは度胸試しを始めたあとになって、保守派のブレーキが壊れていることに気づいた。保守派は、自分たちの要望を取り下げるどころか、さらに上積みした。多数党院内総務のエリック・カンターは、ティーパーティ運動支持者に気に入られようと、自分が進めるはずだった交渉から手を引いた。六月から七月にかけて、愚か者たちは奮い立ち、さまざまな活動を展開したが、何も解決しなかった。オバマ大統領は毎日のように、雑誌から切り抜いた文字で書かれたかのような、こんな脅迫に直面した。

おまえの国の経済を生かしておきたければ、以下の要求をのめ。

ちょうどそのころ、少なくとも僕の記憶では、スモーキーはウエスト・エグゼクティブ通りの端にいつもいた。当時は上級顧問もコメントを控えており、事前確認のための会議も開かれなかった。僕はスピーチの原稿を書きたかったが、バレリーは舞台裏の緊急案件の処理に忙しく、もはやスピーチの機会もない。そのため、毎日しゃれたＩＤカードを見せては巨大な廊下の先にあるオフィスに通っていたが、ほとんど何もすることがなかった。

危機が雪玉のようにふくらんでくると、僕は自尊心の高いほかのミレニアル世代と同じような反応を示した。スマートフォンの世界に引きこもったのだ。交渉の行き詰まりに関するニュース記事を読んでいないときには、「レース・ペンギン」というゲームで時間をつぶした。このゲーム名は、過激な黒人解放組織の運動員が弱腰の仲間に浴びせる悪態のように聞こえなくもない（訳注：Race Penguin は「ペンギン族」とも解釈できる。弱腰の運動員の態度を、黒人にも白人にもなりきれないやつという意味で、黒と白のツートンカラーのペンギンにたとえている）。だが実際には、アニメのペンギンがさまざまなコースを腹で滑っていくだけのゲームだ。一定の時間以内にコースをクリアできれば、翌日も生き延びて滑ることができる。クリアできなければ、白クマに食べられてしまう。僕は画面をタップし、ペンギンの動きをコントロールしながら、このペンギンの大変な身の上を想像した。いつもストレスを抱えながら、同じようなことを繰り返さなければならない。僕にはその気持ちが痛いほどわかった。

　レース・ペンギンにはレベル二四まであり、八つのコースから成るステージが三つある。僕が第一ステージのアイス・ワールドを終えたころには、共和党がその身代金要求の中に、とても実現不可能な財政均衡修正案を追加した。第二ステージのデザート・ワールドを攻略したころには、民主党院内総務のハリー・リードが大幅な譲歩を示した。もう増税を求めない方針を明らかにしたのだ。

　七月二五日、僕はゲームの最高レベルに取り組んでいた。レインボー・ワールドの最後のコースである。その日、オバマ大統領はやむを得ず、ゴールデンタイムに債務上限問題に関する演説を行った。大統領にとって緊張の瞬間だった。経済崩壊まであと二週間もない。一方、僕にとっても緊張の瞬間だった。手も足も出ないのだ。いくらノーミスで進んでも、どれだけいいタイムを出しても、必ず白クマが出てきて捕まってしまう。僕はやがて、一つの結論に達した。ゲームがおかしい。勝てないようにできているのだ、と。

「今晩は、これまでワシントンで行われてきた国の債務に関する議論についてお話ししたいと思います」

マスコミはすでに、オバマ大統領のスピーチを評して「ビンテージ・オバマ」と呼んでいたが、国民に向けたこの大統領の演説は、まさにそのとおりのスピーチだった。冷静で、機知に富んでいて、党派を超えている。「アメリカ国民は、政府の分裂に票を投じたかもしれませんが、政府の機能不全に票を投じたわけではありません」

僕はオフィスで、イヤホンを耳に押し込み、机の上に足を投げ出して、演説のストリーミング配信を見ていたが、大統領の言葉が事態を変えるに違いないと確信した。二年半前、オバマのあるスピーチが僕の人生を変えた。きっと今夜のスピーチも、世論を変え、連邦議会を正気に戻すことだろう。

その数日後（僕にとっては数百ペンギン後）、オバマ大統領は、実質的に何の見返りもないまま、二兆ドル以上の予算を削減すると発表した。

そのニュースが伝わると、市民参加室の室長ジョン・カーソンは、行政府ビル内にある装飾のみごとな会議室にメンバーを召集した。僕たちは、革の椅子に腰を落ち着け、いかめしく見える今は亡き白人たちの肖像画に囲まれながら、政権側に有利な事実がなかったわけでもないことを確認した。実際、削減の大半はすぐに行われるわけではなく、社会保障プログラムにはほとんど影響がない。

しかし僕には、壁に並んだ青白い謹厳な顔たちが、疑念を抱いているように見えて仕方がなかった。僕たちはこの一件を勝利ととらえようと努力したが、肝心なことは誰も語ろうとしなかった。つまり、自分たちの勝因について一時間も議論しなければならないような勝利は、もはや勝利ではないということだ。

債務上限に関する取引は、共和党議員をなだめる何の役にも立たなかった。それどころか、むしろ状況を悪化させた。共和党の上院院内総務を務めるミッチ・マコーネルは、「これは身代金を要求する価値のある人質だ」と宣言し、今後もこうした瀬戸際政策を行う可能性を示唆した。

僕は、マコーネルのカメのような顔から、満足げな笑みを拭い去ってやりたかった。しかし正直に言えば、ティーパーティ運動への怒りも、その要求に屈した大統領への失望に比べたら何でもない。最初に目を留めて以来、僕がオバマに心を寄せているのは、オバマが歴史の向かうべき方向へ向かっているからだけではない。オバマが勝ち方を知っているからでもあった。確かにささいな後退はあるかもしれないが、重要な問題が争点になっているときには必ず勝つ。だが、今回は違った。数兆ドルがかかった共和党との最大の闘いで、満足のいかない結果に終わった。

ワシントンの人間は、高校生が処女や童貞の話をするように、幻滅の話をする。たとえば、こんな具合だ。経験を積んだ仲間はすでに行くところまで行っている。おまえがまだそこまで行っていないとしても、時間の問題だ。今後、できるかぎり浮気をしないで、キャリア公務員として身を固めることになるかもしれない。あるいはロビー会社に入り、誰とでも寝るようになるかもしれない。それはどうでもいい。要は、どこかで決定的な瞬間があるということだ。その瞬間、幼年時代の扉は永遠に閉ざされる。

しかしこの場合は、そういう意味での幻滅ではなかった。あの一方的な取引のあとでも、僕はオバマ大統領が詐欺師だと決めつけたりはしなかった。机の上の書類を払いのけ、裏切られたとわめきたてたい衝動に駆られることもなかった。ただ、それよりもはるかに厄介な問題にとらわれていた。何もかもがあのレース・ペンギンと同じだとしたら？　ゲーム自体がおかしいとしたら？　いくら正しいことをしても、しまいには白クマが出てきて捕まえてしまうとしたら、どうすればいい？

続く数週間、不快なニュースが続き、政権の支持率がなかなか回復しなかったため、心配になった友人や家族がこう尋ねてきた。

「そっちはどんな雰囲気？」まるで、ホワイトハウスにしか存在しない特殊な雰囲気があるとでも言いたげな質問だ。失望と希望のごった煮、あるいはカオスとノスタルジーの寄せ集めといった雰囲気を期待したのだろうか？

もっと個人に的を絞った質問をしてくることもあった。「ジョー（訳注：副大統領のバイデンを指す）は大丈夫？　バラクの調子はどう？」

僕がわからないと答えると、意外にも友人や家族はがっかりした。彼らは、ホワイトハウスのスタッフに知り合いがいれば、アメリカの大統領と直接連絡が取れると思い込んでいた。ある日の午後には、行政府ビルのオフィスで仕事をしていると、妹からこんなメールが来た。「国土安全保障省にはなぜメールアドレスがないの？」政権が順風満帆のときでさえ、家族からのこうした質問にはまごついてしまう。まだホワイトハウスの中で働いていれば返答できたかもしれないが、僕の職場は厳密にはそこではない。

何もかもがそんな調子だった。祖父のアービングは、自分が提案した全国水道供給網整備計画を「おまえのとこの人たち」は見たのかとメールしてきた。おじのゲイブは、オバマケアのせいで闇取引する病院があちこちにできると警告してきた。そして誰もがこの質問をした。

「で、オバマにはもう会った？」

「いや、まだ」。僕は話題を変えたくてそう言うが、相手の顔つきを見れば、どう思っているのかがすぐにわかった。「おまえは二四歳という若さでホワイトハウスで働いているかもしれないが、家族や友人からしてみれば期待外れもいいとこだ」

そう思う彼らを責めることはできない。僕もそうだったから無理もないが、現実のホワイトハウスとドラマを混同している。あの『ザ・ホワイトハウス』と同じように、誰もが大統領と親しくしていると信じ込んでいる。あるいは、『スキャンダル　託された秘密』のように、誰もが大統領と寝ていると思い込んでいる。だが実際のところ、ホワイトハウスは映画『スター・ウォーズ』に登場する宇宙要塞デス・スターのようなものだ。何千もの人々がそれぞれ要塞の機能のほんのごく一部を担当し、せわしげに走りまわっては与えられた仕事をこなしている。

だから僕はよく、こう説明した。「ダース・ベイダーがいくら組織の顔だといっても、あらゆる突撃隊員が一対一で会えるわけじゃないだろ」。だがそう言っても、何の効果もなかった。

正直に言ってしまえば、誰よりもがっかりしているのは僕だった。僕自身、オバマに会いたかった。それには理由が二つある。第一の理由はくだらないが、うそではない。僕には、どんな形でかはわからないが、この国のためにできることがあるという確信があった。そのため、大統領のそばにいるだけで、多少なりとも役に立てるのではないかと思っていた。

第二に、オバマと親友になりたかった。そんなことが実現すると思っていたわけではない。誰もそこまでは考えない。だが、オバマ政権のホワイトハウスで働きながら、大統領と親友になる夢を思い描いたことがないと言う人がいるとしたら、その人はうそつきかミシェル・オバマだろう。折に触れて僕たちはいろいろな噂を耳にした。行政管理予算局の誰かが廊下で大統領とグータッチした、あるスタッフの秘書がエアフォースワンで大統領からトランプに誘われた、といった話だ。こうした噂からもわかるように、自分の人生を永久に変える出会いがいつあるとも限らない。

僕の人生を変える瞬間となるかもしれない最初のチャンスは、二〇一一年一一月に訪れた。ファブズから、大統領が公開する感謝祭のビデオメッセージの原稿を依頼されたのだ。一般教書演説がスピーチライターの仕事の最高峰だとすれば、「アメリカのみなさん、感謝祭おめでとう！」は間違いなく最下位にあたる。それでも僕はどきどきした。大統領のためにジョークを書いたことはあるが、それとこれとは訳が違う。深い意味のあるもの、独自のもの、アメリカ的なものを書かなければならない。僕は過去の感謝祭のビデオを研究した。感謝祭はピルグリム・ファーザーズの最初の収穫を記念する行事であるため、それに関するエッセーも読んだ。そして草稿を書きまくった。

やがて収録の日になると、僕はディプロマティック・ルームに向かった。ホワイトハウスのレジデンスと呼ばれる中央の建物の中でも格別に美しい部屋で、周囲の壁は一九世紀のアメリカの生活を描いた絵で覆われている。暖炉のそばには木製の椅子が用意され、大統領の到着を待っている。僕は、そこからできるだけ離れた場所に立っていた。カメラの後ろでは、ベストとボタンダウンのシャツを着た女性がピントを調節している。

「ここは初めて？」その女性が尋ねた。僕は最初、さりげなく平然とした感じを装おうとしたが、すぐにあきらめて金切り声を上げた。

「そう！　助けて！　どうすればいいの？」

大統領のビデオ監督を務めるホープ・ホールは、相手を穏やかな気持ちにさせる雰囲気を持っていた。クラブや団体が好きな人ばかりのこの場所には珍しい自由な精神の持ち主で、晴れやかな笑顔が印象的な女性だ。彼女は僕に、何も心配せずに待っていればいいと言ってくれた。僕は、言われたとおり待った。待って、待って、待った。そしてこれは悪夢か、たちの悪いジョークなのではないかと思い始めたころになってようやく、ある音響映像スタッフのブラックベリーにメールが届いた。

「もうすぐ見える」

ぴりぴりした緊張感が広がった。それから一分ほどしてオバマ大統領が入ってきた。そのときふと、鼻がむずがゆくなった。くしゃみをしてもいいのだろうか？　スマートフォンの電源は切っただろうか？　ポケットの小銭がじゃらじゃら言いはしないか？　なぜかそういうときに限って、脚の重心を変えたいという猛烈な衝動に駆られた。

大統領が立っているときには僕たちも立っていた。大統領が座ったときには僕たちも座った。大統領がカメラを見つめ、収録を始める準備が整うと、ホープが大統領を制止して言った。

「大統領、こちらが原稿を書いたデビッドです。大統領のために書いた初めてのビデオメッセージだそうです」

オバマ大統領が僕のほうを見て言った。

「やあ、デビッド。調子はどう？」

僕はその瞬間、一つのことしか考えられなかった。質問に答えなければならなくなるとは思いもしなかった、ということだ。それから何が起きたかは覚えていない。気を失ってしまったのだ。そのため、感謝祭の日に実家に帰っても、家族とはこんな会話しかできなかった。「もうオバマには会ったの?」「うん」「何て言われた?」「調子はどうって」「それで何て答えたの?」「わからない。気絶したから」

沈黙。みながっかりしている。

がっかりするのもわかる。大統領のそばにいるだけで役に立てるような人間になるには、「調子はどう?」よりはるかに難しい質問にも答えられなければならない。それなのに、そんなことができそうにはとても見えない。

だが、僕がビデオメッセージの原稿を書いたことについては、家族も自慢に思ってくれた。特に母方の祖母は大喜びだった。祖母は一〇歳年上のビルというボーイフレンドを連れてきていたが、二人は最高のコンビだった。時間とシーバス・リーガルの累積効果のせいで、祖母は記憶が飛んでしまい、何度も同じ話を繰り返した。だが、祖母との話に慣れているビルは、一向に気にしなかった。二人とも大声を張り上げるのが好きで、それに短期記憶障害が絡み合い、まるで宣伝隊を結成したかのように僕の話を繰り返し持ち出した。

「信じられる? デビッドが大統領の原稿を書いたのよ」

「え?」

「デビッドが、ビデオの、原稿を、書いたの! 大統領の!」

ところが、これだけの業績もわずか数時間の命だった。この原稿にはかなりの労力を割いたのだが、それでもノーミスというわけにはいかず、そこをFOXニュースが指摘したのだ。彼らの仕事の速さには舌を巻かずにはいられない。まだ七面鳥の肉を切り分けてもいない時間に、「オバマ、感謝祭のメッセージで神に触れず」という見出しを掲げた。その記事にはこうあった。「二一段落に及ぶメッセージのどこにも、全能の神という言葉がない」

これはどう考えてもナンセンスだ。大統領はビデオの中で「恵み」という言葉を使っている。FOXニュースは、この恵みを誰がもたらしたと思っているのだろう？ オプラ・ウィンフリー（訳注：慈善家としても知られるアメリカの有名タレント）か？ だが、何の影響もないというわけにはいかなかった。保守系のメディアがあおり立てると、信頼のおける報道機関も遠慮なくこのニュースを取り上げ始めた。ABCニュースの見出しにも、「オバマ、感謝祭のメッセージで神に触れず、反対派の怒りを買う」とあった。

僕は月曜日、周囲から避けられることを覚悟して出勤した。ところが驚いたことに、スピーチライターの同僚はたいてい誰でも、今回のFOXニュースのような経験をしており、「自分をそんなに責めるな」と言ってくれた。しかし、いくら同僚に優しくされても、へまをした事実が消えるわけではない。僕はこの国の役に立ちたかった。オバマと親しくなりたかった。だが、どちらの目標からもほど遠い。

僕は心に誓った。もう一度チャンスがあれば、そのチャンスを絶対に無駄にしない。

意外なことに、二度目のチャンスはほんの数週間後に巡ってきた。オフィスにいると、ファブズから電話があった。「女優のベティ・ホワイトがもうすぐ九〇歳の誕生日を迎える。そこでNBCが、有名人のお祝いの言葉を集めた特別番組を放送する。きみはなかなかおもしろいし、ほかにやりたがる人もいないから、やってみる？」

もちろん僕はこの仕事を受けた。これを僕のゲティスバーグ演説（訳注：リンカーンが行った有名な演説。「人民の人民による人民のための政治」で知られる）にしてみせる。

収録は金曜日だった。僕たちは完璧を期すため、一週間前から準備を始めた。ファブズと僕はまず、ジョークから考えた。大統領がバースデーカードにサインしている映像とともに、こんなメッセージが流れる。

ベティ、あなたはまだ若く、はつらつとしている。九〇歳になるなんて信じられない。実際、私はうそなんじゃないかと思っている。だから、ペンシルベニア通り一六〇〇番地に長文式出生証明書のコピーを送ってくれないか。

次に、バースデーカードを買いに行った。ホワイトハウスから半ブロックのところにドラッグストアのCVSがある。僕はそこに陳列されたホールマーク社のカードを、犯罪現場に来た殺人担当刑事のように注意深く吟味した。そして一枚を選んで購入しようとしたとき、ふとあることに気づいた。それに気づいた自分を天才ではないかと思った。収録では、カメラのアングルを変えて二度、大統領を撮影する。だが二度目の撮影のときには、大統領がすでにバースデーカードにメッセージを書き終えていることがばれないようにしなければならない。そのためには、カード一枚では足りない。二枚いる！

そう！　ホワイトハウスのスタッフはこうでなければいけない。

僕は、自分の機転で事なきを得たと確信し、意気揚々とオフィスに戻った。そして大統領のビデオの落ちを考え、あるアイデアを思いついた。ビデオの終わりがけに、オバマ大統領がイヤホンをつけ、ドラマ『ゴールデン・ガールズ』のテーマソングを聞くふりをするのだ。ベティ・ホワイトが出演したいちばんの人気ドラマである。

それから一週間、僕は大統領にジョークを説明する練習をした。この寸劇にぴったりの、カメラ映えする白いイヤホンも見つけた。さらに、『ゴールデン・ガールズ』のテーマソングを繰り返し聞き、気分を盛り上げた。そのため、収録がある金曜日の夜が明けるころには、自信であふれ返っていた。

やがて電話が鳴った。「そろそろウエストウィングに来てくれ」

初めてオーバルオフィスに呼ばれながら、なんでもないことのようにそこへ入っていく人もいるかもしれない。だが、こうした人は社会性に欠けているとしか思えない。ほとんどの人は、オーバルオフィスでのミーティングに初めて参加するとなると、割礼の儀式を受けるような心境になる。

さらに問題がある。オーバルオフィスでのミーティングに出席するときに、直接そこへ入っていくことはない。まずは、窓のない狭い部屋で待たされる。病院の待合室のようなところだが、置いてあるのは去年の『マリ・クレール』誌ではなく、どれだけ価値があるのかわからないアメリカの芸術作品である。そして、受付係の代わりに、銃を持った男がいる。最悪の事態に陥った場合、この男はそこにいる人物を殺してもいいと法律で定められている。

この小部屋は、これまでにしてきたあらゆる人生の選択を思い悩む格好の場所となる。自分が座っていた小さなソファにビデオ監督のホープ・ホールが腰掛けてきたころには、僕はひそかに神経衰弱に陥りつつあった。ビデオのコンセプトの説明方法は覚えているか？　カードは二枚持ってきたか？　イヤホンはポケットにあるか？　あれは？　これは？　こうして自制心を完全に失いそうになっていたところへ、大統領秘書官がやって来た。

「大統領の準備が整いました」

オーバルオフィスに初めて入ったときに気を失わなかった自分をほめてあげたい。目の前には、ノーマン・ロックウェルが描いた『自由の女神』の絵がある。後ろには、視界の端に、奴隷解放宣言書が見える。複製でもポスターでもない。正真正銘本物の奴隷解放宣言書だ。わざわざ振り向いて見なくても、その宣言書が部屋中に発しているメッセージが伝わってくる。

宣言書はこう言っているようだった。「私は奴隷を解放したからここにいる。おまえはここで何をする？」

　オバマ大統領は、木製の巨大なレゾリュート・デスク（訳注：この部屋で歴代大統領が使用してきた机で、イギリス海軍のレゾリュート号の船体を材料に作られている）の奥に座っていた。その表情から判断するかぎり、大統領もまた、僕がここで何をするのかと思っているのかもしれない。だが心配することはない。まる一週間、このビデオの説明を練習してきたのだ。僕は一歩前へ進み出て、説明をしようと口を開いた。ところが、自由主義世界のリーダーとじかに向き合って口から出てきたのは、とても試験に合格できそうにない交換留学生のような言葉だった。

「ベティ・ホワイト？　が、その、カード……あ、誕生日？　なので、『ゴールデン・ガールズ』のソングテーマ、を歌って、イヤホンで、ビデオの……こう、お願いできますか？」そう言う自分の声が聞こえる。

　オバマ大統領はよくわからないようだった。するとホープが間に割って入り、助け舟を出してくれた。やがて撮影が始まったが、僕は不安を抑えきれなかった。これは、僕が有能なプロであることを大統領に示す絶好のチャンスだ。それなのにプロの目から見ると、すでに出だしでつまずいている。

　それでも、まだチャンスはある。あの二枚目のバースデーカードだ。自分の機転で事なきを得たことを自由主義世界のリーダーに示せばいい。ホープが一回目の撮影を終えると、僕は自分でも驚くほどの自信に満ち、つかつかと大統領のデスクに歩み寄った。

「大統領、二回目は別のアングルから撮影しますが、大統領がバースデーカードに初めてメッセージを書いているように見せる必要があります」。僕はそう説明し、ジャケットのポケットに手を伸ばした。「今使ったカードは引き取ります。次はまったく同じこちらのカードをお使いください」

するとと大統領は首を傾げた。「部屋の向こうの奥から撮影するんだよね?」

「はい、そのとおりです」

「だったら、カードの中までは誰にも見えないよね」

「はい、そのとおりです」

「じゃあ、今のカードにまた書くふりをすればいい。二枚目は必要ないよ」

「はい……そのとおりですね」

僕は二枚目のカードをポケットにしまった。これでツーストライク。

それでもまだ、あきらめてはいなかった。まだ最後の部分の撮影がある。あのイヤホンを使ったジョークだ。これは絶対に成功させよう。ホープが先ほどの撮影を終えると、僕はまたしても大統領のデスクに歩み寄った。そしてズボンのポケットに手を突っ込み、コードの毛玉のようなものを引っ張り出した。

なぜイヤホンがそんなふうになってしまったのか、いまだにわからない。たぶん、あの待合室で不安に任せて手でいじくっているうちに、どうしようもないほどこんがらがってしまったのだろう。僕はどうすればいいかわからず、ただ一つ思いついたことをした。そのコードの塊をそのまま大統領に渡したのだ。

ホワイトハウスで働いていれば、よくこんな言葉を耳にする。「この世で大統領の時間ほど貴重なものはない」。僕はいつもそれを、ありふれた決まり文句だとしか思っていなかった。大統領は三〇秒ほど、僕をじっと見ながら、もつれたコードをほどいた。さらにほどいた。まだまだほどいた。そしてとうとうホープのほうを見て、ため息をついた。

「事前の準備がなってないな」

大統領は、（一）単にジョークを言っているだけというように、（二）ジョークのつもりなど一切ないというように、そう言った。その瞬間、僕は自分の不甲斐なさを呪った。大統領に優れた第一印象を与える第二の仕事の第三のチャンスをむだにし、僕はすっかり落ち込んでしまった。オバマ大統領が質問をしてきても、かすかにしか聞こえない。まるで厚いガーゼで隔てられているようだ。

「音楽に合わせて頭を振ることにしたらどうかな？　そのほうがおもしろくない？」

「ええ、そうですね」。僕はそう答えたが、人生を変えるあの決定的瞬間を取り戻すことはもうできない。僕は大統領とともにオーバルオフィスにいながら、早くそこから立ち去りたかった。ホープが最後のシーンの撮影の準備をしている間、僕は無言で立ち尽くしていた。もう二度とチャンスはないだろう。オバマ大統領がカメラのほうを向いた。

するとそのとき、大統領が制止した。

「ちょっと待って。音楽に合わせて頭を振るなら、どんな音楽か知ってないと。誰か『ゴールデン・ガールズ』のテーマソングを知らないか？」

室内が静まりかえった。大統領はホープを見たが、ホープは何も言わない。僕もホープを見たが、やはりホープは何も言わない。そこで大統領が僕を見た。

僕はそのときふと、この国の役に立てることに気づいた。

オーバルオフィスのカーペットに足を踏ん張り、背後の奴隷解放宣言書をちらっと見ると、最高司令官の目を真っ直ぐに見つめ、歌い始めた。


ラ・ラ・ラ・ラー、友だちでいてくれてありがとう。ラ・ラ・ラ・ラー、どこへ行ってもまたあなたのもとへ戻ってくる。なんとか、かんとか、あなたは最高の親友。

僕は愛国心に駆られ、一生懸命続けた。

あなたがパーティを開き、知り合いを呼んだときには……

やがて大統領の顔にある表情が浮かんだ。その表情は、丁重だが毅然と、これ以上私の時間をつぶすなと訴えている。

だが、うまくいったことに変わりはない！　大統領は音楽に合わせて頭を振った。ＮＢＣはそのビデオを、ベティ・ホワイトはバースデーカードを受け取った。僕はその日、胸を張ってオーバルオフィスを出た。僕がそばにいたことで、多少なりとも大統領の役に立てたのだ。

その日に僕の疑念がすべて晴れたわけではない。まだ、この政権はあのレース・ペンギンと同じなのではないかという疑念はある。いくら必死に働いても報われないのではないかという不安はある。それでも二〇一一年の暮れが近づくにつれ、僕は自信を取り戻していった。支持率は上向きつつあった。スモーキーの姿はもうどこにもない。それにようやく、友人や家族の質問にも答えられるようになった。

「で、オバマにはもう会った？」

「会ったかって？　いや、鼻にかけるようなことは言いたくないけど、友だちでいてくれてありがとう、みたいな話はしたよ」

5 トイレのサーモン

ホワイトハウスの男性用トイレの通になろうと思っていたわけではない。たまたまなってしまったのだ。新しいアパートに引っ越し、その地域のことを知るようになると、知らないうちに、近所のあらゆるピザ屋に強い愛着を抱いていることがある。それと同じだ。愛着の対象が、磁器製の便器と液体ソープになっただけである。

ホワイトハウスの中でもお気に入りは、儀礼にも使われるライブラリーの隣りにあるレジデンス地階のトイレだ。白大理石の床やシンクは高級感をかもし出しているが、くすんだ感じがあって落ち着きがあり、これ見よがしのところがない。まるでこう言っているようだ。「いやいや、大したことないよ。たまたまきれいに生まれたってだけ」。全体的には驚くほど印象的だが、さわやかなほど慎ましく、アメリカの民主主義の最良の部分がトイレに表れている。

ウエストウィングの男性用トイレは、それぞれ独自の魅力を具えている。権力にいちばん近いのは、オーバルオフィスからほんの数歩のところ、ルーズベルト・ルームにひっそりと設置された個室のトイレだ。だが、奇抜なレトロさで群を抜いているのは、バレリーのオフィスの向かい側にあるトイレだろう。小便器はボウルのような形をしており、バスタブを二つに切断したのかと思えるほど大きい（さらに奇妙なことに、水を流すときに踏む巨大なペダルが、床上三〇センチメートルのところにある）。また、地階にあるファブズのオフィスの近くのトイレには、ホワイトハウスで唯一、靴磨き機がある。棒の両端にマペットの頭をくっつけたような代物だ。

当然ながら、アイゼンハワー行政府ビルのトイレは、それほど際立ったものではない。むしろその決定的特徴は、やたらと水を放射したがる自動おしり洗浄器にあるが、これについては詳しく触れない。このいいかげんなおしり洗浄器の犠牲に何度なったかわからないとだけ言っておこう。

だがこうした欠点にもかかわらず、個人的に重要な意味を持っていたという意味では、行政府ビル地階の南西角のトイレに勝るものはない。というのは、僕がここで仕事を始めて半年ほどたったころ、そのトイレである忘れられない出来事があったからだ（前もって言っておくが、下品な話ではないのでご心配なく）。

当時の経験は格別だった。僕はようやく建物内を自由に動きまわれるようになったが、その建物が持つもの珍しさはまだ色あせていなかった。ごくありふれたトイレ休憩でさえ、歴史を感じずにはいられない。地階に向かうらせん階段を下りながら、フランクリン・ルーズベルトが一九一〇年代にここで働いていたことを思い出した。彼がポリオにかかって下半身不随になる前のことであり、きっと高らかに靴音を響かせながらこの階段を上り下りしていたのだろう。行政府ビルにはまた、副大統領の執務室がある。僕は、彫刻が施された男性用トイレの金属製のノブを引っ張りながら、ニクソンやジョンソンもそのノブの重みを感じていたのだろうかと思った。

そしてトイレに入った。すると唯一の小便器は、防弾チョッキを着た男に占領されている。これもまた、ここでしかできない経験である。これまでの二四年の人生の間に、本物のシークレットサービスのエージェントを見たら、驚かずにはいられなかっただろう。弾丸に身をさらし、赤信号でも通り抜け、屋根から悪者を狙撃する。彼らはX－MEN並みに架空の存在のようでありながら、実際に要人の警護に身を捧げている。

当時はすでにホワイトハウスで数か月を過ごしていたが、それでもまだシークレットサービスのエージェントは、僕にとってヒーローだった。しかし彼らもまた、僕の隣りで用を足す普通の人間である。僕は、エージェントが用を足すのを待ちたくなかったので、その後ろを通り過ぎ、個室の扉を開いた。そして中に入ると鍵を閉め、振り向いた。

そのとき僕は見た。便器の中に焼いたサーモンの切り身が落ちている。かじった形跡の全くないきれいな切り身だ。

これは、ホワイトハウスで目撃したもっとも歴史的な出来事でもなければ、もっとも意義深い出来事でもない。だが間違いなく、もっとも意外な出来事だった。それがどれだけ意外なことか考えてみてほしい。バラク・オバマに会ったことがある人は、この世にどれぐらいいるだろう？　数万人、いや数十万人はいるかもしれない。だが、職場のトイレでサーモンを見つける人が、世の中にどれだけいるだろうか？

僕はそれを見つけたのだ。その実体験から言うと、こうした経験の際には、回答よりも疑問のほうが多く浮かぶ。たとえば、なぜつけあわせの料理が一緒にないのか？　このまま水を流したらどうなるのか？

しかし、そんな疑問の答えはどうとでも考えられる。次の段階として頭の中で容疑者の捜索を始めると、単なる魚の切り身がはるかに重要な意味を帯びてきた。これが内部の人間の犯行であることは間違いない。その日、アイクスでサーモンのサンドイッチを出していたからだ。僕はそれを考えて当惑した。ほんの三階上には、国家安全保障会議のオフィスがある。そこに、これほど情けないバカがいるのか？　あるいは、経済チームの仕業かもしれない。数十億ドルに及ぶ連邦政府の助成金を扱っているうちに、頭がおかしくなったのか？　いや、それ以前に、犯罪現場から数メートルのところにいる防弾チョッキの男を忘れてはいけない。シークレットサービスのエージェントが悪事を働いたのか？

僕はこの経験を通じて、ホワイトハウスの力を思い知った。ホワイトハウスでは、どんな身近なものも重要な意味があるように見える。階段が階段以上のものに、ドアノブがドアノブ以上のものに、トイレのサーモンがトイレのサーモン以上のものになる。何もかもが見るも驚くべきものとなる。

　ホワイトハウスは、あらゆるものに魔法の粉をかけ、偉大なものにしてしまう。その効果を存分に実感したければ、友人をホワイトハウスのボーリング場に招いてみるといい。トルーマン・アレーと呼ばれるそのボーリング場は、いかにも装飾的な意匠と歴史的気品に満ちた場所だと思うかもしれないが、実際にはどうしようもない場所だ。控え室は窮屈で、汚れのつきにくいカーペットや業務用の特大シンクなど、検死用の部屋に見えなくもない。唯一装飾らしい装飾として、ボーリングをしている大統領の写真を額に入れて飾ってあるが、こんな写真はグーグルの画像検索で簡単に見られる。それに、このボーリング場にはレーンが二つしかない。僕がホワイトハウスに勤めていた間、一方のレーンはほとんど使われずじまいだった。

　中でも最悪なのが、トルーマン・アレーへ向かう通路だ。行政府ビルの地下を通っていかなければならないのだが、むき出しの配線や明滅する蛍光灯でひどく雑然としている。映画『ソウ』はきっと、ここで撮影されたに違いない。僕は毎回、招待した友人たちとのボーリングを終えると、いかにも殺人事件が起こりそうなこの迷宮を通って地上へ案内しながら、彼らの間から不満の声がもれるのを覚悟した。友人たちは、感情をどう表現していいかわからず、困っているように見えた。だが、沈黙より怖いのが怒りだ。僕は間もなく友人たちに罵声を浴びせられるものと確信した。ところが彼らは、やがて気持ちを落ち着けると、僕を正面から見つめて言った。

「すごかった！　感謝するよ。ありがとう！」

僕が世界一みすぼらしいゲームセンターだと思っていたところが、友人たちには、内輪の人間しか入れない娯楽のパラダイスに見えたのだ。ホワイトハウスのなせる業である。

そうなると、恥ずかしながらこんな考えが頭に浮かんでくるのも時間の問題だった。この魔法の粉はどの程度、自分にもくっついているのか？　つまり、はっきり言ってしまえば、こういうことだ。それは女性とのデートにどれほど役に立つのか？

すでにその方面のスキルがある人がホワイトハウスで働けば、女性を誘うのが驚くほど簡単になる。たとえば、その年の冬、ある同僚が、地元テレビのあるブロンドのニュースキャスターに目をつけた（ここではその同僚を「チェイス（狩り）」と呼ぶことにする。実際に「狩り」を楽しんでいたからだ）。するとそのニュースキャスターは、なぜか急にさまざまな招待状を受け取るようになった。レジデンスで祭日に開かれるパーティや、イースト・ルーム（訳注：ホワイトハウス最大の大広間）で行われるスポーツチームの表敬訪問会などだ。彼女がパーティに現れると、その隣りにはいつもチェイスがいる。チェイスは有力者数人の名前を挙げ、わずか数分で彼女をうっとりさせると、忙しいからと言って席を外してしまう。

あっけないほどだった。チェイスは女性を口説き落とすことに成功するとそれを自慢したが、彼が本気でないのは誰の目にも明らかだった。チェイスはまるで、動物園でゾウを撃つ許可を与えられた大物狙いのハンターのようだった。

　僕もたった一度だけ、同じようなホワイトハウスの魔法が効果を発揮したことがあった。夏に、ある友人宅の裏庭でバーベキューパーティが開かれたときのことだ。僕がビールのお代わりを求めて列に並んでいると、レイチェルと鉢合わせした。学生時代から知っている政治活動に熱心な女性である。彼女は以前と同じように、僕のことをさほど気にかけてはいなかった。ところが、僕が新しく就いた仕事の話をすると、彼女はくぎづけになった。

「名刺ある？　見せてくれない？」

　僕は財布に手を伸ばした。レイチェルは、名刺に印刷された大統領の紋章の上に指を走らせると、突然、潤んだ眼を細めた。視界の中の映像が、頭の中の幻想とつながったのだ。

「大したことじゃない。ただの名刺さ」と僕は言った。

　だが残念ながら、この魔法は長くは続かなかった。ほんの二回デートし、ぱっとしないいちゃいちゃを同じ回数だけした後、レイチェルのほうから関係を絶った。僕は、どうしたのかと尋ねる必要もなかった。彼女は僕の名刺に目がくらみ、『ザ・ホワイトハウス』のロブ・ロウ演じるキャラクターにキスするようなつもりで、僕とデートをしただけなのだろう。相手が僕では、申し訳なかったような気がしないでもない。

　この出会いは不満足な結果に終わったが、結局、僕の肩書きが恋愛生活にプラスに働いたのは、このときだけだった。ホワイトハウスで働いていても、僕がこれ以上魅力的に見えることはなかった。第一、絶えず仕事に追われていたので、出会いの機会がなかなかない。そのため、名刺をもらって数か月後にはすっかりあきらめ、思いきって出会い系サイトに登録することにした。

チェイスは以前、ＯＫキューピッド（訳注：人気の高い出会い系ＳＮＳサイト）を「練習台」と言っていた。だが僕は、バレリーのスピーチの原稿を書くときと同じように真剣に、プロフィールの作成に取り組んだ。好きな映画やテレビドラマを尋ねる背景にはどんな意図があるのか？「ないと生きられないものを六つ挙げてください」という質問に対する回答の順番は完璧か？だがいちばん気をつかったのは、できるだけ個人情報を明かさないで自分を魅力的に見せるにはどうすればいいか、ということだった。そう書くと、読者は考えすぎだと思うかもしれない。実際、考えすぎではあったが、そのほうが賢明でもあった。次回の大統領選挙まであと一年しかない。この時期には、いかにランクの低い大統領スタッフでさえ、保守系メディアの標的になった。

いつもこんな調子だったわけではない。かつてはたいてい、スタッフの生活のプライベートな部分はプライベートなままだった。大統領でさえそうだ。ビル・クリントンの不倫が大ニュースになったあとでさえ、若いスタッフについては、十分に出世するまで私生活には踏み込まないという了解があった。

だが二〇一一年の暮れを迎えるころには、ＦＯＸニュースの成功を受け、新たな右派メディアが雨後のたけのこのように現れていた。ブライトバート・ニュースやグレン・ベックTVだけではない。ウェブサイト『ワシントン・フリー・ビーコン』が、若い民主党員のフェイスブックをチェックし、スキャンダルのネタになりそうな写真を物色していた。また、プロジェクト・ベリタスという右派組織が、進歩派にわなを掛けてバカなことを言わせ、それを隠しカメラで撮影し、都合よく編集して公開してもいた。もはや、あらゆる人に対する攻撃が解禁されていた。

そのため僕は、そんなメディアの標的にならないようにと、出会い系サイトの自分のプロフィールを極端にあいまいにした。だが、OKキューピッドでこれを実行するのは、きわめて難しい。このサイトは、何百という質問への回答をもとに、適切な相手を見つけるシステムになっているからだ。

マリファナとの関係は?

パス。

本を燃やすのと国旗を燃やすのとでは、どちらが悪い?

だめ。絶対にだめ。

セックスで新しいことを試してみたい気持ちはどれぐらい強い?

この質問に答えたいという気持ちよりははるかに強い。間違いなく。

いわば白紙も同然だった。だから、サイトが選んだ相手と実際に会っても、当然うまくいくはずもない。ところが驚くべきことに、やがて僕は、自分と同じくらいあいまいなプロフィールを一つ見つけた。そのプロフィールの女性を、ここではノラと呼んでおこう。僕は早速ノラにメッセージを送り、話を聞いた。すると彼女もまた、職場でなかなか恋人が見つからないため、OKキューピッドに登録したという。僕たちは翌週、コネチカット通り沿いにある地下のバーで会う約束をした。二人の会話は、それぞれの仕事の説明から始まった。ワシントンではたいていそうなる。

ノラ　コミュニケーション関係の仕事をしてるの。
僕　偶然だね。僕もコミュニケーション関係の仕事だよ！　会社の？　それとも政府の？
ノラ　政府の。あなたは？
僕　世界は狭いね！　僕も政府の仕事！　どの官庁？
ノラ　官庁っていうか、その、ホワイトハウスで働いてるの。
僕　え、ほんと？

僕たちは同じ官庁どころか、同じ建物で働いていた。しかも同じフロアだ。ノラのオフィスは廊下のすぐ先にあった。

　これがロマンチックコメディなら、キュートな展開が待っていることだろう。だが現実には、プライバシーの領域に過度に踏み込まれたような、いやな感じしかしなかった。結局、それが二人の最初で最後のデートとなった。以来、僕たちは廊下で会うたびに、まるで昨晩ポルノ映画館でばったり出くわしたかのように、気まずいあいさつをそそくさと交わすはめになった。出会い系サイトにうんざりした僕は、もうやめようかと思った。

　そんなときに出会ったのがジャッキーだった。きれいだと思ったことは言うまでもない。だがルックス以上に、彼女の目的意識に心を奪われた。彼女には、何をするにも断固たる決意があった。道路を横切るときでさえそうだ。法科大学院の三年生だったのに、一晩の間に一度も「そういう決まりだから」とは言わなかった。ニュージャージー育ちを自慢されたが、ニューヨーク育ちの僕でもいやな気はしなかった。

　最初のデートの日、店に入って一時間ほどすると、ウェイターがドリンクのメニューを下げに来た。するとジャッキーはほほえみながら手を伸ばし、「まだ置いておいて」と言った。その口調はチャーミングで優しかったが、その一方で、言うことを聞かなければ指を失うことになるわよ、と脅しているようでもあった。僕はドラマ『ザ・ソプラノズ　哀愁のマフィア』が大好きだった。それに彼女は、僕が妙に気に入っている女優ローラ・リニーに似ている。僕はその日、大いに酔っぱらった。

こうして私生活では、ここ数年で初めて真剣な交際が始まろうとしていた。だが職場では、ふしだらとしか言いようのない状態だった。僕は言うまでもなく、バレリー・ジャレットのスピーチライターだ。だが、当時ホワイトハウスの首席補佐官だったビル・デイリーの前では、彼のスピーチライターだと明言した。また、ストロットやその周辺の上級スタッフには、彼ら上級スタッフのスピーチライターだと断言した。大学を卒業してからの三年で、僕はホワイトハウスのVIP五人のために、卒業式向けのスピーチの原稿を六つ書いた。

僕の人生があのテレビドラマ『ハウス・オブ・カード　野望の階段』のようであれば、きついスケジュールの見返りに、影響力を手に入れられたことだろう。何か邪悪な目的のためにスピーチを利用し、ゆっくりとだが着実に、話し手同士が反目し合うように仕向けるのである。だが実際のところ、スピーチでそんなことはできない。スピーチライターは、裏で糸を引く人というよりむしろ、個人トレーナーと言ったほうがいい。話し手が公衆にもっとも魅力的に見えるよう手を貸すだけだ。話し手を、本人とはまったく違う人間に変えることなどできない。

それに、「話し手独自の表現スタイルを見つけられる」わけでもない。スピーチライターには、こうした誤解がつきものだ。僕もホワイトハウスの仕事を始めるまでの数年間、CEOのスピーチの原稿を書いていたときに、顧客のCEOから頻繁にこんなことを言われた。「きみは優秀らしいが、私らしい表現スタイルが見つかるかね？」

僕は厳かにこう答えたものだ。「何とかやってみます」

だが心の中では、こんな仕事は簡単だと思っていた。スタイルという点では、スピーチの九九・九パーセントが同じだからだ。マーチン・ルーサー・キング牧師には独自のスタイルがある。ジョン・F・ケネディにも独自のスタイルがある。だが失礼ながら、そのほかのほとんどの話し手には、独自のスタイルなどおそらくない。

それでも、自分なりの考えはある。本人たちは気づいていないかもしれないが、彼らに必要なのは、それをうまくまとめる人なのだ。優秀なライターであれば、話し手が持つ一〇のアイデアを、首尾一貫した一つの話にまとめられる。話し手には、ビーフ一〇〇パーセントのパテ二枚、スペシャルソース、レタス、チーズ、ピクルス、オニオンが、ごまをまぶしたバンズに挟まれているようにしか見えない。だがスピーチライターには、それがビッグマックに見えるというわけだ。

スピーチライターにとってもう一つ重要なのが、聴衆の代理という役割だ。スピーチライターと仕事をするような人は、きっと何かの専門家だろう。専門家の話は、たいていつまらない。だが、それも仕方ない。ある分野に詳しくなればなるほど、一般人に理解できるように説明するのが難しくなる。そこでスピーチライターが、素人を代表して、一般人の集中力が続く短い時間をうまく利用して話を作る。雑多な事実やエピソードをふるいにかけ、一般世界に何らかの価値のある金塊を見つけ出すのである。

だが、こうした仕事がいつも完璧にこなせるとは限らない。ときには、最後の草稿で一つの話にまとめるのをあきらめ、七つの項目の羅列にしたせいで、聴衆の目がどんよりしてしまうこともある（そのリストをさらに細かいリストに分割すれば、合法的な麻酔薬として外科手術に利用できるほどの効果を発揮する）。あるいは、話し手の求めに応じて難解な言い回しを山のように詰め込み、あとで話し手から、スピーチの途中で聴衆がスマートフォンをチェックし始めたと文句を言われることもある。だが、スピーチライターがペンを握り、理想どおりの仕事をすれば（木を見失うことなく森をはっきり提示できれば）、話し手はその仕事に一生感謝するに違いない。

「すごい、私らしい表現スタイルを見つけてくれたね！」と彼らは言う。

こちらはそれに「ありがとうございます」と返すだけだ。したがって、これといった理由もなく、ただ権力者の誤った考えを正したいという人は、ほかの職種を探したほうがいいだろう。

それが、スピーチライターのもう一つの特徴でもある。スピーチライターは、小説家や詩人と違い、あきらめることを覚えなければならない。たとえば、前置詞について考えてみよう。バレリーは、前置詞で文章を終わらせないというルールを大切にしている。僕自身は、そんなルールはいらないと思う。私用で文章を書くときには、前置詞の配置で夜も眠れないほど悩むことはない。だが、僕が仕事で書いているのは、バレリーの原稿であって僕の原稿ではない。だから、前置詞のルールについてはとやかく言えない。

同じことは、「At the end of the day（最終的には）」という慣用句にも言える。僕はその一本調子な響きが気に入っていたが、この句を草稿に入れたときには必ず、バレリーがその部分をカットした。これはもはや、文法的な問題ではなく好みの問題なのだが、そんなことを言っても始まらない。スピーチライターと話し手との間では、あらゆることが意見の不一致の種になる。だが最終的には（at the end of the day）、常に話し手の言うことを聞かなければならない。

だが、バレリーよりも、ビル・デイリーを相手にするほうがはるかに難しかった。この首席補佐官の原稿を作成する際に問題になったのは、語の選択ではなく、発音だった。肩幅が広く、がっしりした体格のビルには、あごを首にうずめて話をする癖があった。この体勢でも、たいていの言葉は問題なくしゃべれる。だがSの音になると、のどぼとけに引っかかった後、口から突然こぼれるように出てくる。そのため僕は、できるだけ歯擦音を使わず、この問題を回避しようとした。だが、ビルが言いそうな文章を考えると、とても無理な話だった。

「As the president's chief of staff, I assure you he takes the possibility of rising deficits seriously（大統領の首席補佐官として、大統領は赤字増加を憂慮していると断言する）」

「One of the president's most successful and courageous actions was his decision to send in Seal Team Six（シール・チーム・シックス派遣の決断は、大統領が華々しい成功を収めたきわめて勇気ある行動の一つだった）」（訳注：シール・チーム・シックスは、アメリカ海軍の対テロリスト特殊部隊）

スピーチライターにも、どうにもできないことはある。

最後にもう一つ、僕の雑多な仕事に関する話をしておこう。僕が大統領の原稿を書く機会は次第に増えていった。二〇一一年の夏には、大統領のコメントやスピーチの原稿を担当するスピーチライターが八人いた。スピーチライターのチームというのはだいたいそうだが、このチームに四〇歳以上の人間は一人もいなかった（当時のチームは白人男性ばかりであり、僕を雇ってもこの残念な傾向を変える何の役にも立たなかった）。

チームに「教育専門のライター」や「雇用専門のライター」がいたわけではない。それでもメンバーには、それぞれ得意分野があった。チーフのファブズは、経済や政治に関する重要なスピーチで健筆を奮った。副チーフのアダム・フランケルは、市民権を扱った。コディ・キーナン（アダムがチームを去った後に副チーフになった）は、悲劇的な事件や中流階級に関する原稿を担った。つまり、ブルース・スプリングスティーンのアルバムで取り上げられそうな題材である。ジョン・ロベットはジョークのほか、科学やテクノロジー全般を担当した。ベン・ローズとテリー・スープラットは外交政策、チームでいちばん若いカイル・オコナーは、ほかのメンバーがやりたがらない仕事を引き受けた。

そして僕は、カイルがやりたがらない仕事をした。つまり僕の仕事は、決して歴史書に載るようなものではなかった。プエルトリコへの短い賛辞、シカゴにいる旧友に向けた感謝の言葉、ラテンアメリカ商工会議所への丁重な祝辞などだ。こうしたコメントは何の話題にもならなかったが、オバマ大統領の言葉の好みを知るのに大いに役立った。たとえば大統領は、称賛するときにも「good（よい）」や「great（すばらしい）」といった言葉を避け、同じような意味でももう少し具体的な言葉を好んで使った。

「fantastic（きわめて優秀）な司法長官エリック・ホルダーにお越しいただいています」
「この件について、outstanding（傑出した）な業績を残したチュー下院議員に感謝したいと思います」
「クロブシャー上院議員は、tremendous（壮大）な事業に尽力しています」

ほかの好みもあった。昔からスピーチには、「まずこれから話す内容を伝え、次いで本題を話し、最後にこれまでに話した内容を伝える」という原則があり、それに従って話をする人もいる。だがオバマ大統領は、庶民的というよりむしろ弁護士的だった。最初から最後まで一つの論点で通し、スピーチの冒頭でも中間でも最後でも同一の話をするのを好んだ。

さらにアドリブもあった。いつもテレプロンプターのオペレーターを困らせていた副大統領のバイデンとは違い、オバマ大統領が原稿に書いていないことを話す場面はそれほどなかった。それでもときどき、スピーチの最中に頭をわずかに傾げ、しばらく間を置くことがある。ほんの一瞬なので、スピーチライターしか気づかなかったかもしれない。だが見る目のある人なら、大統領の頭の中でこんな会話が交わされていることに気づいただろう。

A　この一節はあまりうまくないな。私ならもっといい表現を考える。
B　本当か？　スピーチライターはおまえの知らないことを知っているのかもしれないぞ。
A　ライターの年は？　二五歳？　まずそんなことはないな。

そして大統領が即興で何かを言うと、たいてい聴衆は拍手喝采する。オバマ大統領は、僕がこれまで見てきたどの話し手よりも、聴衆を熱狂させるのがうまかった。それでもやはり、たまには拍手喝采を受けない場合もある。そんなときには、OKキューピッドで紹介された女性と気まずいデートをしているような雰囲気になった。大統領も聴衆も、熱心さを装ってはいるが、次第に興味を失うという負のスパイラルに陥っていく。そんなスピーチを終えたときには、大統領は感情を表に出さず、「さあ、次に行こう」とでも言うようにわずかにうなずくのが常だった。

だが、それ以外のときには、スピーチを終えた直後に、右手で満足げに軽く演壇を叩いた。それが大統領の勝利宣言だった。控えめにだがはっきりと「うまくいった」ことを表現しているのだ。こうしたスピーチでは、聴衆が喝采を始めると、スピーチが進むにつれて喝采は高まるばかりだった。聴衆と一体となっているときに、大統領ほどギアを上げるのがうまい人はいない。

OKキューピッドのプロフィールの質問事項に、「オバマ大統領のスピーチの原稿を書くときにもっとも重要なことは何か?」という項目があったら、「長い文章を書く」と答えていただろう。大半の話し手は、長い文章を扱いきれない。文章を短く切り詰めないと、途方に暮れてしまう。だがオバマ大統領は、まるでスポーツカーがスピードを落とさずカーブするように、長々と続く文章をコントロールできた。句読点に頼るのではなく、生まれ持った雄弁家としての才能により、語や句の中にリズムを見つけ、ある部分は口調を強め、ある部分は間を置き、声に抑揚をつけて聞き手を惹き込むため、最後のクライマックスになると聞き手は、自分が大きくなったような、立派になったような気になるとともに、この世でもっとも偉大な国の一員であることを実感し、それを誇りに思い、そこで生きていることを幸運に感じるようになる。

つまり、オバマ大統領のスピーチは楽しい。

そのためスピーチは、少なくとも理屈のうえでは、大統領が大衆に影響を与えるもっとも効果的な手段にもなった。たとえば、二〇〇八年の大統領選挙戦で最大のハイライトとなった場面を見てみよう。それは予備選挙中の出来事だった。オバマが私淑していた牧師が人種差別と取られかねない発言をしている映像を、ABCニュースが公開した。このスキャンダルに、オバマはどう反応したか? その反応こそが、あの有名な、三八分に及ぶ思慮深い真摯な演説だった。大成功を博したこの演説は「ア・モア・パーフェクト・ユニオン(より完全な連邦)」

と銘打たれていたが、やがて「ザ・レイス・スピーチ（人種問題演説）」と呼ばれるようになった。そして、その後のあらゆるスピーチの規範となり、ホワイトハウスのミーティングでも繰り返しジョークの種に使われた。

「ギリシャ独立記念日向けのレイス・スピーチが必要だ」

「スタンレー・カップ（訳注：北米プロアイスホッケーリーグの優勝決定戦）の勝者には、レイス・スピーチでお祝いしないとな」

しかし、こうしたジョークの裏には、高まりゆく不安があった。もはやどれだけみごとなスピーチを書いても、アメリカの進路を変える力にならないのではないかという不安が、かつてないほど大きくなっていた。

記者はよく、手詰まり状態を表すのに「グリッドロック」という言葉を使う。だがこれはあまり正しくない。グリッドロックは本来、たまたま発生した交通渋滞を指す。しかし連邦議会で起きているグリッドロックは、戦略的に引き起こされたものだ。それを計画したのが、ケンタッキー州選出上院議員ミッチ・マコーネルである。

マコーネルの戦術は、みごとと言えばみごとだが、ややよこしまな二つの考えに基づいている。第一にアメリカ国民は、政府の業績全般について、大統領に全責任を負わせる傾向がある。そこでマコーネルは共和党議員に、自分のチームのクォーターバックを交代させようと企むオフェンスラインマンのように行動するよう指示した。つまり、こういうことだ。議員が仕事をしなければ、議員の印象が悪くなる。だがそれは、大統領への打撃にもなる。誰が被害をもたらすにしろ、結局はオバマに汚点がつくことになる。

第二に、マコーネルがこの戦術を長く続けられるほど恥知らずであれば、その当然の報いを受けることもなくなる。右寄りであれ左寄りであれ、政治記者というものは、新たなニュースを伝えたいという欲求に動かされている。子犬を蹴る動画を生配信すれば、誰もがそれを報じる。だが、一日に一回子犬を蹴り、断固として謝罪を拒否していれば、二週間もしないうちにマスコミは離れていってしまう。

二〇一一年の秋、これと同じようなことが実際に起きた。教師や警官、消防士、解雇された建設作業員を支援する予算案に対し、共和党議員が一致団結して反対した。以前であれば、こうした問題では妥協や歩み寄りがあった。だが今回は、共和党議員が民主党議員を巻き込んで反対の声を上げ、国民を驚かせた。しかし、こうした驚きは徐々に冷めていく。見る見るうちに、議事妨害が正常な状態になってしまった。記者も、それを報道するぐらいなら、東から昇る太陽について報道するほうがましだと思うようになった。

そんな様子を見て僕はがっかりした。もちろん、がっかりしていたのは僕だけではないだろう。そのころ僕は、大統領のスピーチの原稿の中に、大統領になって不満に思うのは、外へ散歩に行けないことだと書いた。それは、冒頭のジョークにつながるさりげない一節だった。だが、オーバルオフィスから送り返されてきた草稿を見ると、オバマ大統領はそこにさらにこう追記していた。

「頭をはっきりさせるために外へ散歩に行けないこと、あるいは、車に跳び乗って気軽にドライブを楽しめないことだ」。僕は、いやになるほどたくさんの不満に直面しているこの時期に、そんな大統領の言葉を見て、大統領のスピーチは単なる見せかけに過ぎないのではないかと思った。間違いない。そこにどんな意味がある？

それからしばらく後の二〇一一年一二月、半年ごとに開催されるユダヤ教改革派連合の会議で、大統領がスピーチを行った。

その数週間前、市民参加室のユダヤ人担当連絡員を務めるジャロッド・バーンスタインが、現在政府が直面している問題について説明した。ユダヤ人コミュニティは、二〇〇八年の大統領選のときには断然オバマを支持したが、現在では疑念を抱きつつあった。背が高く、ニューヨーク育ちで生意気なジャロッドは、僕たちの目的をイディッシュ語特有の言葉づかいで要約した。

「大統領も"kishkes"（心）の中では同じ思いを抱いていることを伝えたい」（この「kishkes」は本来「腸」を意味するが、慣用的に「心臓」と「睾丸」の間のどこかを意味する）

僕は、経済関連のスピーチをファブローほどうまくは書けないし、コディほど上手に賛辞を書くこともできない。だが、ユダヤ教の日曜学校に八年間だてに通っていたわけではない。

kishke（心情）的に見て、僕以上にこのスピーチの原稿を書く資格がある人はいないはずだ。

僕はファブズから許可を得ると、一週間をかけて原稿を作成した。ユダヤ教のラビに話を聞き、毎週礼拝で読まれる聖書の一節をそこに入れた。イスラエルに関する部分は、外交政策を担当するベンやテリーに補足してもらった。スピーチ本番の数分前、メリーランド・コンベンションセンターの舞台裏で準備をしているとき、ジャロッドが大統領に、最後に確認したいことはないかと尋ねた。

「いや、この原稿があれば十分だ」と大統領は答えた。

そのとおりだった。大統領は五〇〇〇人の聴衆を前に演説し、娘のマリアの話から、その学校の軽食堂での定期的行事の話、それからバット・ミツバー（訳注：ユダヤ教の女の子の成人式）のパーティの話へと、原稿を読み進めた。そして、ほとんどわからないぐらいわずかな間を置き、首を横に傾げると、こんなアドリブを口にした。

「こうしたバット・ミツバーで着るスカートをめぐっては、娘さんとの間で相当な押し問答になるのでしょうが、ここにいるみなさんもそんな体験をした口ですか？」

すると聴衆はどっと笑い、拍手喝采した。大統領は熱狂する聴衆に満足し、聴衆は大統領の熱意あるスピーチに満足していた。さらに話は、ユダヤの思想家アブラハム・ヨシュア・ヘッシェルの言葉、数多くのユダヤ移民が成し遂げてきたアメリカならではのサクセスストーリーへの賛辞、アメリカとイスラエルとの固い同盟関係に及んだ。

翌日のイスラエルのハアレッツ紙には、こんな見出しが躍った。「オバマはイディッシュ語を話すが、共和党は話さない」

大統領のスピーチには、まだそれだけの力があった。確かに、意固地な人を説得することはできないかもしれない。だがそのほかの人に、僕たちがなぜオバマを信じたのかを思い出させてくれる。さまざまな不満にもかかわらず、もう一度信じてみようという気にさせてくれる。僕は会場の袖からスピーチを見ながら、一世紀前に不安を抱え、無一文でアメリカに来た曽祖父母のことを思わずにはいられなかった。そのひ孫の手を借りて、世界一影響力のある人物が、曽祖父母と同じような人々の物語を語っている。

大統領はやがて、満足げに演壇を叩いてスピーチを終えた。そのとき僕は初めて、ホワイトハウスの仕事で自分の分野と呼べるものを見つけた。まだこれからも、バレリーやビル、そのほかの上級スタッフのスピーチの原稿を書き、ほかの誰も書きたがらない大統領のスピーチを担当することになるだろう。だがユダヤ関連のスピーチについては、僕以上に頼りになるライターはいない。

以下に紹介する出来事に関係することになったのも、僕がユダヤ担当だったからだ。二〇一二年四月の金曜日の夜、僕は、ホワイトハウスでいちばん気に入っている男性用トイレの隣りにあるライブラリーにいた。そこで、ユダヤの過ぎ越しの祭りに向けた大統領のメッセージの収録が予定されていた。大統領の今週最後の仕事である。その金曜日、大統領にはとりわけ休息が必要だった。一週間に及ぶアジア歴訪を終えたばかりで、退屈な首脳会談とひどい時差ボケに疲れきっていた。現在、スケジュールは二時間半遅れで、大統領の到着も二時間遅れている。

僕はやきもちした気持ちで大統領を待ちながら、その部屋でホワイトハウスのスタッフと世間話をしていた。ジャロッドもその場にいた。まるで吸血鬼ハンターが十字架を握るように、ポケットサイズのハガダー（訳注：過ぎ越しの祭りに使われる典礼書）をしっかりと握り締めている。音響映像スタッフの中でもひときわ明るく陽気なルークが、ノートパソコンの前に座り、テレプロンプターを操作している。その日、ホープ・ホールは現場にいなかったが、それでも問題はないだろうと思っていた。

ところが問題はあった。オバマ大統領がライブラリーに入ってきた瞬間の表情を見ただけで、早く帰りたがっていることがはっきりわかった。こんなときには、普段ならホープ・ホールが大統領を元気づけてくれる。これで今週のスケジュールも終わりだからと励ましたり、その日に起きたばかげた出来事を聞かせたりする。だが、そんな彼女がいないため、大統領の機嫌は悪いままだった。

「ワン・テイクで終わらせよう」と大統領が言う。

間近に迫った週末の休暇をかてに、大統領は原稿を読み進めていった。その原稿には途中に、過ぎ越しの祭りの礼拝で使われる言葉の引用がある。「どの世代にも、ユダヤ人を滅ぼそうとしてきた人々がいます」。大統領はそこまで読むと、顔をしかめた。

「ちょっと待って。機内でこれを読む時間がなかったんだが、この部分はどうかな？」

「あのう……」。僕は口ごもった。だがもう遅かった。

「これはパーティ用のメッセージだろ？　どうしてこんなことを言う？『誰もが私たちを目の敵にしている。では、マツァ（訳注：過ぎ越しの祭りで食べるパン種を入れないパン）をいただこう』という感じにしか聞こえない」

実際、そのとおりだった。大統領は、五〇〇〇年に及ぶユダヤの歴史をわずか二文にまとめたのだ。ジャロッドはその点を説明しようと、ハガダーのページを繰ってこの言葉の引用元を探していたが、大統領はやがて待ちきれなくなって言った。

「なあ、誰かペンを持っていないか？」

僕はそれまで、大統領がその場で原稿を書き直したという話を聞いたことがなかった。それ以降も聞いたことがない。だが大統領は、ペンを片手に、僕が印刷した原稿に何やら走り書きした。そしてルークに口述すると、ルークはテレプロンプターを制御する古めかしいワープロにそれを打ち込んだ。

「……の標的にしてきた人々がいます」

「何を『してきた人々がいます』でしたっけ？」

ルークは必死に口述についていこうとしたが、大統領は余計にいらいらするばかりだった。

やがて大統領は席を立ち、ノートパソコンのほうに歩いていった。

「どいて」

大統領は前にメモを置くと、交響曲でも指揮しようとするかのように指を伸ばした。そして慎重にキーボードを叩き、こう修正した。


どの世代にも、ユダヤ人を迫害の標的にしてきた人々がいます。


僕はきまり悪く感じると同時に感銘を受けた。大統領は、僕の原稿のままでは、その意図がなくても、物議をかもすおそれがあると気づいたのだろう。そしてわずか五分ほどで書き改め、はるかに控えめな口調で同じ内容を表現した。地球を何万キロメートルも旅行したあとで、睡眠不足や時差ボケに苦しみながら、それをやってのけたのだ。

僕は思った。だからこそこの人は、大統領を務められるのだ。

大統領は収録を再開し、修正した部分から先へ進めた。ジャロッドもルークも僕も、身動き一つせず立っていた。やがて収録は、あと数秒で終わるところまで来た。あとは、ヘブライ語で「楽しいお祭りを（chag sameach）」と言うだけだ（訳注：「ハグ・サメアハ」に近い発音になる）。しかし、それが難題だった。

大統領は、スペイン語であれば、発音の指示がなくても流暢に発音できる。だが、それ以外の外国語の言葉については、僕たちがその発音をわかりやすくアルファベットで明記しておかなければならない。たとえば、「ボンジュール（訳注：フランス語で「こんにちは」）」は「Bon-JOOR」、「ダンケ・シェーン（訳注：ドイツ語で「どうもありがとう」）」は「DAHN-keh SHANE」、「アリーベデルチ・ローマ（訳注：イタリア語で「さようなら、ローマ」）」は「ah-ree-vah-DARE-chee ROW-muh」といった具合だ。英語で使われている音しか出てこない場合は、この方法でうまくいく。だが、英語にない音が出てくると、この方法は完全に破綻してしまう。たとえば、ヘブライ語の硬音の「ch」である。これは、「child」の「ch」のような優しい軟音ではない。咳払いをするような耳障りな音だ。小さいころから練習していないと、とてもうまくは発音できない。

「ありがとう。コグ・ソマッチ」。大統領はそう言うと、ジャロッドと僕を見た。もう帰ってもいいかという顔だ。だが僕たちは引き留めた。

「ch はハーという感じなんです」。僕は修理が必要な芝刈り機のような音を立てた。ジャロッドも、たんをのどから吐き出すような音を繰り返した。「ハー。ハー」。大統領はひどく浮かない顔をして、何度か試してみた。

「チャウグ・サマヤフ」

「チョング・セミユフ」

「ハッグ・ソマフ」

はっきり言って、大統領の発音はまるでだめだった。ジャロッドと僕は不安げに目を見交わした。「何?」と大統領が言う。その口調は、世が世なら即座に処刑だと言っているようだった。「どう?」

こんなとき、僕はよく小学校三年生の社会の授業を思い出した。封筒を手渡され、そこに住所を書いていく。普通は通りと市の名称ぐらいだ(訳注:英語では住所は、狭い範囲から広い範囲へと書いていく)。だが、それよりもっと先がある。国、惑星、太陽系、銀河系。きっとその授業のねらいは、生徒の視野を広め、宇宙が驚くほど広大だと実感させることにあったのだろう。

ホワイトハウスで働くのは、同じ作業を逆方向に行うようなものだ。まずは銀河系を思い浮かべる。銀河系はほとんど無限と言っていいほど広い。そこからどんどんズームインしていくと、まずは太陽が現れる。何もない宇宙空間に浮かぶ火の玉だ。次いで、はかなげな青い大理石模様の地球が現れる。さらに近づくと、大陸が見え、国が見え、一〇キロメートル四方ほどの混雑した小さな地区が見える。そしてやがて、宇宙のど真ん中に到達する。そこでは、苛立ってはいるものの悪意はないある一人のプロテスタントが、細かいことにこだわる二人のユダヤ人にいじめられている。

僕は言った。「すみませんが、もう一回やってもらえますか」

大統領は深いため息をついた。だが自分の言葉の重要性はよくわかっているため、進んでその言葉を受け入れた。

「私と家族から心を込めて、ホグ・サメア」。大統領はそう言うと、頭を傾げ、まゆを上げた。

「これでいい？」という世界共通の表現だ。それで十分だった。大統領は早速、帰り支度を始めた。

「みなさん、よい週末を」

「大統領も」

僕はこのときになってようやく、呼吸の仕方を思い出した。ウエスト・エグゼクティブ通りを渡ってオフィスに戻ると、ジャッキーに電話でこの出来事を話して聞かせた。そして大統領の表情を伝えようとしたときに初めて、自分のバカさ加減に気づいた。大統領があの厄介な言葉に苦労することが、どうしてわからなかったのか？　あんな発音の難しい言葉を使わず、どうして英語で「楽しいお祭りを」と書かなかったのか？

ホワイトハウスの魔法の粉の欠点がここにある。たいていのオフィスでは最低限、へまをしでかさなければいい。だが、ここ宇宙の真ん中でへまをしでかさないためには、ほとんど超人的とも言える並外れた能力が必要になる。大統領の紋章が入った名刺を持っている場合、ほかでは何でもない過ちが、瞬く間に大惨事に発展しかねない。

僕は思った。サーモンがトイレに落ちていても不思議はない。ホワイトハウスでは、そんなものをほかの場所に置きっぱなしにしておくことなど、とうていできない。

6 オバマはもうだめなのか？

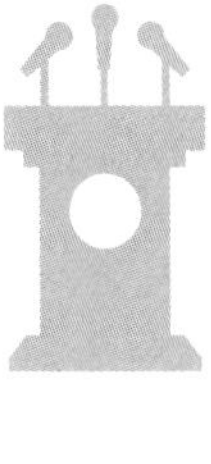

ホワイトハウスのすぐ北側、ペンシルベニア通りの向こう側に、ラファイエット広場と呼ばれる緑豊かな長方形の公園がある。この場所は、早朝は眠っているかのように静かだが、午前一〇時ごろになると、映画『美女と野獣』の村のような活況を呈する。ヨガ・パンツをはいたヤッピー（訳注：高学歴・高収入の若い都市郊外生活者）が、新兵訓練式のトレーニングで拳や足を突き出している。中国人観光客が、パンダに見とれるアメリカ人のようにリスを指差している。セグウェイ・ツアーの参加者が銅像の間を蛇行し、バランスを崩しながらガイドに追いつこうと四苦八苦している。

大半の人は、もっと有名な場所へ向かう通路としてこの広場を通るに過ぎない。だがごくわずかに、それぞれタイプは異なるが、ホワイトハウスに近いこの公園にいるのが仕事だという人もいる。

僕が朝早く、このラファイエット広場を通って出勤していたころ、この公園でいちばん有名な常連は、唯一そこにフルタイムで暮らしている女性だった。小柄でしわくちゃ、年齢は七〇歳から一〇〇万歳、だぶだぶの服に似合いのスカーフを頭に巻いている。防水布を張って作ったテントのような住処《すみか》は、ビーバーの巣ほどの大きさしかない。一九八一年にそこに居を定めて以来、ホワイトハウスを四六時中見張っており、そのライフワークはよく「平和の不寝番」と言われた。そう聞くと、ヒッピーのように楽観的な感じがするが、彼女の掘っ立て小屋に掲げられた看板の内容は、もっと物騒だ。

爆弾で生きる者は、爆弾で死ぬ。
核兵器を全廃せよ。さもなくば、すてきな運命の日を！

この小柄な老婦人はたびたびマスコミで報道されており、名前をコンセプシオン・ピチョットという。だがほかの常連については、ワシントン・ポスト紙に紹介されたことがなく、何の手がかりもないため、僕が勝手にニックネームをつけた。たとえば、腰布だけを身につけ、杖しか持っていない男は「ドルイド僧」だ。僕は自転車でそのそばを通ると、「おはよう、ドルイド僧」と心の中で声をかけた。その胸は、小さな渦を描く毛に覆われている。白髪をロープのように編み上げたドレッドヘアをしており、ホースのような髪の房を頭から垂らしている。ときどき、近くの農産物の直売所で商品を物色している姿を見かけたが、たいていはホワイトハウスに背を向け、ベンチに静かに腰掛けていた。

それとは正反対のアプローチを取っていたのが「笛男」だ。この男性は、真っ黒なおんぼろの自転車に乗って、卓球の球のようにペンシルベニア通りを行ったり来たりしていた。そのときには必ず、第二次世界大戦時のヘルメットをかぶり、迷彩色の上着をはおり、あだ名の由来になった笛を口にくわえて、絶えず吹き鳴らしていた。その姿はまるで、世界中の誰も自分の警告を聞いてくれないライフガードのようだった。

しかし耳に心地よいと言えば、「説教男」に匹敵する者はいない。この背の高い、ひょろっとした男性のお気に入りの場所は、ホワイトハウスへ入る門のすぐ外側だった。そこで、観光客の群衆の上に頭を突き出し、野球場の売り子が冷えたビールを売り歩くような調子で、福音を広めていた。

「ジィーザァス！　ジィーーーザァース！」

僕は出勤途中にこの男のそばを通りすぎながら、よくこう思った。「おかしなものだな。あの男が僕に給料を払ってくれてるなんて」

もちろん、説教男の収入によっては、僕のサービスをただで受けているかもしれない。だが、この男が連邦政府に税金を支払っていたとしても、僕に回ってくる分はたかが知れている。二〇一一年のデータによれば、平均的な納税者が僕の口座に支払った額は、一セントの一〇分の一のおよそ四分の一だ。僕がホワイトハウスで一万年働いても、ドルイド僧が僕に払う額は、農産物の直売所で売っているモモ一個分にもならない。それでも、アメリカ国民が僕にお金を支払っている事実に変わりはない。決してむだにはできないお金だ。

そのため、仕事中にユーチューブの動画を見ていたりすると、罪悪感がこみ上げてきた。笛男は、自分が支払った〇・〇二五セントに見合うものを手に入れているのか？

国民からお金を受け取っているという事実は、もっと重要な事柄にも関係している。それは、政治活動が法律で禁じられているということだ。たいていの人は、これを矛盾だと思うかもしれない。僕の上司の上司は、世界一有名な政治家だ。それなら僕のあらゆる活動が政治活動なのではないのか？　だが、法律家はそうは考えず、ホワイトハウスのスタッフは大統領のオバマに仕えはしても、候補者のオバマに仕えてはならないという厳密なルールを打ち立てた。たとえば、大統領のイメージを高めるスピーチの原稿を書くのは認められるが、オバマに投票するよう直接訴えかける行動は認められない。選挙の資金集めも同様だ。このルールが適用されない上級スタッフを除き、ホワイトハウスのスタッフは、選挙に関係するあらゆる活動が禁じられている。

こうした規則は今に始まったことではない。だが大統領選のある二〇一二年が始まると、それが重みを増して感じられるようになった。六か月前には、選挙集会や資金集めのイベントのための原稿を書いてはいけないと言われても、滑稽五行詩やポルトガル語のスピーチを書くなと言われているようなものだった。それが今では、オバマ再選を目指す活動が熱を帯びつつある。

市民参加室の同僚は、何もできないこの状況をやはりもどかしく感じたのだろう。選挙運動に参加しようと、ワシントンから激戦州へと大移動を始めた。あまりに多くのスタッフが辞めていくので、ラスベガスの結婚式のような頻度とあわただしさで、送別会が開かれた。会場に使われたのは、かつて陸軍長官が使用していたアイゼンハワー行政府ビルの広々とした厳めしいオフィスである。毎週金曜日、午後四時ごろにそこに行くと、コストコのターキーロール、安物のシャンパン、事前にネイビーメスに注文しておいたシートケーキが、会議用テーブルの上にぎっしり並んでいる。そこでしばらく談笑などした後、ストロットの音頭で、辞めていくスタッフに乾杯した。

ストロットは、たとえばこんな挨拶をした。「アシュリー以上にこの選挙運動をまとめられる人はいない。彼女がいなくなると、ここの仕事がどうなるか心配だが、選挙運動を信頼できる人の手に任せられると思えば、夜も安心して眠れる」。どの挨拶も多少言葉が違うだけで同じようなものだったが、僕はいつも感動した。プレジデンシャル・フード・サービス（訳注：大統領やその家族、ホワイトハウスのスタッフに食事サービスを提供する機関）のロゴが印刷されたナプキンで目を押さえながら、こう思ったものだ。彼らと知り合えて本当によかった。少なくとも彼らは、よりよい世界を目指している。

もちろん選挙運動本部から、彼らを天国に向かう人間のように扱えと言われていたわけではない。だが僕たちはそう感じていた。ワシントンは、官僚主義という原罪で僕たちを汚してきた。だが、数少ない幸運な数人が立派な人々だと判断された。彼らは、何という純粋な心の持ち主だろう！　いかに信念に満ち満ちているのだろう！

それでも、インターンがケーキを最後のくずまでさらい取り、チーズの皿を平らげるころには、ここに残ることにもメリットがあると考え直す者がわずかながら現れた。同僚のエミリーに、選挙運動に参加する予定があるか尋ねると、表情を曇らせた。

「わからない。仕事があるほうがいいかな」。彼女はさも恥ずかしそうに言った。まるで、ナチの制服を着たり、高速道路の高架からコンクリートブロックを放り投げたりするのが好きだとでも言うような口ぶりだ。僕には彼女が罪悪感を感じていることがわかったが、彼女が言わんとしていることもわかった。僕も四年前は仕事を求め、壮大な漂流の旅を続けていた。せっかく一生に一度のこの仕事を見つけたのに、ここでまたオハイオ州に戻ろうとすれば、その仕事をあきらめなければならない。

大海原に乗り出す妨げになったのは、仕事だけではない。そのころジャッキーと僕は、幸せの真っただ中にあった。そういう時期には、立ち退き通知がたまっているにもかかわらず、食事もとらないまま、絶えずお互いの目を見つめ、不器用なタコのように手足を絡ませ合っているカップルもいる。だが幸運なことに、僕たちはどちらも、それほどセンチメンタルではなかった。むしろ、相手に心から愛されて有頂天になり、二人でほろ酔い気分で帰宅しては、戸棚にあるアルコールを混ぜ合わせ、どんな味かわからない新たなアルコールを作り上げた。たとえば、ココナッツ・ラムを片手鍋に入れ、そこにクレーム・ド・マント（訳注：ハッカ入りのリキュール）を一びん注ぎ、ルームメイトのアマンダにこう言ったものだ。「アイランド・ジュレップのできあがり！」（訳注：ジュレップはウィスキーに砂糖などを加えた飲み物を指す）

ちなみに言っておくと、ホワイトハウスの仕事をしていても、必ずしもロマンスに役立つわけではない。上司のアシスタントからメールが来て、夕食の予定がいきなりキャンセルになることもある。だからマービン・ゲイも、ホワイトハウスを舞台にした歌は歌わない。だが少なくとも、ジョン・F・ケネディ・センターで夜のデートを楽しめるという利点はある。大統領やその夫人には、そこで行われるあらゆる公演のチケットが送られてくる。だが、大統領の家族がそれを利用する機会はほとんどない。するとそのチケットは抽選でホワイトハウスのスタッフに配布される。当たれば、ベートーベンの交響曲やモーツァルトのオペラ、バレエ『白鳥の湖』がただで鑑賞できる。ジャッキーと僕は、文化的視野を広められるそんなチャンスを存分に楽しんだ。

だがそれ以上に楽しんだのが、無料で提供されるアルコールだ。大統領のボックス席の冷蔵庫に誰が中身を補充しているかは知らないが、そこはまるで、大学生が猛吹雪に備えているかのような充実ぶりだった。シャンパンのミニボトル、バドワイザー、エムアンドエムズ、ホイットマン・チョコレートの詰め合わせ、ミント・キャンディ、さらには、栄養面を考慮してアーモンドの個包装のパックがいくつかある。スタッフがオペラを見に行きたがったのも、当然と言えば当然だ。

とはいえ、この種の特典に目がくらんでいたと言えば、言いすぎだろう。僕には、バラク・オバマに二期目を務めてほしいきちんとした理由があった。経済の回復を軌道に乗せなければならない。医療保険改革を実現しなければならない。世界的な脅威となっている温暖化にも対処しなければならない。それでも、ジャッキーの小さな背に手を置き、高音で歌い上げるアリアに耳を傾けながら、僕の脳裏にはこんな恥ずべき考えがよぎった。

大統領が次の選挙で負けたら、ここでの僕のビール代を誰が払ってくれる？

この心配（ビールではなく選挙のことだ）は、ごく最近になってふくらんできた。僕は常々、オバマが負けるのは、生ごみ処理装置に巻き込まれて指を失ったり、映画『アルビン　歌うシマリス3兄弟』を最初から最後まで見たりするのと同じようなものと考えていた。その可能性がないわけではないが、そんなことになるとはとても想像できないという意味だ。しかし二〇一一年の暮れになっても、経済指標はほとんど改善していなかった。支持率も四二パーセントに落ち込んでいた。必要最低限の法案でさえ、議会で立ち往生している。もしかしたら、前述の生ごみ処理装置の事故も、まったくありえない話ではないのかもしれない。

もはや二〇〇八年のときのように、明確なモラルを持つオバマが勝つに決まっているとは思えなかった。当時の大統領は完全無欠に見えた。チェスの世界で言えば、あらゆる記録を塗り替えるグランドマスターである。だが政権内部で一年間働くうちに、現実を知った。ホワイトハウスの仕事はチェスではなく、もぐらたたきである。メキシコ湾で石油流出事故があるかと思えば、アフガニスタンのアメリカ軍撤退や、EUに押し寄せる経済的混乱の問題がある。どの問題も、やっつけたと思うとまた次の問題が出てくる。大統領選の投票日が近づくにつれ、二〇〇八年のような地滑り的な勝利の可能性はほとんどなくなった。もはや僕たちは、二期目を確実に手に入れるまで、もぐらが出てこないことだけを望むようになった。

だが、それさえも難しかった。選挙まであと一年というころ、ニューヨーク・タイムズ・マガジン誌にある特集記事が掲載された。その見出しを見て、雑誌を持つ指から血の気が引いた。

「オバマはもうだめなのか?」

その記事を書いたのはネイト・シルバーだった。二〇〇八年の大統領選挙で、四九の州の勝者をみごとに当てた人物である。僕は彼を神だとは思わないが、全能の神と一週間に一度会っておしゃべりをしていると聞いても驚きはしないだろう。その彼が、二〇一二年の大統領選挙をこう予測していた。共和党が元マサチューセッツ州知事のミット・ロムニーを大統領候補に指名し、なおかつ経済が回復しない場合、オバマが勝利する確率は一七パーセントしかない。経済成長率が不況前の平均値を維持できれば、その確率は上がるが、大幅に増えることはない。

そのため僕たちは、共和党が予備選でロムニー以外の人物を大統領候補に指名することを何より望んだが、ほかの候補者は次から次へと勢いを失っていった。実業家のハーマン・ケインは従業員へのセクハラ疑惑が明るみに出た。テキサス州知事のリック・ペリーはあまり頭がよくなかった。ニュート・ギングリッチは周知のとおり自制心に欠け、ネクタイのセンスもよくなかった。誰もがご存知のとおり、それから四年後には、これらの要素を一身に併せ持つ人物が現れたが、もはやそれが敗北の原因になることはなかった。だが当時は、現在よりもはるかに純真な時代だった。一段落してみると、共和党の大統領候補指名争いに残っているのはロムニーだけだった。

ロムニーが共和党の大統領候補になればオバマ勝利の可能性は低くなる、とネイト・シルバーが見積もっていた理由はわからないでもない。ロムニーは、きちんと整えた髪といい、自信に満ちたあごのラインといい、映画に登場する大統領のイメージそのものだった。彼を見ていると、エイリアンの顔面にパンチをお見舞いしたり、たった一度の冷やかな眼差しでロシア人を追い払ったりする姿が、容易に想像できる。それに、見かけ以上に深い魅力もあった。ロムニーは私人として、創業した会社を驚異的な成功に導いていた。また公人として、民主党支持者が多いマサチューセッツ州で知事を務めてもいた。つまり、仕事ができる男という印象がある。

だがそんなロムニーも、予備選を無傷で勝ち上がってきたわけではない。大学の友愛会に入ったばかりの新人会員が、先輩方に気に入られようと、中国語で「茄子」と刺青を入れるなど、バカなまねをすることがよくある。それと同じように、ロムニーも共和党員の支持を得ようとしていくつかの過ちを犯した。自分のことを「極度に保守的だ」と述べたり、不法移民の自主的な国外退去を支持したりして、民主党員からも受けていた支持を損なってしまったのである。何より助かったのは、ロムニーに失言癖があったことだ。現代ではこれは、かつて以上にマイナスの要因となる。言葉でへまをすれば、永久にインターネット上に残る。

「企業も人間だ」（訳注：企業に人格を認めれば、企業にも政治的な発言をする自由が認められ、政治活動に無限に資金を投じられるようになる）

「自分にサービスを提供する人間を、自由に首にできるようにしたい」

これらの発言も、個別に考えれば、ちょっとした支障がある程度ですむ。だが、それをつなぎ合わせると、一般的なアメリカ人が気にしているいやな部分が見えてくる。ロムニーはまるで、ルールを守って走っているフォードやホンダがなぜ怒っているのか考えもせず、ハイウェイの路肩を高速で走り抜けていくBMWのようなのだ。確かに、オバマは僕たちが望んでいるほどの人気を得られず、数多くの世論調査ではロムニーが優勢だった。しかし、相手候補にさまざまなひびが現れているうえ、共和党の重鎮マケインが基盤としている支持者の大多数が、老齢でこの世を去っている。それを考えれば、オバマはまだだめとは言えない。

「勝算はあるの？」とよく友人から聞かれた。

僕はそんなとき、慎重かつ楽観的に勝敗ラインを予測し、こう答えた。「ぎりぎりの勝負になるだろうけど、僕としては向こうよりこちらのほうがいいな」

こちらと向こう。オバマは前回の選挙で、そんな考え方を終わらせたはずだった。僕はバーのテレビで就任式を見ながら、新たな時代の到来を確信していた。古傷を癒して、誰もが協力し合える新たな方法を見つけよう。もちろん意見の不一致はあるだろうが、同じチームに属しているという意識を常に忘れないようにしよう。

だが実際には、正反対のことが起きた。わずか数年で、車のフロントガラスにひびが入るように、アメリカに分断が押し寄せた。それは、保守派とリベラル派の分断だけではない。僕は出勤のたびに、自転車でマクファーソン広場を通り過ぎたが、そこは、「ウォール街を占拠せよ」という新たな運動の地域拠点となっていた。濃紺のスーツを着てこのテント村のそばを通ると、体制に対する憎しみがテントから染み出ているような気がした。そんなときには頭の中で、こんな声を上げた。「それでも僕は民主党を支持する！」それから頭の中で架空の議論を展開するのだが、最後は決まって怒りに捕らえられた。「おい、僕はそこにいるドレッドヘアの白人じゃないかもしれないけど、やっぱり正義を信じてるんだ！」

しかし、この運動の参加者の主張を認めざるを得ないときもあった。特にそれを実感したのが、二〇一二年一月、アルファァルファ・クラブで大統領が行うスピーチの原稿を僕が担当したときだ。これは、アメリカの政治経済のエリートを集めて年一回開催される社交パーティである。

抗議活動を行っている一万人それぞれにタイプライターを手渡し、テント村に缶詰めにしたとしても、このクラブほどいまいましいものなど考えつかないだろう。一九一三年に設立されたアルファルファ・クラブの目的は、アメリカの有力者たちを何の理由もなく呼び集めることにある。パーティの指針となるのは、（一）過剰な食事、（二）過剰なアルコール、の二点だけだ。ジョン・F・ケネディ・センターの冷蔵庫の大人版から、交響曲とバレエを差し引いたものと考えればいい。

このパーティは、年に一回、一月の第三土曜日に、ワシントンのホテルのダンスホールで開かれる。タキシードやガウンで着飾った二〇〇人ほどの会員が、ロブスターやステーキを食べながら、お互いに相手をジョークでからかう（一例を挙げると、お金に関するジョークはいいが、権力に関するジョークはいけない）。そしてその合間に、おふざけで大統領候補者に就任演説をさせたり、新たな会員を紹介したりする。新会員となるのは十分に育った大人の男女だが、入会式の間は、「(アルファルファの）芽」と呼ばれることを快く受け入れなければならない。ばかばかしい話だ。

だが、このクラブを頭から拒否してしまう前に、かつて「芽」と呼ばれた人の中にどんな名前があるか見てほしい。ヘンリー・キッシンジャー、ウォーレン・バフェット、アラン・グリーンスパン、サンドラ・デイ・オコナー（訳注：アメリカで初めて最高裁判所判事になった女性）、マイク・ブルームバーグ、ニール・アームストロング、ニュート・ギングリッチ、チャック・シューマー（訳注：民主党の政治家）、マデレーン・オルブライト、コリン・パウエル、スティーブ・フォーブス（訳注：フォーブス誌の発行人）、ビル・クリントン、ジェブ・ブッシュ（訳注：共和党の政治家、ジョージ・W・ブッシュの弟）、ジョージ・W・ブッシュ、ジョージ・H・W・ブッシュ。そのほか、名前は聞いたことがなくても、その人物が代表を務めている組織には聞き覚えがあるはずだ。マリオット・インターナショナル、プロクター&ギャンブル、陸軍、空軍、ゼネラルモーターズ、ゴールドマン・サックス。こうした人々がテーブルの席を占めている。

きっと会員の大半は、このクラブを体制維持の手段とは見なしていないのだろうが、実際にはそのとおりの機能を果たしている。実際、この組織は、公民権法が制定されても一〇年間はアフリカ系アメリカ人を排除していた。女性に門戸が開かれたのも、一九九四年になってからである。パーティの日取りも、時代に逆行している。南北戦争時の南部連合の軍司令官ロバート・E・リー将軍の誕生日を記念して開かれているのだ。

したがって、アメリカ史上初の黒人大統領がアルファルファ・クラブにあまりいい印象を抱かなかったのも、当然といえば当然だろう。二〇〇九年、オバマは歴代の大統領にならい、そのパーティでスピーチをしたが、あまり敬意を払おうとはしなかった。「ご自分の左側に座っている人、右側に座っている人をご覧ください。どなたも私のメールアドレスをご存知ない」

オバマ大統領はまた、リー将軍の話題を避けるどころか、むしろ堂々と取り上げた。「将軍が今晩ここにいたとしたら、二〇二歳ですね。きっとがっかりするに違いありません」

普通の場面であれば、何でもない言葉だ。しかしアルファルファ・クラブの席では、出席者全員の母親を侮辱し、マイクに向けて大きなおならをする行為にほぼ等しい。大統領はきっと、その場を去るときに、二度とここには戻ってこないと誓っていたのだろう。

だが二〇一二年、大統領は戻ることにした。それを聞くと、数多くのスピーチライターが色めき立った。このクラブは、オバマが変えると約束したあらゆるものを代表している。権力者で金持ちだというだけの理由で、こんな奴らにこびへつらう必要があるのか?

一言でいえば、その答えはイエスだった。実際、最高裁判所の判決のせいで、金持ちは以前にも増して力を手に入れていた。二〇一〇年、いわゆるシチズンズ・ユナイテッド判決で、最高裁の五人の保守派の裁判官がアメリカの選挙資金規制法を骨抜きにした。それにより、対立候補の中傷広告にいくらでも資金が使えるようになり、超富裕層にとって選挙運動が新たな道楽となった。競走馬を育てるのにも、オークションで希少なワインを競り落とすのにも飽きたから、今度は大統領候補者に金を注ぎ込もう、というわけだ。

ここではっきり述べておくが、このパーティに関する戦略を立てた人がいるわけではない。億万長者をとりこにして、その億万ドルをミット・ロムニーの選挙運動以外に使うよう仕向けるべきだと、誰かから言われたわけでもない。とはいえ、そうしても害はないはずだ。そう考えた僕は、一パーセントの聴衆だけでも、オバマに抱いている反感をなだめられればと思い、気恥ずかしくなるほど相手にこびへつらう原稿を書いた。

あと四五分ほど時間がありますので、今晩はここで一般教書演説を行いたいと思います。楽しい一夜にするために、ぜひ連邦議会議員のみなさんにご協力いただきたいのですが、協力したくないということでしたら、一人でがんばります。

こびへつらいのうまい政治家にしても、これは軟弱だった。だがそれが、この場にふさわしい口調だったようだ。大統領もほとんど原稿を修正しなかった。それから数日後、ファブズから連絡があり、いい仕事をしたご褒美に、スピーチライターのチームが大統領と行うミーティングに僕を誘ってくれた。

『ゴールデン・ガールズ』のテーマソングを歌って以来、僕はオーバルオフィスに入ったことがなかった。あのときオバマ大統領は、ずっと机の向こう側にいた。だが今回のようにやや規模の大きいミーティングになると、大統領は部屋のこちら側にやって来て、茶色の革製の肘掛け椅子に腰掛けた。僕たちスピーチライターは、その両側に置かれた二つのベージュのソファに座を占めた。二つのソファの間にはコーヒーテーブルがある。そのテーブルの上にはボウルがあり、ブッシュ政権時にはそこにキャンディが入っていたが、オバマ政権下ではリンゴが盛られている。オーバルオフィスで自分の権力を誇示したければ、何よりもまず、ミーティングの終わりにそのリンゴを一つつかんでスーツで磨き、それを何気なくほおばりながら部屋を出ていけばいい。

僕はそんなことをするぐらいなら、コンセントに指を突っ込んだほうがましだ。そのときも、自分に注意が向かないようにと、大統領からいちばん離れた場所に腰を下ろし、ノートパソコンを一心に見つめていた。それでも、たった一つだけしたことがあった。奴隷解放宣言をちらっと盗み見たのだ。その宣言書はこう言っているようだった。

そうそう、まだここにあるんだぜ。

ミーティングが終わり、驚くほど座り心地のいいソファから立ち上がるころになってようやく、ファブズがアルファルファ・クラブの話題を持ち出した。ファブズによれば、右寄りのラジオ番組の司会者ローラ・イングラハムがそのパーティに出席しており、大統領の態度に感銘を受けたという。「今朝の番組でその件について話をしていましたが、ミット・ロムニーがオバマに勝てるかどうかわからないと言ってましたよ」

そのころにはもうオバマ大統領は、僕たちに退出を促していた。ところがファブズの話を聞くと、しばらく立ち止まり、計量に来たボクサーのように胸を張って言った。

「ああ、ミット・ロムニーは私には勝てない」

オーバルオフィスでチェストバンプ（訳注：胸と胸をぶつけ合うしぐさ）をしてもよければ、

僕は喜んでそうしただろう。僕はその代わりに次善の策を採った。並々ならぬ自信を抱いて笑い、気取った歩き方で部屋を出ていったのだ。

僕はこの出来事を経験したあとでも、ジョークの力に過大な期待を抱くことはなかった。わずかばかりのジョークで、新たな雇用が生まれるわけでもなければ、大統領の支持率が五〇パーセントを上まわるわけでもない。それでも僕は、自分が誇らしかった。政治活動を禁じる法律に違反することなく、ロムニーの船首前方に威嚇射撃を行う大統領の手助けができた。それどころか、反オバマのスーパーＰＡＣ（訳注：アメリカの政治資金管理団体）の活動を抑える役目さえ果たせたかもしれない。要するに、生涯最大の政治闘争にささやかながら貢献できたのだ。二〇一二年の記者晩餐会でも、また同じような貢献をしたいと切に願った。

ホワイトハウスで働いていたころ、大統領の政治課題を推進するためにジョークを利用したことがあるかという質問をよく受けた。僕はいつもノーと答えていたが、そう言いながらも本当の答えはいつもイエスだった。あらゆるジョークの効果が世論調査の結果に表れるわけではない。それでも僕は、自由主義世界のリーダーが楽しい一夜を演出しなければならないときには、その時間を費やすだけの価値があるものにするべきだと思っていた。

前年の記者晩餐会では、ジョン・ロベットの指揮のもと、大統領のトランプ攻撃がこの基準以上の成果を挙げた。世間一般のイメージでは（僕もそれに心から賛同するが）、オバマはあのスピーチでバーサー運動の首領を論破し、徹底的に打ちのめした。しかし二〇一一年の暮れになると、ロベットは連続ホームコメディの脚本家としてハリウッドに行ってしまった。すると、ほかにふさわしい人がいなかったのか、僕がホワイトハウスのジョーク担当ということになってしまった。僕がジョーク作成プロセスを始動させようと準備していたころ、その格好の標的に考えていたのがロムニーだった。ロムニーを論破し、徹底的に打ちのめしてやろう。

だがそれは、言うほど簡単ではなかった。二〇一一年当時トランプは、民主党員からも共和党員からも嫌われている著名人という、希少な部類に属する人種だった。だがロムニーは違う。友人がたくさんいる。一線をわずか一センチメートルでも越えてしまえば、その友人が記者に不満を訴え、その記者が何日も文句を書き連ねることになるだろう。

正面攻撃はとてもできない。それなら、バンクショット（訳注：ビリヤードで、手玉または的玉をクッションに当てる突き方）を繰り返すしかない。大統領が自分をだしにして笑えば、自信と謙虚さを両方とも示せる。ジョークの設定や落ちに論拠を差し挟んでおけば、メディアの堂々巡りの議論を回避できる。もっと効果的なやり方もある。スキャンダルについてジョークを言えば、スキャンダルを鎮静化できる。大統領がジョークを言って笑っているぐらいなら、それほどひどいことじゃないんじゃないの、というわけだ。

僕がジョークを書き始めたのは記者晩餐会の三週間前だったが、そのころには鎮静化したいスキャンダルがたくさんあった。三月には、オバマ大統領がロシアのメドベージェフ大統領に、選挙後なら「柔軟」に対応できると言った言葉が、オンになったマイクを通じて漏れてしまった。この言葉は、政策的には悪くないと思うのだが、文脈から切り離されると、世界の指導者の声を盗み聞きするスリルと相まって、悪い印象を与えた。

また、連邦政府一般調達局が起こした大失態もあった。この機関の唯一の目的は、税金を有効に活用することにある。それなのに最近になって、ラスベガスでの会議に読心術師や道化師を招いて八〇万ドルを超える税金を浪費したことが明らかになった。娯楽の選択を誤って問題を起こした連邦政府職員は、一般調達局のスタッフだけではない。つい先日、大統領がコロンビアを訪問した際、シークレットサービスのエージェント数人が売春婦を買い、その中の一人が支払いをめぐってトラブルを起こした。

そのほか、犬に関するスキャンダルもあった。そう聞いただけではばかばかしいと思うだろうが、実際にばかげている。だが、実際にそんなスキャンダルがあったのだ。二〇一二年四月、犬にまつわる二つのエピソードが、大きな政治ニュースとなった。

第一のエピソードは一九八三年にさかのぼる。ミット・ロムニーが若いころ、家族と車でカナダの別荘に向かった。それだけなら何も問題はない。だがロムニーは、車がかばんや子供たちでいっぱいだったので、飼い犬のアイリッシュセッターをケージに入れ、それを車の屋根にくくりつけて連れていったという。ロムニー支持者はこのエピソードの悪影響を抑えようとして、オバマのスキャンダルを掘り起こした。オバマは自伝の中で、六歳のころインドネシアで犬の肉を食べたと述べていた。

どうでもいいことだった。どちらのエピソードにせよ、二人がどんな大統領になるかを考えるのにあまり役に立ちそうもない。だが政治評論家には、こうしたスキャンダルがあればあるほどよかった。犬を虐待した大人と犬を食べた子供では、どちらのほうが悪いのか？　意外なことに、二〇一二年には数多くの政治記者がこれを、時間をかける価値のある問題だと考えていた。そこで、無意味な問題であれ意味のある問題であれ、あらゆるスキャンダルの鎮静化を図ることが僕の使命となった。

僕はまず、問題化している話題を長いリストにまとめ、それをスピーチライターの部屋に相当する仮想空間に送った。すると、すでにワシントンを離れ、オバマの選挙運動を展開しているデビッド・アクセルロッドやジョン・ロベットから、ジョークの差し入れがあった。ジェフ・ヌスバームらウエストウィング・ライターズのチームからも、気の利いたジョークが届いた。政界だけでなく、芸能界の協力者もけっこういた。ドラマ『サブリナ』を製作したネル・スコベル、テレビ番組『ザ・デイリー・ショー』の脚本を担当したケビン・ブレイヤー、ドラマ『30 ROCK』や『New Girl』の脚本を手がけたニーナ・ペドラッド、同世代のコメディの第一人者で、ドラマ『Girls』や『フリークス学園』、映画『無ケーカクの命中男／ノックトアップ』など、あらゆるコメディの製作に参加しているジャッド・アパトーなどだ。

こうしたハリウッドの友人たちは、みごとなジョークを無限に量産するこつを知っているのかもしれない。だが僕はそんなこつを知らない。二五ほどひどいジョークを書いてようやく、おもしろいジョークが一つできる程度だ。ほぼ毎晩、その日に書いたジョークのがれきをくまなくチェックしては、ため息をついた。だが、下書きの中からダイヤモンドを見つけ、それを外部から来たネタと組み合わせていくと、次第にスピーチの内容が形になり始めた。

記者晩餐会の数日前、僕はファブズと一緒にオーバルオフィスに行き、お気に入りのジョークを四〇ほど大統領に見せた。大統領上級顧問のデビッド・プラフと大統領報道官のジェイ・カーニーが同席し、僕たちがソファに座っている前で、大統領がジョークを声に出して読み上げた。大統領が笑ったときには、心が躍った。大統領が笑わなかったときには、心が締めつけられた。

やがて、犬に関する最初のジョークが読み上げられるときになると、僕の心臓は完全に鼓動を止めた。それは、二〇〇八年の大統領選挙戦のときにサラ・ペイリンが放ったジョークをもとにしており、人間の最良の友である犬を食べることに関係していた。大統領がそのページを読んでいる間、僕は大統領にこんなジョークを提示したのが間違いだったのではないかと不安で仕方なかった。

「サラ・ペイリンが選挙戦に戻ってきて、『トゥデイ』にゲスト出演していた。それを見て、彼女が以前言っていた言葉を思い出した。『ホッケーママ（訳注：地元のホッケークラブに通う子供を送り迎えし、練習や試合に付き添う母親を指す）と闘犬との違いは？』」（訳注：ペイ

リンは自分を闘犬ではなくホッケーママだと言い、闘犬と違って口紅をつけていると言った）

大統領はそこで、ほんの少し間を置いた。

「闘犬はおいしい」

部屋が静まりかえった。意味がわからなかったのか？　気分を害したのか？　だが大統領がニヤリと笑ったので、僕は心底ほっとした。

「これ、とてもいいね」。大統領はくすくす笑った。「闘犬はおいしい。気に入ったよ」。そしてあれこれ考え、またニヤリとして言った。「先に言っておくけど、本番ではこれにちょっとつけ加えるかもしれない。『ちょっと醬油を垂らすといいかも』とかそんなことをね」。大統領は、犬の肉に架空の調味料をかけるように手を振り動かした。

僕の心臓がようやく鼓動を再開した。オバマ大統領はジョークをすべて読み終え、その中から一〇余りを選んだ。そして、信じられないほどみごとなジョークだといった様子で頭を振りながら、僕たちをオーバルオフィスの外へ送り出した。僕が部屋を出ると、大統領がくすくす笑っているのが聞こえた。群衆の中に連邦議会議員を見つけたときに使うあのざっくばらんな口調で、こう言っていた。

「闘犬はおいしい」

記者晩餐会の前日、僕たちは閣議室に集まり、ロシアの大統領との会話がマイクに漏れてしまった事件を笑いの種にした短いジョークを収録した。大統領は、大統領秘書官室に入るドアの近く、ハリー・トルーマンの肖像画の真下に座っていた。僕は、「ホワイトハウスの補佐官」の役割を演じるため、そのすぐ隣りに腰を下ろした。

僕のセリフはただ一言、「大統領、準備が整いました」と言うだけだった。しかし、すぐ右には大統領がいる。高校時代にスターへの夢を粉々に打ち砕いたあの緊張が、またしても襲ってきた。

「大統領準備が！　トットのいました」

僕のまずいセリフなど無視し、大統領は自分のセリフを録音した。

「アメリカ合衆国大統領の私が、ジミー・キンメル（訳注：アメリカのタレント）の前座をするのか？」

「今はジャスト・フォー・メン（訳注：アメリカの有名なヘアカラー製品。数字が上がるほど色が濃くなる）の五ぐらいなんだが、六で染めても誰も気づかないと思うよ」

「たばこが吸いたいな」

大統領は僕より演技がうまかったが、それでも言い回しが悪く、変な言葉を強調したり、おかしな場所で間を取ったりした。この収録に割ける時間は一〇分しかない。二回の収録には十分な時間だが、大統領の言い回しがよくならなければどうなるだろうと不安になった。

僕は何の役にも立てなかった。二回目の最終テイクが始まると、僕はまたしてもしくじった。一回目よりもはるかにひどい。

「ダイトウリョウじゅんびがトトのい……ました？」

こんなセリフのせいで、次の大統領のセリフがいっそうすばらしく聞こえた。僕はそれまで大統領から片時も目をそらさなかったから、大統領が練習などしていなかったことは間違いない。それなのに、大統領の一回目の言い回しと二回目の言い回しは、キックボクシングの教室に通ってぜいぜい言っている男とジャン＝クロード・バン・ダムぐらいの違いがあった。ちょうどいいタイミングで間を取り、いちばん笑いが取れるように強弱をつけた。その言い回しは、苛立ちと自尊心が完璧に融合していた。まるで一日中リハーサルしていたかのようだ。それほどの演技だった。

上級スタッフがよく、大統領はこの部屋の中でいちばん頭の切れる男だと言うのを聞いたことがあったが、僕はそのときになって初めてその意味を理解した。大統領は七か国語を話せるわけでもない。さまざまな種の学名を知っているわけでもなければ、何桁もの掛け算を暗算できるわけでもない。だが、誰よりも速く、複雑な物事の本質をつかみ、手にした情報を最大限に活用できる。オバマ大統領ほど核心を見つけるのがうまい人はいない。

その年の記者晩餐会に出席するため、ジョン・ロベットがロサンゼルスから帰ってきた。そこで四月二九日の午前、ロベットとファブズと僕はオーバルオフィスに集まり、最後のリハーサルを行った。それまでに台本はほぼ仕上がっていた。実際、追加のジョークの候補があと一つあるだけだった。最近のスピーチでバイデン副大統領が、大統領には「大きな棒（big stick）」があると言っていた（訳注：慣用句で「力に訴えることができる」の意）。副大統領はもちろん外交政策について語っていたのだが、そのときの手ぶりは、控えめに言っても、外交にふさわしいものではなかった。ジェフ・ヌスバームはそこに飛びついて、こんなジョークを考えた。

「つまりこういうことだ。私が父親から譲り受けたのは夢だけではない」

大統領はそれを読むと大声で笑った。僕は内心では、大統領がこのジョークを台本に追加してくれたらいいのにと思った。だが今年は選挙がある。下ネタは度が過ぎる。結局僕たちは、何も追加しないまま最後のリハーサルを終えた。ファブズとロベットは豪勢なブランチ・パーティに、大統領はゴルフに出かけた。僕は家に帰って昼寝をした。

僕はその年の記者晩餐会に、フランス通信社（ＡＦＰ）のゲストとして出席した。ＡＦＰは立派な報道機関だが、メディア界の寵児というほどではない。タイムやブルームバーグのテーブルは著名人であふれかえっていたが、僕のそばには、高く評価されているアイルランドの作家がいるだけだった。その顔はパテで造形したかのように白く、太い黒々としたまゆの下で目をぎらつかせている。とても映画スターという感じではない。

公平を期して言えば、僕もまるで政府内部の人間には見えない。だからこそ僕たちは格好のコンビとなった。ロールパンの入ったかごを回すと、作家は自身の『ハムレット』論を語った。僕は真剣に耳を傾け、うなずいた。ところが、サラダを食べ終わるころには、作家のワインはすでに四杯目となり、それまでのささやき声がすっかり大きな怒鳴り声に変わってしまった。やがて、当時ABCニュースの記者だったジェイク・タッパーが起立し、記者協会の賞を受けると、僕のテーブル仲間は不満げに鼻を鳴らして叫んだ。

「本気か？　くそみたいな賞を、くそみたいな自分たちにあげてるだけじゃないか」

ワイングラスは立て続けに空になった。こうして大統領がステージに上がるころには、僕には男一人だけの応援団ができ上がっていた。あのマイク漏れ事件を笑いの種にしたジョークの音声が流れたあと、大統領はビン・ラディン襲撃に関するジョークから漫談を始めた。

「昨年の今ごろ、ちょうどこの週末にあたる日に、世界一悪名の高い男にようやく公正な裁きを下した」。そして演壇の両側の巨大スクリーンに、せせら笑うドナルド・トランプの写真が映し出された。

「これ、きみが書いたの？」と作家が聞くので、僕がうなずくと、作家は大いに喜び、両手で親指を立てるしぐさをしてみせた。

僕は緊張のあまり口がからからで、椅子をきつく握り締めていた。ヘッドライトに照らされたシカのような状態だったが、この三週間の成果は驚くほどあっという間に流れ去っていった。知らないうちに大統領は闘犬のジョークにまで進み、以前言っていたとおり架空の醤油を追加した。そのあとには、スーパーPAC「ロムニーを支持する犬たち」が作成したという短い動画を披露した。屋根の上に乗ってどこにでも行ける犬の権利を擁護した動画である。そして、もう一つスキャンダル対策のジョークで漫談を締めくくった。

「まだまだネタはたくさん用意してあったんだが、新たな門限に間に合うようシークレットサービスを家に帰さないといけないので」

こうして、あっという間に大統領の漫談は終わった。大統領が座り、次いでジミー・キンメルが一五分間聴衆を笑わせた。すると間もなく、ダンスホールの視線という視線が、ある扉のほうに集まり始めた。何が起きたのだろうと思って見ていると、視界の端にある人物の姿が映った。

「うわっ、ダイアン・キートンだ！」僕は普段、有名人に見とれることなどないが、ダイアン・キートンはいちばんのお気に入りの女優だった。その彼女が、山高帽にジャケットにネクタイという姿で、こちらに歩いてくる。

僕の応援団はわずかな時間も無駄にしなかった。「自己紹介しよう！」作家は、動物のドキュメンタリーでよく見る、獲物を追跡するチーターのように駆け出した。ただし、酔っぱらいのチーターだ。ダイアン・キートンは彼が来るのを見て逃げようとしたが、どうしようもなかった。作家は二つのテーブルの間に彼女を追い詰めて跳びかかり、うれしそうに腰に手を回して叫んだ。「私が駅で何を買ったと思います?」まるでそれが好ましい挨拶だとでも言わんばかりの口ぶりだ。そしてズボンのポケットに手を突っ込み、使い捨てカメラを引っ張り出した。僕はそれを見て、子供のころのサマーキャンプを思い出した。プラスチック製のギアを回してフィルムを送るタイプのカメラだ。

「これがちゃんと動くか見たくありませんか?」と作家が尋ねた。

「いえ、けっこうです」とダイアン・キートン。

「いいじゃないですか、試してみましょう。きっとおもしろいですよ!」

「でも、ほんとに、私……」

「じゃあ、いきますよ」。作家は僕の腕をつかんでそばに引き寄せると、明らかに時代遅れなスタイルの自撮りを強行した。「よかった。ちゃんと動きましたよ!」

「これは……すごいよ」。僕がそう言うと、作家は獲物を放し、野生に戻した。これまでの人生で最高に過酷だったこの三週間にふさわしい、シュールな幕切れだった。

週明けの月曜日、もう晩餐会も終わり、また以前と同じような生活が始まるのだと思って出勤した。また上級スタッフのスピーチの原稿を書こう。ときには、ジョークやユダヤ関係、あるいはその両方が混じった大統領のスピーチの原稿も。だが、それほど簡単に気分を変えることはできなかった。何かもの足りない。そう思うのは、漫談を書いていた楽しい時間が終わってしまったからなのか？　アリアナ・ハフィントンとジョージ・クルーニーの話に聞き耳を立てるチャンスがもうないからなのか？　それとも、ダイアン・キートンと撮った写真が一向にメールで送られてこないからなのか？

だが、それから数週間が過ぎるにつれ、不満の原因がわかってきた。あの魅力的な社交界から遠ざかってしまったことが問題なのではない。その原因はむしろ、バレリーが大学などの卒業式のスピーチでよく使いたがるセリフにあった。そのセリフとは、「稲妻の通り道に身を置け」である。確かにあの晩、一七分間の漫談は政治的注目を集めた。会場は、スキャンダルに対処する場となり、敵を攻撃する場となり、大衆にこちらの自信を伝える場となった。

しかし今、稲妻は再び選挙戦を襲っている。大統領向けであれ上級スタッフ向けであれ、僕が合法的に書けないスピーチは増える一方だ。この仕事を確保しておきたいという気持ちはある。ジョン・F・ケネディ・センターでビールも飲みたい。だが、選挙運動ほど夢中になれるものはない。

記者晩餐会のしばらく後、僕はファブズに、選挙運動のためホワイトハウスの仕事を辞めたいと申し出た。するとファブズはそれを認め、辞めたあともワシントンに残ってはどうかと提案した。今後も大統領の政治演説を担当するが、ワシントンの民主党全国委員会でその仕事を行うのである。

それから数週間後、僕は、ターキーロールと安物のシャンパンで埋め尽くされた会議テーブルのそばに立っていた。ストロットが何か気前のいいことを言い、仕事仲間が紙ナプキンに残りものを包んでくれた。僕は青のＩＤカードとブラックベリーを返却した。もう政府の職員ではない。

「ジィーザァス！　ジィーーーザァース！」

ホワイトハウスを去る道すがら、僕は説教男のそばを通り過ぎた。笛男の自転車のきいきいいう音が、通りにこだましている。バス停まで歩いていくと、ドルイド僧がいつものように平然とベンチに腰掛けている。たった一年ほどだったが、彼らがそばにいる生活に何となくなじんでいた。

おもしろいものだな。この人たちはもう僕の給料を払っていないんだ。

数か月後にはまた戻ってくるのだろうか？　永久にここを離れることになるのだろうか？

それは有権者次第だった。

7　イーストウッドの二の舞いを避ける

連邦議会議事堂のそばにあって便利な共和党全国委員会本部は、オフィスビルの手本となるような建物だ。四階建てのビルの正面は、そこで働いている人と同じくらい白く、手入れが行き届いている。グレーのアクセントも抑制されており、上品な装飾には高級感がある。銀行支店とカントリークラブが結婚して生み落とした完璧な子供を想像してもらえばいい。それが共和党全国委員会だ。すてきな場所である。

それに比べて民主党はどうだろう？　僕に言わせれば、民主党全国委員会本部は、これまでビルなど見たこともないという人が設計したに違いない。でたらめな角と気まぐれな曲線でいっぱいの設計図に従い、泥色のコンクリートを固めたかのようだ。グレーの金属製の日よけは、キーボードに乗った猫が打った句読点のように壁を区切っている。設計の悪いバルコニーは雨水プールとなり、歩道にしずくを滴らせ、さび色の跡を壁に刻んでいる。僕は大学一年生のころ、スタイリッシュでスマートに見えると思い込み、中折れ帽をかぶって登校していたが、民主党全国委員会本部の外観はその当時の僕そっくりだった。

　だが驚くべきことに、中はもっとひどい。ユーモア作家のウィル・ロジャースはかつてこう言っていた。「私はきちんとした政党に属していない。民主党員なんだ」。これはもちろんジョークだが、全国委員会本部の間取りを考案した人は、それをモットーとしていたに違いない。たとえば、法律的には全国委員会とは別個の存在である民主党議会選挙対策委員会が、この建物の二階のど真ん中に割り込んでいるのはどういうわけなのか？

　そんなことは大した問題ではないと思われるかもしれない。だがそれが、悪夢のような問題を引き起こしていた。僕の新たな職場もまた、全国委員会本部の二階にあった。エレベーターから歩いてすぐのところである。だが、違法な談合が行われていると政敵に思われないように、僕はいついかなるときも、議会選挙対策委員会のオフィスに入ることを禁じられていた。つまり、そこのカーペットは溶岩でできているかのように見なせというわけだ。そのため僕は、毎朝以下のようなルートをたどって出勤するはめになった。まずエレベーターに乗って三階まで行く。そして、三階にある受付カウンターや休憩室、資金調達オフィスの前を通り、建物の端から端まで歩いていく。次いで、あまり使用されることのない蛍光灯に照らされたコンクリートの階段を使い、二階へ降りる。それから、先ほどとは正反対の方向へ、建物の幅の半分ほどを歩いて戻り、ようやく自分の机に至るというわけだ。これだけ毎日歩いても、アラビアのロレンスになれるわけでもなければ（訳注：ロレンスは学生時代、レバノンを徒歩で移動しながら十字軍の遺跡調査を行った）、体が温まって効率的に仕事ができるようになるわけでもなかった。

　僕の下では、デブリンという熱心な政治学の学生がインターンとして働いていたが、このインターンみたいになれたらどれほどよかっただろう。デブリンは毎日朝早く出勤してきたが、この迷宮のような構造について一度も文句を言ったことがなかった。だが、この環境に喜んで目をつぶることなど、僕にはとうていできない。僕はこう思っていた。「そりゃあ、あいつは何でもかんでもおもしろいだろうよ。まだ二一なんだから」。一方、僕はもう二五歳であり、一年間政府の仕事をして心が汚れている。少しでも不都合があると、それだけでいやになってしまう。

　間もなく僕は、本部以外で仕事をするようになった。大統領選の選挙運動では、激戦州、歩兵、上空援護など、軍事用語がよく使われる。それに従っていえば、二〇一二年の僕の作戦指令室は、「ル・カプリス」というフレンチベーカリーだった。毎朝、コーヒーを買うだけだと自分に言い聞かせて家を出る。だが、コロラド州の世論調査でロムニーが優勢だったり、民主党の上院議員がバカな発言をしたりすると、ついこう思ってしまう。

　チョコレート・クロワッサンでも買わなけりゃ、やってられないよ。

　そして午前一〇時半ごろ、その日最初のアーモンド・クッキーをほおばった後、ゴートチーズと生ハムのサンドイッチを食べる前に、仕事に取りかかる。その内容は、「大統領のスピーチライター」という肩書から想像されるほど心弾むものではなかった。こんな肩書を見ると、大統領のそばに近づく権利があり、大きな影響力を持つ人物を思い描くかもしれない。だが現実には、スピーチに関する何でも屋でしかなかった。街頭演説の内容が法律に抵触しないかチェックしたり、「アイオワ」という文字を「オハイオ」に変換したり（あるいはその逆）、ファブズやコディのために統計を調べたり、ある主張をきちんとした意見にまとめたり、きちんとした意見を単なる主張に戻したり、といった仕事だ。二〇〇八年のときと比べると、僕の仕事ははるかに重要性を増していたが、はるかにつまらなくもあった。

こうした妥協をしているのは僕だけではなかった。ワシントンではよく「選挙運動は理想、政治は現実」と言われるが、再選を目指すこの選挙運動は実に現実的だった。オバマの高邁《こうまい》なスピーチには、用心深くその業績を擁護する言葉が追加された。かつてはスポーツ競技場に二万人の群衆を集めて開いた集会は、今では高校の体育館に二〇〇〇人ほどの有権者を集めて開催された。以前は無謀にも直感的に行われていた現場での判断が、データ分析に基づいて行われた。友人の組織員たちは、こうした変化に腹を立てた。

とは言いながら、ル・カプリスに座り、ひざの上にクッキーのかすをこぼしながら仕事をしていた僕は、それを大して気にもしていなかった。結局アメリカは、二〇〇八年のアンコールを求めてはいなかったからだ。四年前のアメリカは恋に落ちており、欠点も大目に見てくれた。だが今では、すでに五年近くオバマとつき合い、有権者も以前ほど寛大ではなくなっている。まだ大統領のことは好きだ。悪気のないことはわかっている。だが、この人が完璧と言えるだろうか？　たとえて言えば、恋人とつき合っているうちに、その人が食後の洗いものをしてくれないことに気づいた、という感じである。

　したがって、政治的な観点からすると、この現実的な選挙運動に気をもむことはなかった。ただし、個人的な観点からすると、この危機的状態を見過ごすことはできなかった。ル・カプリスに入り浸るようになって数週間がたつと、腰回りにやたらと柔らかいものがついてきた。本部から来るデブリンの報告も、日ごとに孤独感を増している。だが最悪なのは、有権者たちとのつながりを感じられなくなっていることだ。ワシントンではいくらでも政策の詳細について聞く機会があるが、その効果がほとんど見えない。ハリウッドで働いている人が、映画やテレビを見ないようなものだ。こうした奇妙な状況は、心をむしばんでいく。

　気をつけていないと、この国の首都にやって来たそもそもの理由が失われてしまう。僕はこれまでに、世界を変えようと張り切ってワシントンに乗り込んだものの、やがて心が空《うつ》ろになってしまった人を何人も見た。彼らは、立派そうな仕事に就いてはいるが、こっそり何時間もうたた寝していた。電話会議を設定しても、以前の電話会議について議論するだけだ。そして今では、トリュフを見つけるブタのように、オープンバー（訳注：パーティなどでアルコールを無料で提供する仮設バー）の存在をかぎつけられるようにはなったが、自分のキャリアに役立たない人には何の関心も示せなくなっていた。

　僕は、こうしたかつての理想主義者たちが、人脈作りに血道をあげる怠けものになってしまう不幸を考えながら、上唇についたチョコレートをぬぐい、デブリンから来た最新のメールを無視した。内容は読まなくてもわかる。

八月、こうした精神的退廃に対する不安が限界に達しようとしていたころ、かつての上司であるジェフ・ヌスバームがある提案を持ってやって来た。民主党全国大会が一か月後に迫っている。そこでは、人気の高い大統領や大統領夫人、副大統領によるスピーチとともに、会場外の人がほとんど耳にすることのないスピーチも数多く行われる。ジェフは、この後者のスピーチを円滑に進める責任を担っていた。そこで僕に、全国委員会から一〇日ほど休暇をもらい、ノースカロライナ州シャーロットに来て手を貸してほしいという。

その仕事にはまるで魅力を感じなかった。大統領のスピーチの原稿を書くわけでもなく、そのスピーチに関する何でも屋を務めるわけでもない。だがその一方でこれは、ワシントンを離れ、正真正銘の激戦州を訪れるチャンスでもある。僕はジェフによく考えさせてほしいと言ったが、実際には出発が待ちきれなかった。

党の全国大会は、以前はドラマに満ちていた。四年ごとに政治家たちが秘密の部屋に集まって葉巻をくわえ、自分が支援する候補者に声援を送り、数日かけて党の指名候補を全会一致で選んでいた。だがそれは何十年も前の話だ。現在の全国大会は、上院議員クレア・マキャスキルには熱狂するが、スクリレックス（訳注：アメリカのミュージシャン）のことはまるで知らない人のための音楽フェスティバルである。

テレビ局の幹部も、これが万人向けのものでないことは知っている。そのため、シャーロットで四夜にわたり開催される民主党全国大会も、三大ネットワークで毎晩一〇時から一一時まで生放送されるだけだった。だが会場では、その何時間も前から、さまざまな人が代わる代わる演台に立ってスピーチをしていた。コネチカット州知事、コストコのCEO、労働総同盟産業別組合会議の議長などだ。話し手は総勢一〇〇人以上おり、それぞれに民主党最大の舞台に立つ短い貴重な時間が割り当てられている。

そのスピーチを円滑に進めるのがジェフの役目だった。こうした人々を適切にコントロールし、厄介なことを口にしたり、聴衆を死ぬほど退屈させたりしないようにする。

とりわけ重要なのが、一人ひとりに割り当てられた時間を守らせることだった。全国大会でスピーチを求められると、その人はたいてい、自分には多少時間をオーバーしてもスピーチをするだけの価値があると思い込んでしまう。だがここではっきり言っておきたいが、そんな価値はない。会場の外でどれほど重要な人物であろうと関係ない。党の指名候補に選ばれないかぎり、たとえ舞台に上がっているときでも、この大会では単なるバックシンガーに過ぎないのだ。

こうした大勢のVIPをコントロールするため、ジェフはスピーチライターから成る決死隊を組織していた。決死隊を構成するのは、一九九五年のOヘンリーだじゃれ世界選手権の覇者ジョン〝J・P〟ポラック、袖にナイフを隠し持つように真珠のネックレスやカーディガンにスピーチのネタを仕込んでいるアレクサンドラ・ビーチ、ティーチ・フォー・アメリカ（訳注：ニューヨークに本拠を置く教育NPO）やハーバード大学ケネディ政治学大学院で研鑽を積んだサラダ・ペリー、アル・フランケン（訳注：アメリカの放送作家）の最初の上院議員選挙の際に広報を担当した驚くほど陽気な不平屋（あるいは驚くほど不平の多い陽気者）アンディ・バー、そして、ホワイトハウスの魔法の粉をわずかに輝かせている僕などである。そのころの僕はまだ、ルームメイトと家事の分担について話し合うのにもうろたえていたが、スーツにはかなりなじんでいた。

僕たちは毎朝、『白雪姫』の小人のように、会場となるタイム・ワーナー・ケーブル・アリーナの奥深くに入っていった。七万二四六〇平方メートルの面積を誇るこの球場は、普段はシャーロット・ホーネッツのホームグラウンドだが、そのときだけは民主党の選挙運動のホームグラウンドと化していた。個室つき特別観覧席や広々とした売店エリアを割り当てられた作業チームは、仕事場の環境が格段に向上したことだろう。

だが、スピーチライターのチームにそんな特典はなかった。僕たちに割り当てられたのは、審判のロッカールームだった。試合の前後に三人ほどが素早く服を着替えるだけの部屋だ。僕たち一五人は、そこで毎日一六時間働いた。スーパーで販売されるエビのようにすし詰めだった。ル・カプリスにはほど遠い。

それでも僕はそこが気に入っていた。狭い部屋での共同作業がしっくり来た。それに、選挙戦はぎりぎりの攻防が続いていた。全国大会では、この四年以上の間に勝ち取ってきたあらゆるものを、たった四日間で擁護しなければならない。仲間と肩をぶつけることなど誰が気にする？　奥のトイレとこの部屋とが薄いビニールカーテンで仕切られているだけだとしても、誰が気にするだろう？　稲妻が至るところに落ちているのだ。

僕たちは、この地下のオフィスを自由に出入りできた。そのため、それぞれが勝手に軽食を食べに行ったりコーヒーを飲みに行ったりしていたが、一度だけ、グループ全員で外出したことがあった。全国大会が始まる一週間ほど前、僕たちは会場から五ブロックほど離れた繁華街にある高層ビルに行き、そのほこりっぽい会議室で、プラスチック製のグレーの会議テーブルを囲んだ。すると間もなく、ひげとふさふさの眉が印象的な、守り神らしき風貌のジョエル・ベネンソンが現れた。

政治戦略家の服装には二種類ある。きちんとした服装をしているか、きちんとした人間だと誰もが知っているのをいいことに、ややだらしのない服を着ているかだ。ジョエルは確実に後者だった。スーツは少しぶかぶかで、靴は格好よりも履き心地を重視している。だが誰も気にしなかった。彼は民主党のチーフ世論調査員で、アメリカの中流階級に関する世界有数の専門家でもある。ジョエルの指揮のもと、調査員が毎晩有権者にセラピストのような質問を繰り返していた。「不況がようやく終わりましたが、それについてどうお感じですか？」

ジョエルは、僕たち決死隊の前に立つと、調査結果を伝えた。それによれば、オバマ大統領のわずかなリードは、見かけほど確固たるものではない。少数とはいえ、無視できない数の有権者がまだ投票先を決めていない。彼らが大統領の運命を握っている。それは、僕たちの運命でもある。

これは一見すると、奇妙に思えるかもしれない。僕たちはこの四年間、党派心をあらわにした闘いを休むことなく展開してきた。それなのに、まだ態度を決めかねている人がいるのだろうか？　だが、そのとおりだった。僕たちのような立場の人間から見れば、投票先ははっきり決まっている。パスワードを忘れたときの確認に使う質問に答えるようなものだ。「初めて飼ったペットの名前は？」「高校のマスコットは？」「支援する候補者は？」

だが相当数の国民は、信じられないほど意見が定まっていない。たとえば、以下の二つの質問を考えてみてほしい。「夫を裏切って浮気しますか？」「ジョージ・クルーニーと寝ますか？」政治の世界では、質問の仕方で答えが変わることが往々にしてある。

そこが、ジョエルの調査のいちばん重要なところだった。選挙を業績の評価として考えるよう有権者を仕向けると（オバマは期待に応えたのか？）、芳しい結果は得られなかった。経済成長は、大半の有権者が望むほどのペースでは進んでいない。そのため僕たちは、意見を変えさせるのではなく、話題を変えようと考えた。「オバマとロムニーのどちらかを選ばなければならないとしたら、どちらを上司にしたいか？」このように、選挙を仕事の面接として考えるよう有権者を仕向けると（二人の雇い主のどちらを選ぶか?）、有権者は常にオバマを選んだ。有権者にはっきりとオバマを選択させるためには、どんなメッセージがいちばん有効なのか？　ジョエルはそれを探るため、ありとあらゆるメッセージを実地に試してみた。そしてこの会議の席で、もっとも効果の高いメッセージを発表した。

「オバマ大統領は、経済はトップダウンではなく、ミドルアウト（訳注：中間管理職を起点に上下に働きかけていくアプローチ）やボトムアップで成長すると考えている」

僕たちはこの一文を、主の祈りのように、あるいは映画『ファイト・クラブ』のルールのように頭に叩き込んだ。「トップダウンではなく、ミドルアウトやボトムアップで」「トップダウンではなく、ミドルアウトやボトムアップで」。そして律儀にも、次から次へとスピーチにこの一文を盛り込んだ。これは「メッセージ攻め」と呼ばれる手法である。しかし、いくらそんな専門用語を使っても、ばかばかしい感じがするのはいなめない。たとえば、見知らぬ人ばかりのカクテルパーティに出席したとしよう。その場で話し相手を見つけては、シェイク・シャック（訳注：ニューヨークに本社を置くカジュアルレストラン）が成功したのはマーケティングに精通していたからではなく、肉の独自のブレンドのためだと主張したとする。そんな話ばかりしていたら、自分について妙な噂が立つことは間違いない。やはりこの手段は、間が抜けている。

だがそのころ、メッセージ攻めよりもおかしな手法が一つあることを知った。それはメッセージなしである。僕たちが全国大会の準備をしていたころ、共和党の全国大会が終わりを迎えようとしていた。八月三〇日、この共和党全国大会で大統領候補に指名されたミット・ロムニーの演説を見ようと、僕たちはホテルのロビーに集まった。それまでの一週間、さまざまな噂が飛び交っていた。共和党が隠し持っているというスピーチの切り札の噂だ。それは名の知れた民主党員なのか？　それとも有名な将軍なのか？

そのサプライズゲストがクリント・イーストウッドだとわかると、胸にわだかまっていた不安は解消されたが、その演説は聞き手をとまどわせるものでしかなかった。この俳優兼映画監督は、ステージ上で五分の時間しか割り当てられていないのに、一二分間もとりとめのない話をした。さらにおかしなことに、その時間の大半を使い、そばの椅子が現大統領であるかのようなふりを演じ続けた。会場にいた人々は、このパフォーマンスを心から楽しんでいたようだ。だが会場に行っていない三億人のアメリカ国民は、共和党の大統領指名候補を見ようとチャンネルを合わせたのに、八〇歳代の老監督が椅子を侮辱する姿を見せつけられるはめになった。

僕たちはホテルのロビーでその様子をながめ、信じられないといった気持ちで笑顔を交わした。間の悪い、実に奇妙な見世物のおかげで、ロムニーにスポットライトが当たる瞬間がすっかり台なしになってしまったからだ。この出来事は、僕たちにチャンスを与えてくれると同時に、教訓も教えてくれた。シャーロットでは誰もイーストウッドにしてはいけない。

月曜日、全国大会が始まる数時間前、僕は突然ある仕事を頼まれた。話を持ちかけてきたのは、プログラムの進行を担当しているベテランスタッフ、エリック・スミスだ。

「大ニュースだ。ナタリー・ポートマン、スカーレット・ヨハンソン、ケリー・ワシントンが木曜日にスピーチする。原稿を書きたいか？」彼はそう言いながら、思わせぶりに小突き、ウィンクまでしてみせた。まるで、おまえをビキニ検査官（訳注：かつてアメリカに、公序良俗を守るため、公共の場でのビキニ着用を検査する係官がいた）に指名してやるとでも言っているかのようだ。

僕は「ええ」と答えたが、特に何とも思わなかった。僕が担当する話し手の長いリストに女優が数人加わっただけだ。リストに並んでいるのはほとんどが、演壇には慣れている人たちだった。元バージニア州知事のティム・ケイン、教育長官のアーン・ダンカン、民主党委員長のデビー・ワッサーマン・シュルツ、マイアミのトークショーの司会者クリスティーナ・サラレギなど、普段からよく公の場に姿を見せている人たちである。

しかし、わずかながら、党の全国大会でのスピーチなど通常の生活からはとても考えられないという人もいた。こうした男女は政治家ではない。オバマ大統領の政策により助けられた学生や夫婦や工場労働者だった。彼らは、家庭のテレビで大会を見ている人たちが共感できるような生活を送っている。そのため、二万人の聴衆に、二分以下で自分の物語を伝えるよう要請されてやって来たのだ。この大会で僕が大いに関心を寄せていたのは、そんな物語の一つだった。

僕がゾーイ・リンについて知ったのは、選挙運動本部が製作した短い動画でだった。この動画は、二歳の女の子が紫色の羊のぬいぐるみに熱烈なキスをしている場面から始まる。その後、女の子の母親がカメラに向かってこう言う。「私はステイシー・リン、アリゾナ州フェニックス出身です。娘がこうして生きていられるのは、医療費負担適正化法のおかげです」

動画のステイシーの説明によると、ゾーイは心臓に先天的欠陥を持って生まれた。誕生からわずか一五時間後に最初の心臓切開手術を受け、四か月後にまた手術を受けたという。そこまで母親が説明すると、ゾーイが画面に入ってきて、得意そうに父親にフルーツを差し出す。

「リンゴ！」

「オレンジだよ」

「あ」

かわいらしい。そう思うと同時に胸が詰まった。ゾーイが生まれたころは、保険会社が、一人が受け取れる保険金の総額に制限を設けることができた。ゾーイの保険金は、生後わずか六か月で生涯上限額の半分に達していた。

そこへ、医療費負担適正化法が成立した。このオバマケアと呼ばれる医療保険改革のおかげで、保険金の生涯上限が撤廃された。その結果、ステイシーと夫のカレブはもう一度、娘に治療を受けさせることができるようになった。しかしゾーイは、少なくとももう一回、心臓の手術を受ける必要があり、それは二〇一三年に予定されている。医療費負担適正化法が廃止され、生涯上限が復活したら、リン一家はどうすることもできない。ゾーイにとって二〇一二年の選挙は、生きるか死ぬかの選択でもあった。

僕はスピーチライターとして三年間働くうちに、心が張り裂けるような物語にやや鈍感になっていた。医学部の学生が、だんだん血を見るのに慣れていくのと同じだ。しかしリン一家の物語はそれを超えていた。ステイシーの語りには、ワシントンではまず見つからない真実味があった。これほど個人的なことと政治的なことを結びつけられる才能は、そうは見当たらない。僕は彼女を決して失望させまいと決心した。

僕は空想の世界で、数週の間に何度もステイシーと会い、スピーチについて念入りに打ち合わせをした。だが現実の世界では、電話で二〇分話をしただけだった。これほど時間がないと、スピーチライターの仕事など転記と変わりない。僕はステイシーの言葉をすべて書き留め、そこから大胆に言葉を削り、実に印象的な二六〇語の文章にまとめた。そして、彼女がリハーサルできるように、それをメールで送った。

結局ステイシーと直接会えたのは、ステージに上がる数時間前だった。あの動画を見ていたので、彼女が肩幅の狭い小柄な人だとは以前から知っていた。だが、控え室の外に座っている彼女を見かけたとき、僕はそのあまりの小ささに心を打たれた。高校の校長のような服装をした女性がスピーチのコーチを担当していたが、この女性とてさほど大柄ではない。それなのに二人が握手をすると、コーチがステイシーに覆いかぶさっているように見える。ステイシーは練習用の演壇に向かった。

「ロムニー知事は言いました。私のような人たちがオバマ大統領に熱狂したのは、投票日だけだった、と。そんなことはありません。まったく違います」

何度も声が震えた。目に涙をため、感情を抑えようと必死だった。しかし、恐れや不安の裏には、揺るぎない勇気があった。いわば、闘犬の心を持ったポメラニアンである。

ステイシーが原稿を最後まで読み終えると、コーチが改善点をアドバイスした。ここで間を置いて。ここで一息入れて。聴衆が拍手しても話し続けて。拍手喝采の音はテレビではすぐに消えてしまうから。ステイシーがもう一度リハーサルをし、その部屋を出ていこうとすると、コーチが呼び止めた。僕は、コーチがまた、強調すべき言葉を指示したり、声を調整するこつを教えたりするのだろうと思っていた。

するとコーチが言った。「あなたに知っておいてもらいたいことがあってね。私の娘も心臓に先天的欠陥があるの」。もはや僕たちは、スタッフと出演者という関係ではなくなった。その場にいた誰もが涙を流していた。

大会初日の夜は、サンアントニオ市長ジュリアン・カストロの印象に残る基調演説で幕を開け、ミシェル・オバマのこれまでで最高のスピーチで幕を閉じた。僕たちスピーチライターのチームは、審判のロッカールームでほっと一息ついた。民主党の全国大会の初日にイーストウッドはいない。

しかし、僕にとってのハイライトはその二人のいずれでもなかった。午後八時四二分、紫のドレスに身を包んだステイシー・リンがステージに上がった。瞳には、ほんのわずかだが不安の影が射している。カレブが右手にゾーイを抱き、ゾーイの姉のエミーを引き連れてそのあとに続く。ステイシーの声は、最初こそ震えていたが、文章を追うごとに力強くなった。そして、医療費負担適正化法が家族を救ってくれたこと、ゾーイがいずれ心臓移植を受けなければならないことを述べた。

「病気の子供を持つ親は、いつも心のどこかでそれを考えています。ときには、それだけで頭がいっぱいになることもあります。そのうえさらに、政治のせいで、保険会社がこの子の治療の機会を奪ってしまうのを心配しなければならないのでしょうか？」

バラク・オバマが大統領に就任してから三年八か月が過ぎたが、重要な法案はまだ可決されていない。ティーパーティ運動により、アメリカのよこしまな本能が活気づいている。新たに下院で多数党となった共和党が、党派心をむき出しにしている。大半のアメリカ国民にとって「政治」が汚い言葉になってしまったのも当然だ。

だがここに、小さいながらも力強い女性がいる。彼女はスポットライトを求めていたわけではない。この一家は無数の困難に直面している。スピーチをほかの人に任せたとしても誰も非難はしないだろう。それでも彼女は、この国の最高職責を抱える人物と、紫色の羊のぬいぐるみを抱える二歳の娘との間に、つながりを見出した。そして自ら進んで、シャーロットに集まった二万人の見知らぬ人々に胸の内を明かすことにした。この闘いが自分だけのものではないことを知ったからだ。これもまた政治である。

ワシントンでは、重要人物の呼び方に複雑な暗黙のルールがある。自分とVIPとの間に何ら実質的な関係がなければ、関係があるようなふりをしてはいけない。そういう場合は、たとえ友人と話をするときでも、名字と肩書を使って呼ぶ。

「ケイン知事が修正を送ってきた」

「ダンカン長官とスピーチの打ち合わせをしてきた。実に常識的な方だった」

上司となじみの間柄であれば、略称の使用も認められる。側近（アシスタントなど）を除けば、やはりファーストネームはタブーであり、イニシャルが好まれる。下院議員のクリス・バン・ホーレンなら「CVH」、デビー・ワッサーマン・シュルツなら「DWS」といった具合だ。上級顧問でさえ、ファーストネームは避ける。その代わりに役職で呼んで親密さを示す。

「気をつけろ。知事からいくつか修正が入った」

「きっと長官のことが気に入るよ。実に常識的な人だからな」

高い地位にある人をファーストネームで呼ぶには、以下の二つの条件を満たしていなければならない。第一に、仕事のうえで紛れもない関係があること、第二に、相手がどんなレベルであれスタッフであることだ。そのため僕も、あの上司の女性を「バレリー」と呼び、あのSの発音が苦手な首席補佐官を「ビル」と呼んでいた。だがどんな状況であれ、ホワイトハウスでは「バラク」や「ジョー（訳注：バイデン副大統領の名前）」という言葉を聞いたことがない。彼らを親友と思っている人たちでさえ言わない。

著名人の呼び方に関する話の続きで言えば、ハリウッドはワシントンとは正反対である。僕がそれに気づいたのは、間もなくこう言われたからだ。スカーレットとケリーのスピーチは予定どおりだが、ナタリーのスピーチは中止になった、と。この女優たちのスピーチを僕に担当させた戦略家のエリック・スミスが、この知らせを伝えてきた。エリックによれば、女優のスピーチはすべてハーベイのアイデアらしい。

その「ハーベイ」が誰なのかは聞くまでもなかった。『パルプ・フィクション』から『スパイキッズ3－D　ゲームオーバー』まで、あらゆる有名映画に携わる伝説的なプロデューサーであり、民主党に多額の献金を行っているハーベイ・ワインスタインのことだ。ハーベイは一週間前、クリント・イーストウッドの問題のスピーチを見て、ハリウッドを代表してこれに対抗しなければならないと考えた。そこで心当たりに電話をしてスピーチを依頼した結果、三人の女優が重要問題を正面から取り上げたスピーチをシャーロットで行うことになった、というわけだ。

選挙スタッフは、広く知られたスターの登壇を喜んで受け入れた。だがスピーチについては、むしろ「おとり商法」的な活用を目論んでいた。重要問題についてスピーチをさせるのではなく、三人の女優を一まとめにして大会を盛り上げ、最終夜のオバマ大統領のスピーチをオンラインで鑑賞するパーティを世間に広めようとの作戦である。僕が火曜日に当人たちに送付した台本の第一草稿も、まさにそのような内容だった。

しかし、ナタリーが出ないのなら、台本を修正しなければならない。僕は水曜日の午前、ケリーと電話で打ち合わせをした。ドラマ『スキャンダル　託された秘密』を見ていた僕は、彼女の声がすぐにわかった。だが、電話からはほかの声も聞こえる。まるで一九九七年からステーキをかみ始め、いまだにその肉の筋と格闘しているかのような、鼻にかかったぶっきらぼうな声だ。それがハーベイだった。

彼は腹を立てていた。オンライン鑑賞パーティにまつわる僕の草稿を読んで、僕が彼を利用しようとしていると思い込んだのだ。これはまったく違う。僕はただ、彼を利用しようとしているほかの人の手助けをしているだけだ（大した違いはないかもしれないが）。ケリーが考えを述べるたびに、ハーベイが割り込んできた。

「あいつの言うままにそんなことをするな、ケリー！　いちいち指図するなと言え！」

結局、話がいい方向に向かうことはなかった。ロッカールームに戻ると、スカーレットもハーベイと話をしていたと聞かされた。僕に任せるのではなく、自分で原稿を書くつもりだという。向こうでは僕のことをどう言っているのだろう？

その答えは数時間後にわかった。僕はコーヒーショップに行き、塩キャラメルのブラウニーをやけ食いし、エスプレッソのダブルをぐいぐい流し込んでいた。すると、スマートフォンが振動を始めた。表示を見ると、917とある。これまで見たことのない地域番号だ。

「ハーベイ・ワインスタインからお話があるのですが」とアシスタントが言う。

「え？　ほんと？」

逃げも隠れもできない。しばらくの沈黙の後、アシスタントの単調だが朗らかな声が、もはや聞き慣れたあの吠え声に変わった。「デビッド・リットか？」

ハーベイは真っ先に、おまえは何もかもぶち壊しにするバカ野郎だとストレートに言った。僕は、オバマ・ワールドで用いられる批判スタイル（腹を立てるのではなく、がっかりしてみせるだけのスタイル）に慣れていたので、ハーベイの大音量の怒声にがたがた震えた。僕は本当に、何もかもぶち壊しにするバカ野郎なのだろうか？

しかしハーベイから、おまえに何ができるとなじられると、僕は突然元気を取り戻した。この批判は、その前の批判よりもはるかに納得できた。こんな会話をする理由などない。僕には、言いなりになる権限も断る権限もない。僕ができる（しなければならない）のは、言葉の暴力に耐えることだけだ。そう考えると、ハーベイ・ワインスタインに怒鳴りつけられるのも、モハメド・アリに顔を殴られるような光栄な経験なのではないかという気がしてきた。そのときハーベイがふと、みごとなほど劇的なひらめきを発揮し、ストーリーテリングのことならおまえたちより私のほうがよく知っているとは思わないかと尋ねてきた。

僕は、おせじが効くことを期待して言った。「もちろんそうですよ。僕はあなたの映画の大ファンです」

「そう？　じゃあ、私の作品が何回オスカーにノミネートされたか知っているか？　三〇四回だ！　どんな映画スタジオにも負けない」

ハーベイはこの調子で数分間続けたが、不意に話をやめた。まるで、口がカタカタ動くねじまき式のおもちゃが、突然動きを止めたかのようだ。やがてハーベイは穏やかに言った。「そういうわけで、女優たちには好きなだけ時間を与え、オンライン鑑賞パーティの件は忘れることにしよう。いいな？」

僕は政府で一年間働いたが、地位の高い人への返事は一向にうまくならなかった。いつもどもりがちになり、自信があるようにはとても聞こえない。だが意外なことに、ハーベイの怒りが収まりつつあったので、なんとかこう言えた。

「決定の権限のある人間を探してきます。その人物を見つけ、あなたに連絡させるということでよろしいでしょうか？」

この約束を実行に移すと、間もなく、パーティの件はすべてなかったことにすると話が決まった。女優二人は、七分という時間制限の延長は認められなかったものの、それぞれが三分半ずつ別々にスピーチすることになった。それを聞いて僕は、その日初めて緊張が解けた。最悪の事態は終わったかに見えた。

だが終わってはいなかった。ハーベイ・ワインスタインが電話をしたのは僕だけではなかったのだ。ケリーとも一対一で話をしており、その結果、彼女もスカーレット同様、スピーチの原稿を僕に任せることに不安を抱くようになっていた。それから数時間後、ジェフのもとにハーベイから電話がかかってきた。ジェフが話を始める間もなく、あのねじまき式の口がカタカタ始動した。

「スピーチが好きなんだろ？　よし、じゃあこれから聞かせてやる！」

素直に認めなければならないが、みごとな出だしの文句だった。メッセージ攻めも堂に入っていた。ハーベイはジェフにも、自分の作品が何回オスカーにノミネートされたか尋ねたのだ。こうして結局、ケリーの原稿も本人が書くことになった。

水曜夜のプログラムが始まった。僕はその時点で、自分担当のスピーチをまだ六つ抱えていた。その中には、ダンカン長官、クリスティーナ・サラレギ、ＤＷＳといった大物もいる。だが、ハーベイ＝スカーレット＝ケリーの一連の事件に、僕のエネルギーはすっかり奪われていた。この七分のスピーチで頭がいっぱいだった。午後一〇時ごろには、チーム全員で会場に繰り出してビル・クリントンのスピーチを見るという気晴らしの時間もあったが、それも長くは続かなかった。ロッカールームに戻ってきたわずか数分後に、スカーレットの草稿がメールで届いた。中身を確認すると、心のこもったいい内容だったが、どうしようもなく長い。五〇〇語までに収めてほしいのに、一〇〇〇語を超えている。

ほかの状況であれば、スカーレット・ヨハンソンのスピーチが四分オーバーしたとしても、誰も困ることはない。だが彼女のスピーチは、大統領のスピーチと同じ夜に予定されている。誰であれ持ち時間のオーバーは認められない。チームのほかのメンバーは、少しでも睡眠を取ろうと会場をあとにしたが、僕は残って草稿をカットする作業を続けた。午前二時、ようやく誰もが納得できるであろう原稿を仕上げると、それをスカーレットに送り、会場を去った。だが、ホテルのロビーに着いたちょうどそのとき、あの間違えようのない、受け入れがたい振動を感じた。スマートフォンを確認すると、ショートメッセージが続々と送られてくる。

下書き！

〈振動〉

ごめん、インターネットがつながらないの！

〈振動〉

この偉大な国の歴史を通じて、私たち国民は奮闘努力してきました。

〈振動〉

ケリーが、メールが使えないどこかで身動きが取れなくなり、ショートメッセージで草稿を送ってきたのだ。このテキストの氾濫が終わるのを待っていると、最終的にメッセージは四五件にも及んだ。しかし、もうへとへとだった僕は、その文字数がどれだけ制限を超えているか数える気にもならず、安眠とはほど遠い眠りに落ちた。

意外にも、全国大会最終日の朝は幸先よくスタートした。ケリーの草稿の内容は党の方針に沿ったものであり、文字数もほぼ適切だったのだ。しかし、いいニュースはそこまでだった。スカーレットに、僕の修正原稿を受け入れてくれるかどうかメールで尋ねても、返事がなかった。一時間後にまたメールを送ってみたが、やはり結果は同じだった。女優二人がロサンゼルスをたった、シャーロットに着いた、会場に向かっている、という情報は入ってくるのに、まだ何の返事もない。スピーチの打ち合わせまであと数分というところにようやくメールが来たが、スカーレット自身からではなく広報担当者からだった。

修正前の原稿を使うことにします。
ハーベイもそれがいいと言っています。

僕にはもうお手上げだった。だが幸運にも、エリック・スミスが駆けつけてくれた。エリックは、あめとむちの両面作戦でいこうと言い、むちの役を僕に割り当てた。

この作戦には一つだけ、ささやかな問題があった。エリックが両面作戦のどちらについても、詳しい説明をしてくれなかったのだ。スカーレットとケリーが部屋に入ってくると、エリックは噴水のようにお追従を振りまいた。二人に来ていただいてこれほどうれしいことはない、この選挙運動に二人が協力してくださる意義をきわめて大きい、などなど。やがてエリックは僕を指して言った。

「こちらがデビッドです。彼からスピーチの時間についてお話があります」

エリックは、スカーレットやケリーはおろか、僕にさえ意見を言う機会を与えず、僕たち三人を廊下の先の小さな個室に案内した。大きなプレートにボールド体で書かれた文字を見ると、こう記されている。

ジム・メッシーナ

選挙運動本部長のオフィスだ。しかし、明らかに名ばかりの部屋だった。ワシントンの民主党全国委員会本部にある僕の作業スペースの半分ほどの広さしかなく、実際に使用されている形跡がない。びっくりするほどのセレブ二人と、冷や汗でべたべたのワイシャツを着た二五歳の男を除けば、その部屋にあるのは、机の上に置かれたパソコンとプリンターだけだ。僕が机の片側に座ると、スカーレットとケリーはその反対側に座った。僕は、二人の信頼を手に入れるのはこの瞬間しかないと思い、話を切り出した。

「まずはお二人の草稿をプリントアウトしましょう」。毅然としつつも朗らかな声だ。ここまではいい。

印刷のボタンを押すと、相手を安心させようとして浮かべていた笑みが固まった。僕はハードウェアにはまったく強くない。アーミッシュ（訳注：キリスト教の一派で、アメリカに移住してきた当時の生活様式を保持し、農耕や牧畜による自給自足の生活をしている）の言うことはもっともだとすぐに認めてしまうようなタイプの人間だ。それなのに、パソコン画面には「プリンター・エラー」と表示され、見たこともないような文字や数字がおかゆのように入り混じっている。ハードウェアに詳しい人間を呼ぶことなど問題外だった。第一、電話番号を知らない。それに、知っていたとしても、自分がこの場を仕切っているという雰囲気を壊したくない。僕は、ABCの新たなヒットドラマのスターと、Vulture.com（訳注：ニューヨーク誌が運営するポップカルチャー情報サイト）が二〇一二年の「スマート・セックス・シンボル」に選んだ女性を、じっと見つめながら言った。

「どなたかプリンターの直し方わかります？」

その瞬間、僕たちがもはやファーストネームで呼び合う間柄ではなくなったことがわかった。スカーレット・ヨハンソンとケリー・ワシントンはまるで、僕の歯を磨くよう命じられでもしたかのような視線を投げ返した。

僕は形勢を挽回しようと、草稿はプリントアウトしなくても問題ないと言ったが、もはやあとの祭りだった。女優たちは仕方なく僕と一緒にパソコン画面を見つめながら説明を受けたが、もはや僕に対する信頼は影も形もなかった。こうして一五分ほど実のない話をしたところで、エリックが顔を出した。彼は、僕がまだ生きていることを喜んではくれたが、僕が何の結果も出していないことにはがっかりしているようだった。それから一分ほどでジェフが現れ、スカーレット・ヨハンソンを別の部屋に連れていった。僕はケリー・ワシントンとともに残され、そのスピーチの原稿を固めることになった。

僕は最初、これもハーベイの作戦なのではないかと思った。「延長コードであいつの首を絞めてやれ、ケリー！　プリンターの事故のように見せればいい！」だが、なぜか一対一になると何もかもがうまくいった。実際、ケリーの草稿はさほど手を入れる必要がなかった。それに、会場の愛国的雰囲気の中では、割り当て時間の重要性を納得させるのもごく簡単だった。ケリーと僕は、二〇分ほどで原稿を完成させ、部屋を出た。その一〇分後には、スカーレットとジェフも原稿を仕上げた。

大会の最終夜、僕や仲間のスピーチライターが見守る中、二人の女優はスピーチを行い、大喝采を受けた。その数時間後には、バラク・オバマが正式に民主党の大統領候補に指名された。

大統領はスピーチでまず、二〇〇八年以来、政治がその輝きを失ったことを認めた。「ささいな問題が大きな混乱を生み出し、重要な問題が素っ気なく扱われる。お金と宣伝に覆い隠され、真実が埋もれてしまっています」

それでも残りのスピーチは、こうした不満にもかかわらず、選挙運動にはまだ大きな意味があることを思い出させてくれた。大きな仕事は簡単には成し遂げられない。変革に反対する勢力に気が滅入ることもある。それでも前進できるかどうかは、試してみようとする意欲にかかっている。

オバマ大統領は言った。「私たちの道は以前より険しい。だがその道は、よりよい場所へ通じています」

大統領は雇用、教育、医療の話をした。電話で聞いたようなオスカーのノミネートに関する長広舌ではない。それでも僕は、この二日間について考えないではいられなかった。その間、エネルギーのかなりの部分をハーベイに注いだ。本当に重要な問題に費やせたかもしれない時間を、広報担当者へのメールに費やした。僕は結局、どれほど精神的に退廃してしまったのだろう？　一人の権力者を喜ばせるためにそれほど努力することが、本当に正しいことなのか？

しかし、別の角度から考えてみたらどうだろう？

僕が費やした数時間のおかげで、フロリダやペンシルベニア、オハイオの組織員の給料を支払ってくれる人をなだめられたのではないか？　こうした組織員が選挙の流れを変えたとしたらどうだろう？　この選挙のおかげで、ゾーイ・リンが心臓手術を受けられたとしたら？　その手術でゾーイの命が救われたとしたら？

僕はすでに理解していた。これが政治なのだ。質問の仕方で答えが変わることは往々にしてある。

8　初めての血の味

「gadzooks（ちくちょう）」や「hubba hubba（いいぞ）」といった言葉とともに、「zinger（当意即妙の言葉）」という言葉も、数十年前から使われなくなった。しかし、かつては絶滅したと考えられていたナナフシの一種がまだ生息しているように、この言葉も、英語圏の岩だらけの孤島で辛うじて生き永らえている。その孤島とは、大統領選のテレビ討論会の準備グループである。

僕はシャーロットからワシントンに戻ってくるとすぐに、この「zinger」製造機をフル稼働させた。オバマ大統領とロムニーは、一〇月三日に最初の討論会で直接対決する。準備にあてられる時間は一月もない。僕は毎日、気の利いた皮肉や意地の悪い受け答えを何時間も考え、その中でも最高の出来と思えるものをファブズに送った。ファブズは、全国のライターから送られてくるそうした言葉を収集・整理していた。

このジョークや皮肉の目的は議論に勝つことにあると言えればいいのだが、実際にはそうではない。その目的は、テレビでの大統領の印象をよくすることにあった。よくも悪くも（たいていは「悪い」意味でだが）、この討論会はリアリティ番組のようになってしまっている。アル・ゴアは、カメラの前でため息をついたためにこの討論会に負けた。リチャード・ニクソンは、ジョン・F・ケネディが汗一つかいていないときに汗だくだったために、それ以上に手痛い敗北を喫した。だからと言ってアメリカ国民が、国の最高司令官になる人物が汗をかいたりため息をついたりするのを見て不安を感じたわけではないだろう。だが、選挙戦最大の山場となる直接討論会では、それが判断の基準になる。これを火星人に説明したら、火星人は何と思うだろう？　犬の品評会の人間版みたいなこの討論会が、地球最大の民主主義国を左右しているのだ。

しかし、そんなテレビが政治を作る時代でも、真実はやはり明るみに出る。僕の二六回目の誕生日にあたる九月一七日、マザー・ジョーンズ誌が、携帯電話で撮影されたミット・ロムニーの動画を入手して公開した。僕にしてみれば、これほどうれしいプレゼントはなかった。映像のピントはあまり合っていないが、裕福な献金者たちの頭越しに、共和党指名候補者のあの見間違えようのないあごのラインがはっきり見える。

その映像の中でロムニーは淡々と語っていた。「四七パーセントの人は、何があろうと現大統領に投票するでしょう。この人たちは、政府に頼って生活しており、自分たちが政治の犠牲者だと思い込んでおり、政府には自分たちの面倒を見る義務があると信じています」。驚愕の内容だった。国民のために働きたいと思っているはずの大統領候補者が、すでにその半分近くを切り捨てているのだ。

しかし、右派メディアの記事を読んでいる人から見れば、こんなことは驚きでも何でもない。ロナルド・レーガン政権のころ、保守派はこう考えていた。富裕層を優遇すれば、あらゆる人の利益になる。富裕層は減税を利用して、高価なものを買う。すると中間層は、高価なものを作る仕事に就ける。貧困層は、中間層が作る高価なものの廉価版を中間層に売る仕事に就ける、と。

だが、オバマ政権のころになると、FOXネーション（訳注：FOXニュースが運営する保守系オピニオンサイト）のコメント欄から漏れ出た意見が、共和党の主流を形成するようになった。この新たな見解によれば、こういうことになる。所得階層の下半分は、他人の金を食いものにするヒルだらけだ。怠け者のくせに分不相応の収入を得ている。富裕層の減税は、かつては経済の問題だったが、もはやモラルの問題になった、と。

ロムニーが自分の発言内容を心から信じているかどうかはわからないが、そんなことは問題ではない。政党を代表しているのであれば、その党員の見解を反映しないわけにはいかない。だがアメリカ国民は、カメラに収められたこの見解を聞いてぞっとした。動画の公開から一週間後に行われたギャラップ社の世論調査では、六ポイント差でオバマがリードした。この選挙戦では最大規模の差である。ネイト・シルバーが運営するサイト『ファイブ・サーティ・エイト』では、オバマの勝率が急上昇し、八〇パーセントを超えた。ロムニーの大口の支援者が手を切ろうとしているとの噂も広まった。ロムニーはもうおしまいだった。

一方、民主党は活気づいた。あの四七パーセントの動画が公開されてからの数週間、民主党全国委員会本部さえ浮かれているようだった。僕も七月以来初めて、あのフレンチベーカリーを離れ、デブリンと一緒に仕事をした。確かに、ラスベガスに陣取る討論会準備グループからは、やや不安げな報告も届いてはいた。たとえば、なぜ大統領は、討論会のリハーサルをやめ、フーバー・ダムの視察に行くと言い出したのか？　しかし、不安を訴えるのは少数派に過ぎず、僕たちを包む雰囲気を変えるほどの力はなかった。それに僕には、浮かれる別の要因があった。討論会の夜が近づいてきたころ、僕が提出したあるジョークを、上級スタッフ全員が気に入っているという話が伝わってきた。

「ロムニー知事はなぜ自分の計画について語ろうとしないのです？　それがあまりに上出来だからですか？」

文脈から切り離して考えると、大したジョークには見えないかもしれない。しかし、討論会準備グループという孤島では、実に希少な標本だった。歯切れがよく、党の方針に反することもなく、十分に皮肉がきいている。僕は大統領がそう言うのが待ちきれなかった。このジョークは、その場でロムニーを打ちのめすことだろう。

一〇月三日の夜、僕は民主党全国委員会の仕事場で、討論会のストリーミング配信にログインした。同僚たちは各家庭で観賞パーティを開こうと、もうずいぶん前に二階から姿を消していた。誰もいないオフィスで、蛍光灯が不気味に明滅している。だが僕は、これまでにないほど自信に満ちていた。ロムニーは窮地に追い込まれている。この討論会の舞台で、オバマは圧勝する必要などない。引き分けどころか、派手に敗北さえしなければ、二期目は確実だろう。それにオバマは、この世代最高の政治パフォーマーなのだ。

午後九時、両候補者が決闘の舞台に立った。ロムニーは赤いネクタイ、オバマ大統領は青いネクタイである（訳注：それぞれが各党のシンボルカラーとなっている）。大統領が先にスピーチを始めた。たまたまこの日は二〇回目の結婚記念日だったため、大統領は聴衆の中にいる夫人に語りかけた。「僕はここで、スウィーティー、きみに結婚記念日のお祝いの言葉を贈りたい。一年後にはもう四〇〇〇万人の前でお祝いはできないよ」

すてきな言葉だっただろうか？　僕はそうは思わなかった。オバマ大統領のスピーチを何度も聞いてきた人ならわかるだろうが、僕もすぐに、何かがおかしいことに気づいた。楽器の音が外れているようなのだ。妙に堅苦しく、無理をしている感じがしないか？　「スウィーティー」という言葉を、取ってつけたように文の中に入れていないか？　まるで幹部候補生の学校で口頭試験でも受けているかのようだ。

次いで対戦相手がスピーチを始めた。「大統領、結婚記念日おめでとう」。僕が見ているパソコン画面には口を動かすロムニーの姿が映し出されていたが、まるで別人が話しているようだった。大統領に話しかけるこの候補者の声には、温かみがあり、魅力があり、人間味があった。

「これほどロマンチックな場所は想像できないと思うよ。ここで、私と二人きりだ」。オバマの最初のスピーチでは礼儀正しく静かに笑っていた耳の肥えた聴衆も、ロムニーのジョークには心の底から笑った。

僕は苛立った。

それからの数分間、オバマ大統領の反撃を願いながら、自分に画面を見つめることを強いた。だが、やがてそれもあきらめると、誰もいない廊下を歩きながらつぶやき続けた。くそっくそっくそっくそっくそっくそっくそっ。ロムニーは政治生命をかけて闘い、次から次へと攻撃を繰り出している。

だが大統領は、控えめに言っても、それほどの気持ちでは闘っていなかった。二年近くオバマ大統領を見てきた僕には、彼がおざなりにスピーチしているときがわかった。そんなときには、いらいらしているような中途半端な笑顔になる。あらゆる文章の最初に「Now look（いいですか）」という言葉をつける。たどたどしい「そのう」といった言葉で、スピーチから魂を奪い取ってしまう。

なぜこんなことになったのかは想像にかたくない。大統領は、カメラの前でさまざまな才能を見せはするが、政治的な駆け引きは嫌いだった。ときには、正面から勝負しないで得をすることもあったが、今回はその駆け引き嫌いが高くついた。どんな返答にも力がなく、逆にロムニー陣営に新たな活力を吹き込んでいく。

討論が始まって一時間以上過ぎたころ、大統領は僕の作った「zinger」を使ったが、相手を痛烈に打ちのめすことはできなかった。間もなく僕は、呆然としてストリーミング配信を切った。二階の廊下を端までとぼとぼと歩き、コンクリートの階段を上り、三階を端から端まで反対方向へ戻り、エレベーターで降りると、真っ直ぐジャッキーの家に向かった。僕たち二人はその夜、悲しみや怒り、困惑、失望など、不愉快な感情を抱えながら、自転車を乗りまわした。まるで、バンジーのコードを設計した友人が、それを自分で試してみたら死んでしまったと聞かされたような気持ちだった。

すきがなく安定していたロムニー——第一回大統領選討論会

オバマ大統領、精彩を欠き敗北

オバマ、第一回討論会を落とす——なぜ？

翌朝の各紙の見出しは散々だった。しかし、それも仕方なかった。一〇月四日の朝、僕は重い足を引きずって机に向かいながら、バラク・オバマの理念に身を捧げてきた人々のことを思った。僕と一緒に運動したオハイオ州のボランティアたち、ホワイトハウスでともに働いていた同僚たち、党全国大会でチームを組んだスピーチライターたち、スカーレットやケリー、ステイシー・リン。それなのに僕たちが支援する候補者は、選挙期間中最大の決定的瞬間に、しかも、あのぎりぎりの攻防を乗り越え、再選が確実になったちょうどそのときに、まるでどうでもいいかのような態度を示したのだ。これは、チャンスをふいにしたとか、標準以下のパフォーマンスだったとかいうだけの話ではない。もはや侮辱に等しい。

僕は腹を立てていた。それ以上に、失意に打ちひしがれていた。確かに、オバマを神話化している部分はあった。彼が人間以上の存在だと考えていたわけではない。それでも、彼は考えうる最高の人間であり、彼に従えば、自分も最高の人間になれるかもしれないという思いはあった。考えもなく信じ込み、疑問を抱くことも、疑いを認めることもなかった。今にして思えば、なんと愚かなことだろう。大統領は有能で、才気にあふれている。歴史の向かうべき方向へ向かっている。だが結局は、一人の男なのだ。

僕は今でも大統領が好きだし、再選されるにふさわしい人物だと信じている。だが、仕事場の椅子に倒れ込み、デブリンのびっくりした顔を見つめながら、あの候補者との関係が永久に変わってしまったと考えないではいられなかった。僕がオバマ・ワールドで過ごす日々はまだ終わらない。だがオバマ・ボットとしての日々は終わった。

「私たちは負けるわけにはいかない」

キャッチフレーズとしては、「イエス・ウィー・キャン」のほうが刺激的だ。しかし討論会後の数日間は、この古いスローガンが力を失ってしまった。僕は、愛国的な激情に駆られて政治の世界に入った。だがもはやそこに足を留めているのは、現実的な判断の結果だった。情熱ではなく、具体的な政策目標に対する好みである。つまり、オバマが再選されれば、保険に入る人が増える。雇用が増える。ローンの支払いに苦しむ学生が減る。これは要するに、卵やバターを使わない完全菜食主義者用のクッキーのようなものだ。栄養はあるが、風味に欠ける。それでも僕は、その栄養のためにこの仕事を続けた。

それに今では、ミット・ロムニーに恐れを抱いていた。ロムニーは基本的にはまともな人間なのかもしれない。しかしあの四七パーセントの動画を見るかぎり、彼が大統領になると、共和党の邪悪な衝動に流されてしまいそうな気がした。

これは単なる言葉だけの問題ではない。映画に登場する大統領は善悪を比較して行動を選択するが、現実にはなかなかそうはいかない。それよりも、易しいか難しいか、相手が権力者かどうかを見て、行動を選択する。僕は二歳のゾーイ・リンのことを思った。ゾーイは自分の知らないところで、巨大な保険会社やそこに雇われたロビイスト軍団と闘っている。だが、ロムニーが大統領になれば、どちらの味方につくかはわかりきっている。

負けると考えると不安が増したが、その可能性は現実味を増していた。ネイト・シルバーのサイト『ファイブ・サーティ・エイト』ではこれまで、オバマの勝率が毎月七パーセントずつ上がっていた。ところが討論後には、たった二日で七パーセント落ちた。この下落がいつまで続くかわからない。僕は、自分がクリックすれば下落傾向を抑えられるとでも思っているかのように、このサイトの再読み込みを執拗に繰り返した。だがもちろん、そんなはずはない。以前はスラムダンクで勝敗を決めるところまで行っていたのに、一〇月一七日には、コイントスで勝敗が決まりそうなほどの接戦に戻っていた。

世論調査の数字よりも急落していたものが一つだけあった。それは僕たちの士気だ。民主党全国委員会は緊急に全体会議を招集すると、『ファイブ・サーティ・エイト』の再読み込みの中止を命じ、檄を飛ばした。ある幹部は「大統領は、ゲームが勝敗の分かれ目にあるときにボールを任せられる男だ」と言った。一週間前ならこの言葉に安心したかもしれないが、もうそんな気持ちにはなれない。この男は討論会の夜に昏睡状態だったのだろうか？

オバマの顧問だったほかの幹部も、そろって最悪の事態を口にした。デビッド・アクセルロッドも電話会議で参加し、勇敢にも失敗の責任をすべて引き受けようとした。自分なりに戦略を立てていたのだが、大統領にもっと積極的に攻撃させるべきだったという。だが僕は、その忠誠心には敬服したが、彼の言い分に心から納得できなかった。こんなことは初めてだ。僕はむしろこう思った。「そりゃあ、あんたはそう言うだろうよ。アイオワ人なんだから」

これはデビッド・アクセルロッドが、デモインやシーダーラピッズで生まれ育ったという意味ではない。オバマを当初から支えてきた数十人のスタッフの一人だという意味だ（訳注：二〇〇八年の大統領選で、最初の民主党予備選がアイオワ州で行われた)。彼らは一年近く、世論調査で二〇ポイントもの差をつけられていたオバマのために、アイオワ州全域を駆けまわった。それは、雨水を飲み、地虫を食べて洞窟で生き永らえる暮らしに等しい。彼らは、事態が悪化すると決まって、当時の寒々しい夜や、まったく勝ち目のない闘いや、アイオワ州フェアの「バター・カウ(訳注:同州のフェアではおなじみのバター製の牛の像)」の話をした。かつてジョージ・ワシントンの側近たちもそんなふうに、バレーフォージ(訳注:アメリカ独立戦争時、英軍に首都を追われた大陸軍が宿営し、厳しい環境下で再起をかけて訓練を積んだ場所)の物語を新兵に聞かせていたに違いない。

僕は、このアイオワ人の困難に動じない態度をうらやましく思った。彼らは瀕死の状態を生き延びた経験からか、血管に冷水が流れているかのように平然としていた。しかし用心していないと、こうした自信は妄想になりかねない。実際に僕は二年前、中間選挙で民主党が大敗したときに、それを目の当たりにした。今回も、普通ならもう終わりだと宣言してもいいところで、オバマ・ワールドのベテランたちが呼び集められ、希望を高々と掲げた。「大丈夫だ。アイオワ以前にも同じようなことが言われていた」。確かに、ベテランたちの言いたいことはわかる。評論家たちには、現状をくつがえす事態など想像できないだけなのかもしれない。だが、このまま事態が変わらない可能性もある。そのどちらになるのかは誰にもわからない。

しかし、これだけははっきりわかった。大統領が以前、オーバルオフィスで放った威勢のいい言葉は間違っていた。ロムニーが勝てないことはないのだ。ところが奇妙なことに、この事件は大統領を不安に陥れるどころか、むしろ活気づけたようだ。大統領は、血の味を知って初めてやる気を出す戦士のようだった。ロムニーの苛烈な攻撃を受け、大統領はあののらくらした態度とすっぱり縁を切った。

また、政治的な駆け引きに対する軽蔑的な態度も改めたようだった。討論会の際、ロムニーは公共放送サービスへの助成金の削減を提案していた。オバマ大統領はその提案に飛びつき、スピーチの中で「エルモ、急いで逃げたほうがいい！」と叫んだ。テレビカメラ向けのくだらないジョークだが、大統領の気の入れようは本物で、聴衆もそれに応えた。僕もそうだ。第一回討論会には失望させられたが、今ではオバマ大統領がこの大統領選の重大な意味を理解していることに、何の疑いもなかった。

それに、七〇億に及ぶ全人類の中で、大統領ほどの負けず嫌いはいない。この事実は、競争心が強くエネルギッシュなスタッフの間でも伝説と化している。以前ホープ・ホールが大統領に、カメラの前でフランク・アンダーウッドのまねをさせた。テレビドラマ『ハウス・オブ・カード　野望の階段』でケビン・スペイシーが演じている役だ。僕が一国の最高司令官をどう説得したのか尋ねると、彼女は笑って言った。

「簡単。大統領にはできないでしょうけど、って言っただけ」

オバマ大統領には、二位に甘んじることを潔しとしない性格が深く根づいている。それが第二回討論会では功を奏した。大統領は強気に出て、わずかではあるが決定的な差をつけ、その夜の勝者となった。しかし、勢いを盛り返すかに見えたちょうどそのとき、両者の闘いは一時休戦となった。

アル・スミス・ディナーの日が迫っていた。

一九六〇年一〇月のある晩、ジョン・F・ケネディとリチャード・ニクソンが、選挙遊説を休み、白ネクタイを着用して、ウォルドルフ＝アストリア・ホテルに向かった。そこで、二人が裕福なニューヨーカーにジョークを飛ばす催しが開かれたのだ。以来、およそ四年ごとにこの伝統が繰り返されてきた。

アル・スミス・ディナーには、地元の慈善団体への寄付金を募るという崇高な目的があるが、それでもこれが奇妙な催しであることに変わりはない。スーパーボウルの残り時間があと五分というときに、両チームのクォーターバックが五〇ヤードラインに駆けつけ、カラオケに合わせてデュエットで『オールウェイズ・ラブ・ユー』を歌う姿を想像してほしい。しかも、その歌の中には、相手への皮肉やジョークが混じっている。それがアル・スミス・ディナーである。

ファブズやコディはもっと重要なスピーチを担当していたので、僕がいつものジョーク担当ライターたちとチームを組み、このディナーのための原稿をまとめた。すでに数か月にわたり熾烈な選挙戦を繰り広げていたため、からかいの種は豊富にある。相手候補の堅苦しさ、失言、四七パーセントの動画などだ。僕は原稿にそのすべてを盛り込んだ。チームの一部隊に「女性が詰まったバインダー」を作るよう命じさえした。第二回討論会でのロムニーの失言にヒントを得た小道具である（訳注：ロムニーが州知事時代に「女性が詰まったバインダー」から適切な人材を顧問に選んだと発言し、物議を醸していた）。だがディナー当日、ファブズが原稿を大統領に見せると、大統領は過激なジョークをほぼ全部カットした。その夜の演壇にあのバインダーが登場することもなくなった。僕はそのとき、第一回討論会前の数日のことを思い出した。また大統領は手加減しようというのか？

しかし今回は、大統領の直感を疑った僕の間違いだった。僕はジャッキーの部屋の座り心地のいいソファに座り、二人の漫談試合を鑑賞した。話し手から聴衆に目を向けてみると、わざとらしい笑顔が会場全体を覆っている。水面下で、エチケットの複雑な掟がうごめいているようだ。僕はそのとき初めて、自分の提示した原稿がいかに危険なものだったかに気づいた。爆弾を落とせば満足はできただろう。だがその一方で、大統領は必死になるあまりこんなひどいことを言うのだとも思われかねない。大統領は長期的な視野で闘っていた。この晩のスピーチだけで勝とうとしていた僕とは違い、選挙に勝とうとしていた。

それはロムニーも同じだった。残念ながらロムニーは、このスピーチを無難にこなしていた。アイオワ人のように自分の劣勢を正面から受け止め、それにより不安を克服していた。「大統領の任期も残すところあと数か月となりました」。ロムニーはディナーの席で、自信に満ちた笑みを浮かべて言った。白人の富裕層が大半を占める聴衆はうれしそうに拍手し、口笛を鳴らす人もわずかながらいた。

間もなく、ウォールストリート・ジャーナル紙のコラムニスト、ペギー・ヌーナンがその様子をこう伝えた。「彼は大統領のように見えた。内部調査の結果がよかったようだ」

おそらくそうなのだろう。だが、ペギー・ヌーナンは知らなかったかもしれないが、オバマも内部調査の結果はよかった。世論調査ではほぼ五分五分だったが、ジョエル・ベネンソンが出した数字によれば、わずかではあるが僕たちがリードを取り戻していた。投票日まであと数週間となるころには、態度を保留している有権者が減ってきた。選挙戦はまだ終わっていないが、説得のための時間はもうない。

その結果、スピーチの機会がどんどん減っていった。ファブズやコディは引き続き投票日当日まで忙しそうだったが、何でも屋だった僕は次第に暇になった。僕だけではない。民主党全国委員会本部では、スタッフが現場に送られ、空き机が目立つようになった。これは一般的に、軍事作戦を模して「展開」と呼ばれる。投票日まであと数週間となり、スピーチの原稿を書く仕事がほとんどなくなると、僕は自分の展開計画を立てた。

一〇月下旬、僕は二〇一二年大統領選のスピーチライターとしての最後の仕事を終えた。それは、USウィークリー誌のQ&Aだった。「バラク・オバマ大統領　読者が知らない二五の事実」と題し、大統領が国民に、左ききであること、大好きな健康食はリンゴであること、ボディサーフィンとかき氷が好きなことなどを伝える内容だ。もし大統領が選挙で負ければ、これが僕の最後の仕事になる。ファブズとコディにこの原稿を送るとすぐ、僕は大学時代に使ったままほこりをかぶっていた大きな緑のバックパックに荷物を詰め、選挙戦最後の数日を過ごすオハイオ州クリーブランドに向けて出発した。

選挙運動本部は僕の当座の住まいとして、あるボランティアの家の一室を確保してくれた。二階建ての白いケープコッド式の住宅である。僕は深夜近い時間にそこに着いた。玄関の呼び鈴を鳴らすと、中から野太い残忍なうなり声が聞こえてくる。巨大な手足を何かにぶつける音もする。だがやがて、スリッパのパタパタという音が聞こえてきた。その家の主人である快活な女性、ノーマが扉を開いた。

中年の女性で、髪にカーラーをつけ、テリー織のローブをまとっている。だが僕は、その後ろにいる獣が気になって仕方がなかった。グレートデーンと悪魔を足して二で割ったような生き物で、よだれを垂らした巨大なごつい顔は怒りに満ちている。この犬の名前は覚えていないが、そのときに主人と交わした会話はよく覚えている。

ノーマ　心配しないで。モンスター（仮名）は人間が大好きだから。さあ入って！

モンスター（人間の言葉に翻訳）　てめえの腕をかみちぎってやる！　このシラミだらけ

のろくでなしめ！

ノーマ（笑いながら）　え？　このわんちゃんが怖いの？　寝室に閉じ込めておいたほうがいいかしら。

デビッド　ええ、お願いします。

モンスターは監禁がお気に召さなかったらしく、すぐに手足を扉に叩きつけ、脱走を図ろうとした。僕は、脱走が成功する前に急いで階段を上がり、自分に当てがわれた二階の寝室に荷物ともどもを駆け込んだ。

翌朝も、恐怖に駆られて寝室から車まで全速力で走った。そして、市の東側にある「オバマ・フォー・オハイオ（オハイオ州にオバマを）」オフィスに向かった。

僕はそこで、選挙用語で言う「ベース・エリア」の担当に割り当てられた。住民の大多数がアフリカ系アメリカ人で、投票に行かない人が多い地区である。こうした地区では、四年ごとに善意の白人がセミのように現れ、戸別訪問をしてはチラシを配り歩く。そして巣に戻ってはアサイーベリーを食べ、読みもしないジョナサン・フランゼンの小説を買う（訳注：フランゼンの代表作『フリーダム』は、民主党支持の典型的なアメリカ家庭の年代記という体裁を取っている）、という活動が慣例化していた。

オバマの選挙運動本部は、このぶしつけな慣行を改善しようと、地元で運営される自立的な組織を全国でチェーン展開しようと考えた。この作戦は、場所によってうまくいくところもあれば、いかないところもあった。うまくいかないところには、僕のような人間が呼ばれ、担当組織員を重層的に配備した。

ボランティアは、すべて地元で集められれば理想的だ。しかしある程度の人数が必要であり、投票日まであと一週間余りしかない以上、二〇〇八年の選挙戦のときのように気高い原則に従っている余裕などない。僕が現地に着いた数日後には、ジャッキーが友人二人を連れ、グラスファイバー製の古いサターンに乗ってやって来た。ほかにも、僕の友人から成るヤッピー部隊が、ブルックリンのNPOの仕事や高収入の仕事を休んで合流した。彼らには豪勢な家を用意した。たとえばジャッキーの住まいは、陽気な白人弁護士カップルが暮らす大邸宅の一室だった。犬も、かわいらしいブリタニー・スパニエルだ。

この種のボランティアによる選挙運動は、理想的とは言えないが、いい面もある。ある日の午前、僕の友人のステファニーが、ベウラという八四歳の女性と一緒に戸別訪問に派遣された。オフィスを去る二人の姿を見ると、地元で「マザー・カーター」と呼ばれている背の縮んだ老婆の上に、ビンテージの服を着たブルックリンの赤毛のレズビアンがそびえ立っているように見える。僕は、いくら何でもこの組み合わせはないのではないかと思った。だが翌日、マザー・カーターは歩行矯正靴を履いてまたオフィスに現れると、こう言った。ステファニーとチームを組めるなら、今日も午後ずっと戸別訪問をする、と。

これが現場の仕事のいいところだ。大切なものがかかっていると、自然に人をつなぐ橋ができる。橋ができると、広いと思っていた世界がわずか数ブロックほどの大きさに縮まる。僕はここ数か月で初めて、ネイト・シルバーのサイトを気にしなくなった。実際、『ファイブ・サーティ・エイト』をチェックしたのは、投票日前最後の金曜日になってからだった。オバマの勝率が上昇しているのを見て、僕はほっとした。またしても勝利は手の届くところにある。僕は数週間ぶりにゆったりとした気分になり、心地よい眠りに落ちた。

ところが午前二時に目が覚めた。何かおかしい。

眠気でぼんやりしていたため、どこがおかしいのかを突き止めるのに時間がかかった。腹に違和感がある。肌が燃えているようにヒリヒリする。最初は、おかしな夢の感覚が残っているのかと思った。それでも念のため、明かりをつけてシャツをめくってみた。

見たこともないような光景だった。腹全体にわたり、赤い腫れ物が点々と無数の列を作っている。腫れ物の中央には、小さな刺し傷がある。まるで画鋲《がびょう》を持った狂人に襲われたかのようだ。僕は恐れおののきながら、この寝室で犬がよく寝ていたというノーマの話を思い出した。最悪の場合はトコジラミ、よくてもノミだ。

恋愛関係の試金石となる重要な瞬間は、自分が期待しているような形ではやって来ない。僕はジャッキーとの初めてのデートのとき、彼女が服を脱いだらどんな姿をしているだろうとか、テレビの趣味は同じだろうかということばかり考えていた。「シラミにたかられたときに頼れる人だろうか」などと考えるはずがない。だがそれから一年後の今では、もうそれ以外に何も考えられない。午前二時に僕がかけた電話に彼女が出るころには、僕はもう泣いていた。

「大丈夫だよ」と彼女は言ったが、そう思っていないことは明らかだった。「こうしよう」

　読者が僕と同じような人間なら、死体を処分したことなどないに違いない。だが、クリーブランドでのあの長い夜を経験したあとでは、自信を持って言える。僕なら死体を処分できる、と。僕は、バスルームの戸棚からごみ袋と粘着テープを拝借すると、ごみ袋に服を入れ、きつく縛り、その結び目をテープでぐるぐる巻きにした。それから、その袋をバックパックに入れ、バックパックをさらにごみ袋に入れ、またきつく結び、テープでぐるぐる巻きにした。そして外に出ると、それら一切合切を車のトランクに入れ、猛スピードで発車した。

　ジャッキーは、彼女が借りている大邸宅の戸口で僕を待っており、僕が着くとすぐさま行動に移った。彼女の命令に従ってパンツ一丁になると、そのままバスルームに駆け込んでシャワーを浴びた。それから、乾燥機にできるだけ服を詰め込み、残りは車に置いておいた。こうして即席の駆除作戦を終えると、居間の柔らかくて心地いいソファで意識を失った。そして、朝になってこの家の主人にうそをついている夢を見た。

　この事件とともに、有権者を投票所に向かわせる最後の運動が始まった。選挙運動の最後の四日間の記憶はいつもぼんやりしているが、このときの記憶は普段にも増してあいまいだ。経済的に不自由のない白人を、二度と訪問しそうにない地区に派遣することには、絶えず不安があった。それでも、ボランティアの人数が足りないという現実はどうしようもない。そんな悩みに加え、シラミにかまれたところが、かゆいというよりヒリヒリし、日増しに痛くなった。

不安の種が無数にあったため、選挙の趨勢《すうせい》など考えている余裕はなかった。担当地区のすべての家を、週末に一度、月曜日にもう一度、投票日には二度訪問した。気がつくと、投票の締切まであと三〇分しかない。そのとき、ブラックベリーが振動した。


走れ！


選挙運動の終わり間近に現地のスタッフ全員に送られるメールだ。ジャッキーと僕は、担当地域の分担表を手に、小さな茶色の家が並ぶ一画を訪れた。それぞれが道の片側を担当し、一軒一軒玄関の扉を叩いては、投票に行ってくれる人を探したが、まるで成果はない。

午後七時二六分、投票が締め切られる四分前、ある家の居間から足を引きずる音が聞こえてきたかと思うと、ローブ姿にサンダル履きの女性が玄関口に現れた。選挙人名簿に登録はしたが、まだ投票していないという。胸が躍った。

「じゃあ、行きましょうよ！」と僕が言うと、

「いい、いい。投票するつもりないから」と女性が言う。

「でも接戦になりそうなんですよ」

「言ったでしょ。投票はしないって」

とんだハッピーエンドだ。投票しない！　土壇場で心変わりなんて！　でも、この女性の一票の力を信じてくれる人さえいれば、投票に行ってくれるに違いない。

「この選挙は本当に大切なんです」と僕は、感情にあふれた声で哀願した。「オハイオは接戦になっています。あなたの一票で大きく変わるんです」

僕の人生が映画になれば、ここで女性は投票所を目指して駆けていくことだろう。だが、現実の人生ではそうはいかない。女性は僕に悪態をつき、うちの玄関から出ていけと怒鳴るだけだった。この刺激的な会話とともに時間切れとなり、再選を目指す選挙運動は終わった。

カヤホガ郡の民主党員は、クリーブランド繁華街にあるダブルツリー・ホテルで、選挙速報観賞パーティを開いていた。ジャッキーと僕が到着したころには、すでに最初の数州の結果予想が発表されていた。バーモント州が民主党、ケンタッキー州が共和党など、いずれも順当な結果だった。

だが間もなく、僕たちに期待を抱かせる予想や結果が相次いだ。早い段階でCNNが、ペンシルベニア州はオバマが制するだろうとの予測を発表した。ロムニーが最後まで力を入れていた州である。やがて、同じく激戦になると言われていたニューハンプシャー州でオバマ勝利が確定した。ノースカロライナ州はロムニーが取ったが、ジョエル・ベネンソンの内部調査の予測どおり、ウィスコンシン州はオバマが制した。パーティ参加者の緊張気味の会話が、祈りにも似た沈黙に代わった。オハイオ州で勝てれば、勝利は確実になる。

第一回討論会以降、僕はオバマ勝利についてなるべく考えないようにしていた。しかし、期待のこもった目でテレビ画面を見つめながら、ちらりとこんなことを考えないではいられなかった。失業率はまだ八パーセント近い。オバマケアは不評だ。しかも、稀代の才能を持ちながら、選挙戦最大の山場となる討論会で腹打ち飛び込みをしてしまった。そんなあらゆる問題にもかかわらず、オバマは辛うじて二期目を迎えようとしている。これほど、僕たちの努力が正しかったことを証明してくれるものがあるだろうか？

カラン、コロン、カン、カン、ガチン、ガチン、カラン、コロン。

金属がぶつかり合うような、呼び鈴が鳴るような音が、会場のダンスホールに響きわたった。CNNの司会を務めるウォルフ・ブリッツァーが、手元に届いた予想を読み上げた。「CNNの予測によりますと、バラク・オバマが……」。しかしその場には、司会者が読み終えるまで待っている者は誰もいなかった。オバマ大統領の写真の下に、僕があえて考えようとしてこなかった言葉が表示された。

大統領再選

会場が爆発した。喝采でもなければ叫喚でもない。それはいわば、安堵の超新星爆発だった。僕が両手を高々と上げると、ジャッキーが抑えきれない笑みを浮かべて僕のほうを向き、包み込むように抱き締めてくれた。やがて喧騒が収まると、ウォルフ・ブリッツァーの言葉の続きが聞こえてきた。

「……CNNの予測では、オバマがオハイオ州を制するでしょうから」

会場がまたしても爆発した。「イエス・ウィー・キャン！　イエス・ウィー・キャン！」

やがて、このかつてのスローガンが自然と、聞き覚えのない言葉に変わった。「イエス・ウィー・ディド（私たちはやった）！　イエス・ウィー・ディド！」

僕は疲れきって声を張り上げることもできなかった。その一方で、うれしすぎて言葉を口にすることもできなかった。

勝利を手にした今になって初めて、僕は心のどこかで、この日がもう来ないのではないかと思っていたことに気づいた。どんなことでも一度は起きる。バラク・フセイン・オバマという進歩派の黒人がアメリカの大統領に選出されることも、一度ならありうる。だが二度は？　過去四年間を見れば、それは不可能に思えた。不可能だったはずなのに、実現してしまった。この驚くべき勝利により、僕たちはまた四年間、アメリカを変えていけることになった。また四年間、現在のアメリカと理想のアメリカとのギャップを埋めていける。

これは二〇〇八年の再来なのか？　もちろん違う。それ以来僕は、こちらの思いどおりに物事が進まずがっかりする現実があることを嫌というほど学んでいた。それに、虫に食われた腹をさすりながら、すぐには癒えない傷があることも実感していた。しかし、ジャッキーとともに跳び上がらんばかりに喜び、今後のことを考えながら、この場にサラ・ペイリンを呼べたらと思わずにはいられなかった。

彼女にこう言ってやりたかったのだ。「確かにハネムーンの時期は終わったかもしれない。でも、あの希望や変革とやらはどうなったかって？　きちんと結果を残しているじゃないか」

第 二 部

私たちが
歴史に占める
（ささやかな）
場所

9 ヒトラーとリップス

二〇〇五年六月四日、イリノイ州のノックス大学という小さなリベラルアーツ・カレッジ（訳注：学術の基礎的な教育研究を行う四年制大学で、実用性・専門性よりも幅広い知識や教養による人間教育を重視する）の卒業式で、ひょろりとした若い上院議員がスピーチを行った。オバマ・ワールドでこのスピーチは、SFテレビドラマ『スター・トレック ディープ・スペース・ナイン』と同じ位置を占める。軽いファンは知らないかもしれないが、コアなファンには高く評価されているという意味だ。

ノックス大学でのスピーチを今見直してみると、まず気づくことがある。それは、学生が珍しく静かなことだ。拍手喝采は多少あるが、誰もオバマに訳のわからないことを言ったりしていない。聴衆の中には、話し手が誰なのかわからない人もいたに違いない。実際、オバマはスピーチの冒頭で、自分が全国的な舞台に立ったことがないと認めている。

「私はまだ、票決に参加したこともなければ、法案を提出したこともありません。それどころか、自分の机についたこともありません。熱心な記者が手を挙げてこう尋ねました。『オバマ上院議員、あなたは歴史の中でどんな場所を占めるのでしょうか？』と」

そう言ってオバマは間を置いた。彼は後年、この間を効果的に利用することになる。

「私は、みなさんが今見せたような反応をしました。笑ったのです」

オバマが心からおもしろがっていたように、それに続く誠実な言葉も偽りのないものだった。

オバマは、記者の質問について考察した後、いきなりスピーチの中心テーマに入った。

「あなた方は歴史の中でどんな場所を占めるのでしょうか？」

僕が最初、オバマに惹かれたのはそこだった。彼は壮大の概念をひっくり返した。オバマがノックス大学の卒業生に語ったように、人間の歴史の大半を通じて、僕たち個人の運命は変えようがなかった。生まれた瞬間に決まっていた。だが、アメリカがそれを変えた。普通の人間でも国民生活のあり方を決めることができる。そう保証されることにより、僕たちは特別な存在になった。実際、国民はそうするよう期待されている。この二二九年間、アメリカを偉大な国にしてきたのは、こうしたスピーチの話し手ではなく、聴衆のほうなのだ。

「あなた方は歴史の中でどんな場所を占めるのか？」こんな問いかけも、アメリカではさほど間の抜けた質問ではない。

オバマ大統領の二期目が始まったとき、きっと誰もがそれを考えたことだろう。二期目の任期を勝ち取った今、多くの上級顧問が、それぞれの遺産を残すのに精も根も尽き果て、ホワイトハウスを退場しようとしていた。選挙の参謀として活躍したデビッド・プラフ、大統領の医療保険改革を主導した首席補佐官代理のナンシー＝アン・デパール、オバマ本人を除き、誰よりもオバマのビジョンの構築に携わったデビッド・アクセルロッドなどだ。

ファブズもそんな一人だった。ジョン・ファブローは、まだ三一歳でありながら、すでに史上屈指のスピーチライターの一人となっていた。しかし、もはや征服すべき新たなスピーチの世界もなく、二〇一三年初めにホワイトハウスを去った。

ファブズを見送るのは寂しかった。よき上司であり、比類ない才能の持ち主だった。しかしオバマ大統領にとっての損失は、僕にとっては利益でもある。チーフ・スピーチライターが去ったことで、スピーチライター・チームのトーテムポールのいちばん下に空きができた。三月にホワイトハウスに戻ると、もはや僕の仕事は雑務ではなくなっていた。今ではもう、大統領のスピーチライター・チームの正規メンバーだった。

トーテムポールのいちばん上、ファブズが抜けた穴は、それまで副チーフを務めていたコディ・キーナンが埋めた。この異動には何の支障もなかった。何しろコディは、最初の大統領選のときからオバマ大統領のスピーチを書いているのだ。それでも、以前の上司とこの上司との間にはやや違いがあった。僕は常々、ファブズに建築家のイメージを抱いていた。きわめて繊細な構造物を入念に組み立てる建築家である。一方コディに対しては、「戦場の詩人」という言葉が頭に浮かぶ。コディの顔には、事態が逼迫してくるといつも山男のようなひげが伸びてきたが、彼の書くものもそれと同じように、心の底から出てきた言葉で始まった。感情が何よりも先に現れ、あとでバランスを取るのである。こうした文体の相違は、態度にも表れていた。ファブズの自信は理知に支えられていたが、コディの自信は正義に支えられていた。

最初の週に行われた大統領とのミーティングの際、僕はこの正義に裏打ちされた自信たっぷりな態度に助けられた。その日のテーマは、グリディロン・クラブ・ディナーだった（これと記者晩餐会とアルファルファ・クラブ・ディナーが、大統領の三大お笑いイベントである）。初めてオーバルオフィスに足を踏み入れてから、すでに一八か月が過ぎている。僕は、緊張などしていないと自分に言い聞かせた。しかし入り口にまでたどり着くと、何かバカなことをしでかしはしないかと不安になり、手足が動かなくなってしまった。

しかし幸いなことに、コディはまるで普段どおりだった。大統領が机の向こう側に座っているのを見ると、まるで事件を解明しようとする探偵のように、悠々と大統領のほうに歩いていく。僕はそっと後ろに従った。

すると大統領が尋ねた。「で、受けは狙えるのかな？」

これは質問というより、雑談のきっかけみたいなものだった。コディは落ち着きはらって答えた。

「ええ、リットはセンス抜群ですから」。そう言って僕のほうにうなずいて見せる。

大統領の顔に困ったような表情がよぎった。きっとよく聞こえなかったのだろう。だが一瞬間を置いた後、大統領は会話を続けることにした。

「ああ、リップスはおもしろいね」

ご想像どおり、僕はそれから何度もこの場面を頭の中で再生した。大統領の言葉を聞き違えただけだろうか？　それとも、時間がたって記憶が歪んでしまったのだろうか？　いや、そうは思わない。オバマが僕を「リップス」と呼んだのはまず間違いない。

そこまで確信するのにはきちんとした理由がある。第一に、大統領は気さくな会話が好きだ。ミーティング前の雑談を無理して引き延ばそうとするのは、いかにも大統領がしそうなことだ。第二に、できればそうは認めたくないが、オバマ大統領が僕の名前を知っているはずがない。僕もこれまで、収録の台本を書いたり、記者晩餐会の手伝いをしたりしてはいる。だが大統領の周辺には、毎年大勢の人間が出入りしている。僕などせいぜい、顔に見覚えがある程度だろう。近くのスターバックスのバリスタ、あるいは、映画『ホーム・アローン』に登場する強盗二人のうちジョー・ペシではないほうと同じである。

そして第三に、似たような出来事はほかにもある。僕の友人に、二〇〇九年からホワイトハウスでコミュニケーション担当スタッフとして働いているジェーソンという男がいる。大統領は彼の仕事ぶりを高く評価し、感謝の気持ちを伝えるため、よく彼の上司にこう言っていたという。「ジェームズに『いい仕事をした』と伝えてくれ」。この問題については、誰もどうにもできなかった。数年後になって大統領はジェーソンがジェーソンであることに気づいたが、それまでずっとジェームズだった。

だから、リップスもそれと同じなのだ。しかし正直に言えば、僕はオーバルオフィスのソファに腰を下ろしながら、気づまりな思いをするどころか、むしろ喜んでいた。アメリカ合衆国の大統領が、僕の名前を呼んでくれたのだ。確かに、正確に言えば僕の名前ではないが、そんな細かいところにこだわる必要はない。それに、もう一人の自分がいるみたいでおもしろかった。リットは臆病で意気地がない。だがリップスは？　リップスなら大胆不敵になれるかもしれない。

実際、リップスには何の気兼ねもなかった。

二期目が始まって以来、僕の解放感は日増しに高まっていった。たとえば、こんな具合だ。就任舞踏会のあとには、手荷物預かり所での待ち時間が九〇分にも及んだ。これはさして驚くべきことではない。オバマ大統領の最初の就任式の際にも、やはり手荷物預かり所に長蛇の列ができた。しかし当時は、どんな状況になろうと、オバマ・ワールドのエリートたちの前に割り込もうとは思わなかった。建物で火災が発生しようと、ダンスホールにスズメバチの群れが舞い込もうと、自分の順番をきちんと守ったことだろう。

ところが今回は違った。コネのある友人のおかげで、ジャッキーと僕は、ラーム・エマニュエル（訳注：民主党の政治家、シカゴ市長）が地下のブルース・クラブで開催する二次会のチケットを手に入れていた。そこで僕は、大統領就任委員会における立場を利用し、ある計画を立てた。スタッフルームに素早く潜り込み、ぐるぐるのコードのついた樹脂製のイヤホン（シークレットサービスが使うタイプ）を奪い、無線機のスイッチをオフにする。そして、マイクを袖口に隠しているかのように、口元に手を掲げて言う。

「こちら四〇九。衣服状況、進行中。どうぞ」

高価なガウンを着た老齢の婦人が、まるで下水管からはい出てきたばかりの男を見るように僕を見るが、イヤホンを見て謝罪し、すぐに脇へどく。

「ＶＩＰのコート回収、了解」

「優先ジャケット確保、了解」

こうして僕は、五分後には列の先頭にいた。それから五分後にはジャッキーのコートを抱えて戻り、さらに五分後には輪タクに乗り、凍えるような夜の冷気の中を、シカゴ市長が待つパーティ会場へ向けて突っ走っていた。きっとそこでは、生きた伝説と呼ばれるミュージシャンが奏でるブルースに合わせ、市長が不器用に体を揺らしていることだろう。

これこそリップスだ。


あのオーバルオフィスでのミーティングに話を戻そう。僕にとって五回目、リップスにとって初めてのミーティングであり、テーマはグリディロン・クラブ・ディナーである。一八八五年にこのクラブが設立されたときには、仏頂面の年老いた新聞雑誌記者がメンバーの大半を占めていたが、それは今も変わらない。毎年春に開催されるこのディナーでは、ゲストはフォーマルな白い蝶ネクタイを身につける。一方、記者は衣装を着て、取材対象の政治家のパロディ・ソングを歌う。そしてプチフールを食べ、最後には『オールド・ラング・サイン（ほたるの光）』を合唱する。つまり、一般の人々がテレビの前でしていることへのオマージュである。それが四時間にわたり繰り広げられる。

エルビスのかつらをつけた記者が歌う「ブロック・バラク・アラウンド・ザ・クロック（訳注：ビル・ヘイリー&ヒズ・コメッツの「ロック・アラウンド・ザ・クロック」のパロディで「四六時中オバマの邪魔をする」の意）」（二〇一一年に実際にあった）ほど、おもしろいものはない。だが、このディナーの真のハイライトは、ゲストのスピーチである。ゲストは伝統的に、共和党の政治家一人、民主党の政治家一人、そして（招待に応じてくれるのであれば）大統領である。

ほかの出し物同様、ゲストの漫談も、現代よりもっと単純な時代から引き継がれているものだ。グリディロン・クラブのモットーは「表面を焦がせ、だが焼くな」だが、これもインターネット以前の幸せな時代の遺物である。僕が大統領に提出した草稿には、「予算削減」「記者会見」「遺伝子《ジーン》という曲者」など、機知に富んだ話題が含まれていた。確かに、大統領がどのジョークにも大声で笑ったとは言えないが、大統領は聴衆をよく理解している。これでいいと言うと、僕たちを戸口へ送り出した。

僕は、オーバルオフィスのリンゴをつかもうとは夢にも思ったことがない。リップスとしてでさえ、生意気な行動には限界がある。それでも部屋を出る僕の足取りには、どこか図々しいところがあった。ホワイトハウスに復帰してまだ一週間もたっていないのに、もう大統領とじかに会ったのだ！

ホワイトハウスでは、まだ足りないとでもいうように人員が補充されつつあった。熱意のある二二歳の若者が、彼らにとって最初の選挙戦を終え、初歩的な仕事の穴を埋めていた。こうした新人たちは恥ずかしそうに、いつか一緒にコーヒーを飲みに行きましょうと僕を誘った。そして僕が承知すると、とろけそうになるほどほっとするのだった。

僕は彼らによくこんなことを言った。「心配するな。きみが役に立たない人間なら、コネだって何の役にも立たないよ」

僕は自分でも驚くほど、後輩に伝えるべき便利な情報をたくさん知っていた。それは、出世とはまるで関係ないが、この独特な職場環境と大いにかかわりのある内容だった。

「僕が教えたとは言わないでほしいんだが、五階の司書は、サービスカウンターのそばにいつもキャンディを盛ったボウルを置いている」

「火曜日にはジムに行かないほうがいい。ズンバ（訳注：フィットネス・プログラムの一種）のレッスンがある」

「地下の医務室、知ってる？　頭痛薬や絆創膏がただで、好きなだけ持っていける。サインさえすれば鼻炎薬ももらえるよ」

新人は目を丸くして僕に感謝した。そして僕は、処方箋の必要のない薬やキャンディを引き出しに詰め込んだ机に戻り、グリディロン・クラブ・ディナーの草稿の続きに取りかかった。

その週の半ばまでにジョークはほぼ仕上がっていたので、あとは「まじめな結び」と呼ばれる部分だけだった。それは、漫談の終わりに添える誠実な内容の二、三段落の文章で、滑稽なスピーチには欠かせないものだ。聴衆が記者ばかりなので、僕はこの結びの部分を利用し、報道の自由を自ら実践している記者をほめたたえることにした。

「記者の方々はあらゆる危険を冒して、シリアやケニアといった国から、耳を傾けるべきニュースを伝えてくれます」

僕は一瞬、この一節について外交政策の専門家に確認したほうがいいのではないかと思った。リットならそうしただろう。だが僕は考え直した。リップスには、専門家に文章の書き方を教えてもらう必要などない。「ア」で終わる国は一まとめにしてしまえ。スピーチは何の問題もなく進み、聴衆は熱狂する。それで終わりだ。

ディナー当日の土曜の夜、僕の自信は報われた。燕尾服に開襟シャツに白の蝶ネクタイで正装し、ルネサンス・ホテルのエスカレーターを降り、ダンスホールへ向かうと、ステージからわずか数メートルの席に案内された。衣装を着た記者が、『マイ・ガール』に合わせて『マイ・ガン』というパロディ・ソングを歌った。ルイジアナ州知事のボビー・ジンダルと、ミネソタ州選出上院議員のエイミー・クロブシャーが、光り輝く巨大なフライ返しのようなものの前で漫談を演じた。おそらくあのフライ返しのようなものが、クラブの名前の由来になった「グリディロン（焼き網）」なのだろう。

最後の『オールド・ラング・サイン』合唱の前に、大統領のスピーチが行われると、親しげな笑いが絶えず湧き上がった。ジョークは表面を焦がすだけで、決して焼きはしなかった。結びでは、シリアやケニアといった国であらゆる危険を冒している記者をほめたたえた。スピーチは何の問題もなく進み、聴衆は熱狂した。

リップスは大成功を収めたのだ。

月曜日に出勤した僕は、これ見よがしに偽りの謙遜を振りまいた。ほかのスピーチライターからすばらしい出来だったと言われると、大統領の話し方がうまかっただけだと答えた。二二歳の新人たちには、こういうのは常にチーム全体の手柄だと語った。僕は有頂天になり、自分は史上最高のスピーチライターなのではないかとさえ思った。そんなときに、ある人物から連絡を受けた。大統領のスピーチライターの中でも古株の、マサチューセッツ州出身のテリーという物腰の柔らかい男が、聞きたいことがあるという。

これは悪い兆候だった。四〇歳近いテリーは、僕たちのチームの長老的存在であり、証人を誘導尋問するみごとな才能を備えている。弁護士や幼い子供の親だけが持つあの才能である。テリーが、おたくの煙探知機はきちんと作動しているかと聞くときには、その家はまず火事になっている。おたくのガールフレンドは今どうしているかと聞くときには、まさにその瞬間、彼女が自分の親友との性行為に汗を流していると考えて間違いない。そのテリーが僕に、デイリー・ネーション紙の記事を見たかと尋ねてきた。ちなみに、デイリー・ネーション紙とは、ケニアの首都ナイロビで発行されている新聞だ。

ケニアは外国人記者にとって安全ではない、とオバマ大統領

僕は大急ぎでグーグル検索を行い、何が起きているのかを知った。ホワイトハウスの報道局が、グリディロン・クラブ・ディナーでの大統領のスピーチの全文を公開した。それをケニアの役人が読み、自国が世界一嫌われている政権と同じ文脈で語られていることに気づき、激怒したのだ。

普通ならそれで終わるかもしれない。だが今回は外交的な問題が絡んでいた。ケニアはアメリカへの影響力を高めるため、この新たな激怒の種を政治的に利用しようとした。ケニアの情報通信省事務次官のビタンゲ・ンデモは、大統領の言葉は「不正確であるだけでなく、きわめて憂慮すべきものだ」との公式声明を発表した。また、KOT（Kenyans on Twitter「ツイッター上のケニア人」）と名乗るグループが、新たなハッシュタグを作成し、この怒りを拡散した。

これまでに人口四五〇〇万人以上の国を怒らせた経験がない人であれば、単なるこけおどし

だと思うかもしれない。だが実際には、そんなものではない。オフィスに座り、検索バーに「Kenya at Obama（ケニア　オバマ）」と打ち込むたびに、手の施しようがないという気持ちが強くなっていく。何よりも僕が望んだのは、話ができる相手だった。電話で話ができるケニア人がいたら、このごたごたを笑いでごまかしながら、こう説明しただろう。「あなたの国全体が僕の国に激怒しているようだけど、あれはこの僕のせいなんだ」

しかし、そんなケニア人はいない。ホワイトハウスの若手スタッフでしかない僕は、国際関係というトイレに不信というサーモンを置くことはできたが、それを取り除くことはできなかった。

そのため、代わりに上級スタッフが火消しに奔走するはめになった。グローバルな優先事項に携わり、重大な責任を担う人たちが、僕が引き起こした混乱を鎮めるため、それよりもはるかに価値のある仕事を犠牲にして対処したのだ。そのときも結局は、アメリカを代表して公式に謝罪するよりほかなく、ホワイトハウスの高官が声明を発表した。「私たちは、ケニアの憲法で報道の自由が認められていることを認め、それを高く評価する。言うまでもなく、シリアとケニアの状況はまったく異なる」

詰まるところ、リップスは大成功など収めていなかったのだ。

僕はその日の残りの時間、アフリカの中規模国を敵に回すのが解雇に値する罪かどうかを考えながら過ごした。しかし後にわかったことだが、ホワイトハウスはそれほど型にはまった考え方をするわけではない。ごくささいなへまを国家的規模にまで発展させた若いスタッフは、僕以前にもいた。誤って他国を怒らせてしまったスピーチライターも、僕が初めてではない。

それに、オバマ・ワールドは解雇があまり好きではなかった。もちろん、重大な過失を犯したり、見苦しい行為が公になったりした場合には、例外的に解雇されることもある。しかし単に役に立たない職員は、完全に解雇されるのではなく、信頼の輪から追放されるだけだった。すぐに追放されるわけではない。だが、無人島に置き去りにされた海賊のように、自分がこれまで気にかけていたあらゆるものが徐々に失われていくのを見守ることになる。そして最終的には、仕事がすっかりなくなる。それでも一部の意欲のない職員は、こうした処遇に満足し、日増しに減る仕事をこなしながら、安定した給与を受け取る。だが大半は、空気を読んで辞職することになる。

僕は無人島に置き去りにされることを恐れながら、償いのチャンスを必死に求めた。一日一日がのろのろと進んでいく。チャンスは全然やって来ない。だが三月末になってようやく、コディが一つ仕事をくれた。大統領が近々マイアミでスピーチをする。間もなく市街地と港を結ぶトンネルが開通する。その記念式典のスピーチを任されたのだ。

それは、誰もが望むような仕事ではなかった。足の指の爪切りやプロ・ボーリング・リーグよりはましかもしれないが、この世にインフラ投資ほど魅力のない話題もない。しかし僕は、だからこそ余計にやる気を出した。世界一退屈な話題について心奪われるようなスピーチを書けば、きっとまたチームに気に入ってもらえるに違いない。

オバマ政権のホワイトハウスでは、大統領のスピーチを書くスケジュールに決まりはなかった。突然の弔辞となると、四八時間で仕上げなければならないこともある。一方、一般教書演説には六週間以上かける。しかしこのマイアミのスピーチはごく一般的で、およそ七日の日数がもらえた。

この仕事はまず、政策ミーティングから始まる。要するに、つまらない情報でいっぱいのこの頭に、専門家チームからの情報を詰め込むわけだが、たいていはうまくいかない。それでも、いつも形だけ参加していたわけではない。このミーティングには意味がある。コンセプトの説明がなければ、それをスピーチに組み込むこともできない。

こうして同僚の知恵を吸収したら、次のステップとして独自調査をする。このときには、専門的に重要かどうかよりも、一般の興味を引けるかどうかを重視しなければならない。しかしそれは、後になって気づいたことだ。マイアミのスピーチのときには、評判を回復しようと必死で、一日中インフラ関連の情報をがぶ飲みした。トンネル掘削技術の進歩、さまざまな投資計画に関連するインセンティブ構造、浚渫《しゅんせつ》などなど。独習の短期集中コースが終わるころには、僕はすっかりインフラにはまっていた。

すごい！　官民の連携はみごとなもんだな！

やはり後になって気づいたのだが、これは悪い兆候だ。判断力喪失病の早発型症状である。だが僕はそれに気づかず、むしろわくわくした。

調査がすめば、あとは腰を落ち着けて原稿を書くだけだ。これは、僕がホワイトハウスに復帰して初めて担当した、大統領の政策関連のスピーチだった。それなのに、意外にも何もかもがたやすく見えた。これまでの四八時間で、脳は完全な飽和状態にある。そこに詰め込まれた深遠な知識を草稿にぶちまければいい。書き上げたときには、インフラ投資版のレイス・スピーチを書いたつもりになっていた。そして、スピーチが行われる二晩前に原稿をコディに送り、確認を求めた。僕はジャッキーとジョン・F・ケネディ・センターへデートに行き、上司の称賛を待ちわびた。

アイゼンハワー行政府ビルには、このような状況を示すうってつけの言葉がある。それは、今回のスピーチ原稿の状態を示すと同時に、担当スピーチライターの慢心も表している。つまり僕は「酔っぱらって」いたのだ。僕は、コディの修正の赤文字が入るとしても、ごくわずかだろうと思っていた。ぞんざいにひげを剃ったときの剃り跡ぐらいだ。しかし返ってきた原稿は、チェーンソーによる大虐殺の跡のようだった。

この慢心についていちばん辛かったのは、修正後のほうが修正前より断然よかったことだ。コディは僕と違い、アメリカ国民の物語とアメリカの物語、個人の利益と国益とをみごとに結びつけていた。だからこの原稿の残骸を読んでも、怒りはしなかった。むしろ恥ずかしかった。

僕は常々、無駄なものほど悪いものはないと思っている。あのケニア騒動は、やはり恥ずかしい気持ちになったものの、少なくとも過ちとして片づけることはできた。しかし、価値のないものを生み出した罪は？　上司の時間を無駄にした罪は？　オバマ政権のホワイトハウスでは、これは人格的な欠点と見なされ、容赦されない。

スピーチ原稿作成の残りのステップは、失意のうちにぼんやりと過ぎていった。この修正について知っているのはコディと僕だけだ。僕の名前はまだ原稿上に記載されている。だが、恥の秘密を抱えているせいで、その事実がいっそう耐えがたいものになった。スピーチ本番の前日、政策チームやファクトチェッカー（訳注：記載内容が正確かどうかを確認する）や法律家が、その原稿をチェックしたが、彼らは僕がそれを書いたものと思い込んでいた。彼らの指摘は概して役に立つものばかりだったが、称賛の言葉をかけられるたびに、僕は穴を掘って入り込みたい衝動に駆られた。

さらにもう一つ残っているステップがあった。僕はその晩、「ザ・ブック」と呼ばれるファイルに原稿を入れた。大統領が毎晩目を通すことになっている分厚いバインダーである。翌朝になって話を聞くと、大統領の修正はごくわずかしかなかったという。ほかのスピーチライターは感心し、「すごいじゃないか！」と僕をたたえた。僕は、そう言う人たちも事実を知っているのではないかと疑い、弱々しく微笑むだけだった。いずれにせよ、この試練もじきに終わる。それから数時間後には、マイアミにいるオバマ大統領が、建前上は僕の手になるスピーチを読んだ。

「何を待つことがあるでしょう？　なすべき仕事もあれば、働く意欲のある労働者もいるのですから」

その内容は、まさに戦場の詩人そのものだった。単刀直入で、情熱的で、良識がしみ込んでいる。修正前の僕の原稿は、クルーズ船の利用率や、ハイテクの油圧ドリルの話ばかりだった。コディの文章に聴衆が拍手喝采するのを聞き、僕は改めて自分の認識が完全に間違っていたことを認めた。僕が書いたのは、インフラ投資に関するスピーチだった。政務次官や副市長のスピーチであれば、それでいいかもしれない。だが大統領の場合、あらゆるスピーチがアメリカ全体にかかわっている。どのスピーチも、アメリカ全体が聴衆なのだ。

僕は価値ある教訓を学んだ。だが、学ぶのが遅すぎなのではないだろうか？　ホワイトハウスに復帰して一か月、ノックス大学卒業式のオバマのスピーチを、これほど現実に結びつけて考えたことはなかった。オバマがこう尋ねる。「きみは歴史の中でどんな場所を占めるのか？」あの酔っぱらったような原稿を見ていると、こう答える無数のささやき声が聞こえてくるような気がした。

無人島。無人島。無人島。

オバマが行った中でも完璧に近いスピーチ、模範とは明言されていないが模範の名に値するスピーチを探している人には、二〇一三年四月一八日に行ったスピーチを推薦したい。その三日前、ボストン・マラソンのゴールライン付近で爆弾が爆発し、二六四人が負傷、三人が命を落とした。ところが、ボストンで開かれた追悼式に大統領が出席したときには、まだ犯人は捕まっていなかった。そのような状況下で行われるスピーチには、いささかの瑕疵も許されない。だがその原稿を担当したテリーは、突然の事件だったにもかかわらず、みごとにその仕事をやってのけた。強さと優しさが類まれな形で混じり合ったそのスピーチのおかげで、大統領は「最高慰安官」との称号まで手に入れた。

だが、国民が喪に服し、市が容疑者の捜索に奔走していたころ、僕の頭を占めていたのは、大統領を「最高喜劇官」にすることだけだった。二〇一三年の記者晩餐会がわずか二週間後に迫っていた。

奇妙な感覚だった。犯人の捜索や銃撃戦のニュースを見ながら、モーリーン・ダウド（訳注：ニューヨークタイムズ紙のコラムニスト）に対する皮肉を書こうとしているのだ。それに、国民全体が感じている恐怖や不安とともに、僕にはどうしても頭を離れない疑問があった。僕はホワイトハウスに戻って以来、重要な仕事を二つ与えられ、どちらでもへまをした。となると、次もまた大失敗をしてしまうのではないだろうか？

こんなはずではなかった。ファブズが抜けたため、記者晩餐会ではかつてないほどの責任を担い、その新たな役割を楽しんでいるはずだった。それなのに、ホワイトハウスに雇われていたこの二年間で、このときほど自分がスピーチライターを騙《かた》る詐欺師に見えたことはなかった。その当時の僕は、スーパーヒーローとは正反対の生活を送っていた。昼は温厚なスピーチライター、夜はまともでない異常者である。

　のんびり落ち着ける暇がなかったため、自分を詐欺師のように思う感覚は募る一方だった。僕の記憶では、テレビドラマ『ザ・ホワイトハウス』には、ロブ・ロウが睡眠中の歯ぎしりを防ぐため、マウスピースを買うシーンなどない。だが、もしそんなシーンがあるとしたら、ドラマの中のスピーチライターも僕と同じような経験をしたからに違いない。ホワイトハウス近くのCVSでは、二種類のマウスピースを販売している。実用本位の二〇ドルほどのマウスピースと、人間工学に基づいた手の込んだ四〇ドルほどのマウスピースだ。僕は迷わずデラックス・タイプに飛びついた。

「うまくいくまでは、うまくいっているふりをせよ」という古いことわざがある。僕が考えるにこれは、「ほかにどうしようもないから、うまくいっているふりをせよ」という意味なのではないかと思う。ジョークの落ちを考える。ますます離散していくライターからジョークを集める。あるいは、スティーブン・スピルバーグとトレイシー・モーガン、そしてバラク・オバマを演じるダニエル・デイ＝ルイスを演じるバラク・オバマが出演する、聴衆受けのするコメディ動画の上映を提案する。こんなふうに僕は、毎日出勤し、できるかぎりの仕事をした。勇気があったからではなく、ほかにどうすることもできなかったからだ。帰宅すると、ハイテクのマウスピースをぐにゃぐにゃになるまでかみつぶした。

しばらくして僕は、コディとともにオーバルオフィスを訪れた。コディはまたしても、悠々と大統領のほうに歩いていく。僕はまたしても、そっと後ろに従った。僕たちが作成した草稿には満足していたが、だから安心というわけにはいかない。グリディロン・クラブ・ディナーのときもマイアミのときも、自分の原稿の出来映えには満足していたのだから。

僕がいちばん心配していたのは、選挙後の政治的展望に関するジョークだった。台本にはこう記した。「二〇一二年の選挙後に共和党員の間で一致した見解が一つある。それは、もっとマイノリティに手を差し伸べなければならないということだ。手前みそになるが、僕なら、まず手を差し伸べるべきマイノリティを一つ挙げられる」

これは、第一期目には絶対に書かなかったジョークだ。それまでは、大統領が自分を「マイノリティ」だと言ったことはないと思う。だが再選を遂げたオバマ大統領は、これまでの枠を超えようと意気込んでいた。

「これ、おもしろいね」。大統領はクスクス笑った。それどころか、ちょうど一年前の、闘犬を食べるジョークと同じように、本番ではアレンジを加えたいと事前に告げた。

「ちょっとした言葉を加えるかもしれない。『ほら』とか何とかね」。何とも変な雰囲気だった。僕は緊張で気分が悪くなっているのに、大統領は楽しそうだ。

これは何も、大統領が記者団と過ごす土曜の夜を楽しみにしていたからではない。僕の見るかぎり、大統領はいつもジョークを楽しそうに読む。大半の政治家と違い、オバマ大統領は、普通の人間として扱われていた昔を懐かしく思っていた。かつて聞いた話では、大統領が赤ん坊を相手にするのが好きなのはそのためだという。赤ん坊には相手が何者なのかわからないからだ。

ほかの人となるとそうはいかない。五歳児でもオバマが何者かわかる。知らないうちにオバマは世界一有名な男になったが、その代償は大きかった。散歩をする。レストランで食事をする。映画を見に行く。ほかの人が当たり前のように行っているそんな行為も、バラク・オバマにとっては遠い過去の出来事になってしまった。オーバルオフィスでスタッフとジョークを言うのも、ざっくばらんにというわけにはいかない。誰であれ、相手が大統領だということを意識してしまう。だがそれでも、それは大統領にとってもっとも「普通」に近づける瞬間だった。

とはいえ、大統領がどんなジョークにも笑って応えたわけではない。カイル・オコナーという同僚のスピーチライターが、上院の派閥意識についてジョークを書いていた。これは、アイデアとしてはなかなかよかったが、相手をうまく笑わせるには、流行の先端を行く十代の少女のように、歌うような抑揚をつけて話す必要があった。「ジョンとテッドが話をしていると言うリンジーと話をしているランドと話をしているミッチを見かけた」

オバマ大統領は果敢に挑戦したが、最悪の出来だった。どうしても言わされているような感じがして、ぎこちなく聞こえてしまう。お婆さんがビヨンセの口まねをしているようなのだ。

大統領が険しい顔をしているので、僕は映画『クルーレス』のアリシア・シルバーストーンのようなイメージで、思いきって口を出すことにした。

「コメディアンがやれば、おもしろいかも……」

僕はごくりと唾を飲み込み、黙っていればよかったと思った。このジョークは台本から削除することに決まった。

その後のミーティングは支障なく進んだ。大統領はいくつかのジョークを採用し、ほかのジョークはもう少し磨きをかけるよう注文すると、僕たちを送り出した。僕はと言えば、オーバルオフィスで一〇分間を無事に過ごしても、自分が詐欺師だという感覚を打ち消せなかった。もはや鼻高々とオフィスに帰ってくるような日々は終わり、目の下に悩ましいくまを作る日々ばかりだった。それでも職場ではうまくいっているふりを続けた。ほかにどうしようもないのだから、しかたがない。ベッドで輾転反側《てんてんはんそく》する僕にいつも睡眠を妨害されていたジャッキーは、僕の不安を十分に理解していたことだろう。

晩餐会の数日前、二回目のミーティングが開かれ、大統領が手直しを要求していたジョークの修正版を発表した（「ミシェル・バックマンとは本を焼くよ。いい考えだろ？」〈訳注：共和党議員のバックマンの偏狭な主張を焚書にたとえて揶揄している〉）。僕はこのミーティングの際に、自分で作成した画像を大統領に見せた。大統領の漫談で、フォトショップで加工したおもしろ画像を見せるというアイデアには、誰もが賛同したわけではない。よく練られた段取りや落ちに比べると、おもしろ画像はずるいような気がするし、確かにそういう部分はある。だが、何年かライターの仕事をしていてわかったことがある。一般の人は言葉よりも絵が好きなのだ。だったら、彼らが望んでいるものを多少見せてもいいではないか？

それに大統領自身、聴衆と同じようにおもしろ画像を楽しんでくれた。シニア・リビング・マガジン誌の表紙に大統領の顔をはめ込んだ画像を見せると、声を上げて笑った。ブッシュ大統領図書館の隣りに「ブッシュの過ち図書館」を置いた画像も、大いに気に入ってくれた。とりわけおもしろがってくれたのが、当時の大統領夫人の新たなヘアスタイル（眉毛のところで前髪を切りそろえた髪型）を大統領の頭にかぶせた三枚の画像だ。アメリカ国旗の前に立つ切り下げ前髪の大統領、妻と一緒にくつろぐ切り下げ前髪の大統領、そして、イスラエルの首相ビビ・ネタニヤフ（訳注：「ビビ」は「ベンヤミン」の愛称）と並んで歩く切り下げ前髪の大統領である。この加工画像の大統領は、まるで映画『新・三バカ大将　ザ・ムービー』のモーみたいだった。とても笑わずにはいられない。

結局、大統領が修正を求めた画像は一枚だけだった。その数週間前ホワイトハウスが、キャンプ・デービッドでクレー射撃をしている大統領の写真を公開した。すると政敵たちが、これは合成写真だと非難した。オバマは銃規制に賛成している。彼が銃を持つとすれば、それを溶かしてソーラーパネルに作り変えるためか、その銃身にゲイ・パレードの旗を差すためでしかない、というのだ。こうした非難は言うまでもなくばかげており、頭がおかしいとしか言いようがない。だがそれは、右派のブログに野火のように広まった。

そこで、コディの提案で、世界に向けて「無修正」の画像を公開してやろうということになった。その画像でも、大統領が銃を発砲していることに変わりはない。だがその背景に、稲光を伴った嵐や、巨大トラックや、目からビームを放っているクロクマ大のネコを追加した。大統領が修正を求めたのは、この画像だった。僕たちがオーバルオフィスを出ようとすると、大統領が呼び止め、こんな要求をしたのだ。

「ここに改造自動車を置けないか？」

「できます」と僕は答えた。

オバマ大統領は満足げに微笑んだ。そしてさらにいいアイデアを思いつき、快活に言った。

「その自動車をバイデンが運転していることにできる？」

この大統領の熱意が自分にも伝染すればよかったのだが、そうはいかなかった。二〇〇九年、スピーチライターの会社で無名のインターンとしてジョークを提供したときには、この仕事の責任者になれたらどんなに光栄だろうと思っていた。だが、それから四年後の今、僕は真実を学びつつあった。責任者などくそくらえだ。落ちについて議論を重ねるたびに、神経がすり減っていく。あちこちに離散しているジョークライターたちが、自分のジョークをより多く台本に入れさせようとするたびに、それをはねつけなければならない。何もかもだめになってしまうのではないかと思わないときなど、一時もない。

それでも、僕の頭の外の世界では、何もかもがよい方向へ進んでいった。画像もジョークも、出来は上々だった。スティーブン・スピルバーグとトレイシー・モーガン、そしてバラク・オバマを演じるダニエル・デイ＝ルイスを演じるバラク・オバマが出演するコメディ動画も撮影を終えている。金曜日の午後、晩餐会まであと二四時間というころになると、ついに僕も、何もかも計画どおりに運ぶのではないかと思い始めた。

そんな矢先に、オフィスにいる僕のもとへ電話が来た。テリーからだ。

聞きたいことがあるという。

「大統領夫人の髪型をした大統領の写真を見ていたんだが、ちょっと気になるところがあってね。これ、大統領がヒトラーみたいに見えないだろうか？」

僕はすぐに問題の画像を開いた。一枚目の写真は問題ない。二枚目もだ。次いで三枚目を開いた。大統領がイスラエルの首相と映っている画像だ。

「あ」と僕の声が漏れた。

「だろ」とテリーが答える。

衝撃的だった。普段は、大統領の写真を見てもヒトラーには見えない。じかに見ても、どこにもヒトラーっぽいところはない。だが、特定の髪型で、特定の角度から見ると、ヒトラー以外に見えない。あの口ひげがなくても、不思議なほど似ている。

これが一か月前なら、それでもこの画像を台本に残そうとしたかもしれない。何しろおもしろい。それに、スタッフが大統領をナチの総帥に見せようとしているなどと、誰が思うだろう？　しかし、ここでまた国際的な問題を起こす危険を冒す気にはなれない。僕はもう、リップスの声に耳を傾けるのをやめていた。結局僕はテリーに何度も礼を述べ、急いでスピーチを修正した。

晩餐会当日の四月二七日、コディは結婚式で休みだった。その代わり、晩餐会に合わせてファブズとロベットが戻ってきていたので、当日のミーティングには彼らが参加した。この最後のリハーサルは、いつも気さくな雰囲気で行われた。大統領は、自分の机に向かうでも専用の肘掛け椅子に座るでもなく、ソファに勢いよく腰を沈めた。

普段どおり、ミーティングは雑談で始まった。大統領は、新たなスピーチライターの仕事についてファブズに尋ね、ロサンゼルスでの生活についてロベットをからかった。僕は、そんな話を茫然と聞きながら座っていた。以前の同僚が、大統領と気さくに話しているのが信じられない。自分がホワイトハウスに戻ったのは間違いだったのではないか？

そんなことを考えるのに忙しくて、危うく大統領の質問を聞き逃すところだった。

「私とビビが一緒に歩いている写真はどうした？　気に入ってたのに」

するとファブズが口を入れた。「あれは削除しました」

「え、どうして？」

オーバルオフィスが静まりかえった。これまでにアメリカの大統領をヒトラーにたとえた人は無数にいる。だがアメリカ史全体を通じて、大統領本人を前に、大統領をヒトラーにたとえた人は一人もいない。その部屋にいる誰も、その最初の一人にはなりたくなかった。

最高司令官を侮辱しないよう心がけているときには、時間がゆっくり流れるらしい。僕は、そのときの自分たちの切羽詰まった状況を克明に記憶している。ファブズは何も言おうとしない。ロベットも何も言おうとしない。僕も何も言おうとしない。出口が見えないとはこのことだ。

この部屋の誰かが大統領に真実を伝えなければならない。そう思ったが、誰がその役を引き受けるのか想像もできない。誰か勇敢な人はいないものか。大胆不敵な人が。

何の気兼ねもなくものの言える人が。

その瞬間、どこからともなく声が聞こえた。リップスがいるじゃないか、と。

すると僕の口がこう言っていた。「申し訳ありませんが、大統領、この画像は使えません。これだと大統領がヒトラーみたいに見えますので」

その言葉が僕の口から漏れた瞬間、幽体離脱のような経験は終わった。僕は今、何をしたのだろう？　全員の目が大統領に注がれていた。こんなことはかつてなかった。

すると突然、オバマ大統領が笑い出した。それは、反射的であると同時に理性的な、いつもの自覚的な笑いではない。普段の強力な自制心さえ超えた、心の底からの感情の表現だった。

大統領は両手を組み合わせ、両足で床を蹴り、ソファのクッションに背をもたせてのけぞり返った。僕はほんの一瞬、大統領が、自分が大統領であることを忘れたのではないかと思った。大統領がそんなに笑うのを見たことがない。それからも、これほど笑う大統領を見る機会は一度もなかった。

やがてミーティングはいつもの雰囲気に戻った。ファブズとロベットが気さくな会話を再開した。僕もまた、ソファに静かに腰を下ろしているだけの存在に戻った。それでも、何かが変わっていた。そう、あの不安が消えている。

大統領のリハーサルは間もなく終了した。僕たちは立ち上がり、台本のコピーをつかんで部屋を出ようとした。すると扉から出ていく前に、大統領が僕のほうを見て言った。

「ありがとう、リット」

10 煉獄のジュース

数時間後、僕は記者晩餐会の舞台裏に入り、大統領専用のトイレで手を洗っていた。すると突然、拳で扉を叩く音が聞こえた。この設備を使いたがっているような、もの問いたげな礼儀正しいノックではない。今すぐコカインを流してしまわなければ捕まってしまうと訴えているような、すさまじく激しいノックだ。

僕が扉を勢いよく開けると、そこには困り顔のシークレットサービスのエージェントがいた。ほんの三〇秒前、この男は、僕が大統領の控え室に入るのを不承不承認めたが、今になって、それを後悔しているに違いない。というのも、その後ろに、それほど切羽詰まった様子には見えなかったが、オバマ大統領が立っていたからだ。

僕はこの可能性を考えておくべきだった。大統領のためであれば、あれほど差し迫った勢いでノックをするのも納得できる。だが慌てていた僕は、そこまで考える余裕がなかった。僕の脳では、扉を開けたら、向こうに知人がいたと認識する程度のことしかできない。

「あ、どうも！」と僕は、バラク・オバマが世界一権力のある人間であることを忘れ、またいとこにでも会ったかのように言った。幸い、大統領は気にしていないようだ。

「リット、あれで受けるかな？」

「ええ、受けると思います」

ほんの一週間前には、ホワイトハウスのキャリアが早くも終わりを迎えるのではないかと心配していた。だが今、控え室から急いで出ていく自分は、またしても酔っぱらい始めていた。僕は大統領に挨拶もしたし、シークレットサービスにも撃たれなかった。なくてはならない人間になろうとしているのかもしれない！

しかし、冷静な判断力を取り戻したいとき、あるいは、事態が一瞬にして変わる場合もあることを思い出したいときには、映画を見さえすればよかった。二〇一三年には、ホワイトハウスが木っ端微塵に破壊される映画がいくつも公開された。敵は、民兵組織や北朝鮮軍、あるいは単にアメリカ兵に敵意を抱く人々など、さまざまだ。

僕にはこの傾向がどうにも不安だった。ストレスの多い仕事を終え、リラックスしようと映画をよく見に行ったが、次回上映の予告編の中で僕のオフィスが破壊される場面を一度ならず目撃した。たとえば、『エンド・オブ・ホワイトハウス』の予告編では、機関銃を無数に備えた飛行機が、ステート・ダイニングルームを機銃掃射していた。そんなとき、ほかの観客は気づかなかっただろうが、僕はポップコーンをつかみながら顔をしかめ、こう思っていた。

「うわっ、追撃なんかされたら最悪だ」

同僚たちが平気で殺されていくのを見ていると、嫌な気分になった。自分の死など誰も興味を持たず、スクリーン上に映し出されもしないことを考えると、嫌な気分はますます募った。闇僚たちは劇的な殺され方をする。シークレットサービスのエージェントたちは、爆発で空に吹き飛ばされたり、無情にも敵側に寝返ったりする。だが、地位の低いスピーチライターは？

僕たちなど、大砲の肥やしにもならない。CGによる一回の爆発で全存在が灰と化し、せいぜいジェラルド・バトラーやジェイミー・フォックスが英雄的行為にひた走るきっかけになる程度だ。ある予告編では、残忍な顔をしたテロリストが、ホワイトハウスのエントランスホールにロケットを打ち込んだ。それを見たときに僕が声援を送ったのは、大統領でもなければ、大統領を救う運命にあるたくましい主人公でもなかった。

「まだ望みはある！　スピーチライターは歯医者に行っているかもしれない」

確かにこうした映画は、必ずしも現実的ではない。実際、変幻自在の極悪人がオーバルオフィスを占拠し、外宇宙から地球に破壊の雨を降らせるとは思えない。しかし、こうした映画の中の、僕の人生に関する部分についてはどうだろう？　それは、どうしようもないほど現実そのものだった。若手スタッフが口にすることはないが、ホワイトハウスには暗黙の了解事項がある。僕たちは、世界一目立つ標的の中でもあまり目立たない存在だ。最悪の場合、最後の瞬間に、大統領の脱出ロケットが空を飛んでいくのを見上げ、「ああ、これでいいんだ」と思うことになるかもしれない。僕が何度、大統領に挨拶していようが関係ない。僕は使い捨てのコマでしかない。

そう考えると、一部の同僚がうらやましくて仕方がなかった。たとえばテリーだ。彼は、国家の安全保障に関するスピーチの原稿を書き、ウエストウィングで働き、首にいつも大きな銀の鍵をぶら下げている。きっと極秘シェルターに入る権限を持っており、地球上の人類が絶滅したあとに、地球に再入植する数少ない幸運な人間の一人になることだろう。地球に再入植するとすれば、やはりテリーのような人間が適任だ。しかしそれでも、自分がのけ者にされているような感じを抱かずにはいられない。

考え始めると、セキュリティに関する不安はどこにでもあった。ある朝、アイクスの外にこんなポスターが貼ってあった。

無差別殺人犯に対する心がまえセミナー

数日後、このポスターの上に、小さな別のポスターがテープで貼りつけてあった。「大好評につき第二回セミナーを開催」

気分的にも物理的にも、完全に安心していられる場所が一つだけある。それは飛行機の中だ。僕は二〇一一年にホワイトハウスでの仕事を始めて以来、大統領の旅行に同行する日が来るのを夢見ていたが、それが現実のものとなった。大統領のスピーチライターとなった今、遠方でスピーチが行われるときに、大統領への同行が晴れて認められたのだ。

ここまで読んだ読者はすでにおわかりのように、ホワイトハウスでの仕事には、想像していたほどクールでない面もたくさんある。だがエアフォースワンは、想像を裏切ることがないほどクールだ。初めてアンドルーズ空軍基地に向かった日のことは死ぬまで忘れないだろう。僕たちが乗ったバンは、分厚い金属製の門をくぐり、ゴルフコースほどの広さの駐機場に入ると、セスナやボーイング757、貨物輸送機のそばを走り抜け、やがて停まった。そこからわずか一〇メートルほど先には、それまでのどの飛行機をも凌駕する飛行機があった。

もちろん、エアフォースワンを見たのはこれが初めてではない。テレビや映画、ニュースで何度も見た。しかし僕にとって大統領専用機は、木星の表面やアート・ガーファンクルの居間のようなものだった。存在することは知っているが、そこに自分が足を踏み入れることなど想像もしなかった場所、という意味だ。

その飛行機の空色の胴が、触れそうなほど近くにある。もちろん触りはしない。僕は、トレーラーを収納できそうなほど大きなジェットエンジンの下を、気をつけて歩いていった。後部階段の下で、制服を着た護衛に名前を告げると、護衛は一つうなずいて僕を先へ促した。数歩階段を上ると、思わず息をのんだ。僕が立っている場所のすぐ隣りに、映画『エアフォース・ワン』でハリソン・フォードが最初のテロリストを殺したあの貨物倉がある。

添乗員のトッドが、飛行機内の五つのブロックを案内してくれた。最後尾のブロックには記者たちが座る。その手前にはＶＩＰ用の客室があり、さらにその手前に、僕のようなスタッフのための客室がある。その前は会議室となっており、大統領はたいていここで過ごし、仕事をしたりトランプを楽しんだりする。最前部のブロックは、充実した設備を誇る大統領のオフィスで、小さなプライベート・ベッドルームが設置されている。この各ブロックへのアクセスは、ロシアのマトリョーシカのような仕組みになっていた（少なくともトランプより前の時代はそうだった）。自分が割り当てられた席から後ろへは自由に移動できるが、前へ行くには許可が必要となる。

機内のありとあらゆる部分がしゃれている、というわけではない。革製のリクライニングシート、木製の縁飾り、床全体に広がるベージュのカーペットなど、スタッフ用客室の内装は、むしろ祖父母の私室のような印象だった。しかし、ぜいたくさに欠ける部分があったとしても、そのほかさまざまな方法でそれを補っていた。まず、目の前の空域を邪魔するものがないので、全米どこへ旅行するにも時間を節約できる。それに、肘掛けにある電話を使い、どこの誰にでも電話できる（オバマ大統領は外国の指導者との話に使っていたが、僕はジャッキーに電話して自慢していた）。また、伸縮可能な足載せに足首をはさんでしまったり、パリパリのタコスのサラダを気管に入れてしまったりした場合には、ミニチュア版の緊急治療室でいつでも対処してくれた。

しかし、この飛行機の特徴の中でも最たるものは、それが与えるイメージだ。大統領の権力や影響力をこれほどはっきり表現しているものはほかにない。ホワイトハウスもこれには勝てないだろう。エアフォースワンはまさにこう言っているようだった。「私たちがアメリカだ。誰もが私たちを知っており、私たちをうらやみ、私たちをテレビで見てきた。この最前部にいる男にできないことはない」

しかし、大統領は本当に何でもできるのだろうか？　この分断された国で、オバマ大統領が歴史の中に占める場所を、自分で決めることなどできるのだろうか？　つまり、詩的な要素を抜きにして言えば、こういうことになる。オバマ大統領は政府を機能させられるのか？

僕たちは間違いなくそう願っていた。議会の手詰まり状態にはうんざりしていた。有権者もそうだ。しかし、経済計画はきわめて細部に至るまで決まっていたが、この手詰まり状態を打開する計画はあいまいなままだった。二〇一二年の選挙に勝利すれば、障害は消え失せるものと思っていたのだ。

大統領は選挙期間中にこう宣言していた。「この選挙に勝てば——勝ったあかつきには——この熱病も治まるはずです」

しかも、投票日のわずか数週間後にある悲劇的な事件が起こり、その影響により大統領の言ったとおりの状況になるかと思われた。一二月一四日、コネチカット州ニュータウンの小学校で、若い男がAR－15ライフルを乱射し、児童二〇人と職員六人の命を奪ったのだ。これまでにも銃乱射事件はあったが、今回は違った。このニュースを聞いて、心が引き裂かれたような苦しみを感じない人はいなかった。大統領も例外ではない。記者会見室から国民に語りかける際には、目に涙を浮かべ、すっかり動揺して言葉を詰まらせた。

大統領の涙は国民の注目を集めた。それも当然だろう。だが、それに劣らず重要な意味を持っていたのが、大統領が数日後に発した追悼の祈りの言葉だ。一人の父親として不安に思っていることを吐露したのである。

「みなさんが犠牲になった子供たちをどれだけ愛していたとしても、自分だけではどうにもできません。子供たちの安全を守り、子供たちをきちんと教え導くためには、協力し合わなければならないのです」

想像を絶する苦悶のただ中で、バラク・オバマはこのうえなくはっきりと、政府の役割について自分の意見を述べた。それは、専門家的な分析によるものでもなければ、政府がいちばんよく知っているという無条件の思い込みによるものでもない。もちろん、党派心に基づくものでもない。大統領が描いたビジョンには、民主党員も共和党員も賛同できる余地がある。政府の役割に関する大統領の意見はむしろ、家族の責任や現代の生活に根差している。二一世紀の現代においては、もはや自分だけで子供を育てることはできないのだ。

しばらくは連邦議会も、この意見に賛同しているようだった。ウエストバージニア州選出の民主党上院議員ジョー・マンチンが、共和党上院議員のパット・トゥーミーと共同で、火器購入時の身元調査を強化する法案を提出した。この法案は、銃による暴力を完全に終わらせるものではない。しかし、そのための第一段階であることは間違いない。それに、この法案は評判がよかった。共和党員も大部分がそのアイデアを支持した。アニメのミニ教育番組『スクールハウス・ロック!』の言っていることが正しければ、この法案は議会を通過するはずだった。

しかし、全米ライフル協会(NRA)の考え方は違った。『スクールハウス・ロック!』はうそだったのだ。ミッチ・マコーネル率いる連邦議会では、これほど好ましい法案さえ、どうにも乗り越えがたい数字の犠牲になった。立法作業を前に進めるには、上院の議席の五分の三にあたる六〇票が必要だ。それを聞いて何とも思わない人は、次の事実を考えてほしい。一九七二年のリチャード・ニクソン以来、大統領選で有権者の五分の三の票を獲得した候補者は一人もいない。

これを言い換えると、何も変えないのは簡単だということだ。身元調査法案でもそのとおりのことが起きた。NRAは一歩も引かず、NRAに味方する議員は、この人気の法案を黙って無視した。こうして法案は、大騒ぎを引き起こすでもなく、そっと葬り去られた。

上院を通過していたとしても、法案が成立していたかどうかはわからない。共和党は、二〇一〇年の連邦議会議員選挙での大勝後、有権者の気分といった厄介な問題に現職議員が煩わされなくてすむように、下院の選挙区の区割りを修正した。このような自党に都合のいい横暴な区割りは、卑怯以外の何ものでもない。だがこれが、みごとに成功した。二〇一二年に行われた連邦議会議員選挙では、民主党が過半数ぎりぎりの票数を獲得したのに、共和党が議席の大多数を獲得する結果になったのだ。議員に国民の意思を尊重するよう教えるはずの選挙が、まったく反対のことを教えていた。国民の代表となった議員に、もはや恐れるものなどない。

それを考えれば、オバマの言う熱病が治まらなかったのも当然だ。それどころか、事態はいっそう悪化した。オバマが議会の機能不全を引き起こしたわけでもないのに、国民はそれをオバマのせいにした。マコーネルの目論見どおりである。記者晩餐会後の火曜日、大統領は、二期目に就任して一〇〇日目を記念する記者会見を開いた。これは、ウィニング・ランとなるはずだった。ところが、ABCニュースの記者ジョナサン・カールが、これまでに議会を通過しなかった法案を列挙し、大統領に食ってかかった。

「そこでお尋ねしますが、大統領にはまだやる気《ジュース》があるのですか?」(訳注:「juice」は「ジュース」の意味のほかに「精力」「活力」という意味もある)

ほかの大統領なら、この瞬間を楽しんでいたかもしれない。たとえばビル・クリントンは、国家の最高職責が生み出すドラマが大好きで、人生という映画の中で自分自身を演じることに心から満足していた。

だがオバマ大統領は違った。クリントンは飽くことのない権力へのあこがれを通じて自分を表現したが、オバマは自分が持つべき絶対的な信念を通じて自分を表現する。自分の信念に正直であろうとするから、信頼もできる。オバマは、保守派からの手紙にもよく考えて返事を手書きした。マスコミに知らせることなく、メイク・ア・ウィッシュ財団（訳注：難病などに苦しむ子供の夢を応援する活動を行っている団体）の子供たちに会いに行った。しかし高潔なあまり、さほど尊敬もできない政治家が責任を逃れようとしていると感じるときには、苛立ちを募らせた。

記者の質問に対して大統領は、四歳の子供に、夕食をアイスクリームですませてはいけない理由について一〇〇〇度目の説明をするように答えた。「いいかい、ジョナサン。そんな言い方をすると、議会のあの人たちには何の責任もなく、彼らを何とか行動させるのが私の役目だというふうに聞こえるが、行動するのは彼らの役目なんだ。議会のメンバーは、正しいことをするために選ばれたんだから」

大統領の言い分は間違いではない。マコーネルの行動は非難されるべきものだ。何もしない議会がアメリカの前進を阻んでいる。しかし、議会が軽蔑に値するからといって、大統領が軽蔑的な態度を示しても、何の得があるわけでもない。僕たちは、さまざまな有権者グループから同じような話を聞いた。アメリカ国民は最高司令官に同情している。大統領がとても実現できそうにない仕事を抱えていることを知っている。だがどんな状況であれ、愚痴を言う大統領の姿など見たくはなかっただろう。

しかし僕は大統領ではないので、この機会を借りて大いに愚痴を述べてやろう。ジョナサン・カールの質問はばかげている。無駄なだけでなく有害だ。大統領職はオレンジではない。

ミッチ・マコーネルに、断食や、食事療法や、一週間にわたる体内洗浄を行わせることはできるかもしれない。だが、どんな「ジュース」を持ってこようと、彼の考えを変えることはできないだろう。マコーネルは、オバマ大統領にときどき賛同するよりは、絶えず反対していたほうが、選挙で勝てると思い込んでいる。そう思い込んでいるのはなぜか？　政府が手詰まり状態にある真の原因を国民に知らせるべき記者が、大統領にジュースについて尋ねたりしているからだ。その結果、妨害が行われ、何もできない状態が続いている。

実際、あの記者の質問はあまり公平とは言えない。新たな法案は可決できなかったが、ワシントンの外では確かな変化が根づきつつあった。四年前に崩壊の危機に瀕していた経済は、着実に雇用を生み出していた。クリーンエネルギーの生産が増加し、差し押さえの割合が減少していた。ジョージ・W・ブッシュによる富裕層への減税がその年の初めに失効したこともあり、赤字も減っていた。

僕がホワイトハウスに戻った最初の数か月の間は、こうした前進の兆候を示すのがコミュニケーション戦略の核となった。連邦議会が最悪のアメリカの姿をさらすのなら、僕たちは最善のアメリカの姿を強調しよう、というわけだ。

二〇一三年の戦没者追悼記念日に、大統領がニュージャージー州の沿岸地域を訪れたのも、そのためだった。ハリケーン・サンディがこの地域に壊滅的打撃を与えてから、まだ一年もたっていない。だがすでに被災地には、緊密なコミュニティが回復しつつあった。アメリカにとってこの沿岸地域は、復活の手本であり、わが国の強い意志と気概を示す模範だった。ちなみに、僕にとってそこは、別の意味で重要だった。ジャッキーの両親が暮らしていたのだ。両親の家は、大統領のスピーチが行われるアズベリー・パーク・コンベンション・ホールからほんの数分のところにある。今後一〇〇〇年生きたとしても、これほどポイントを稼げる機会にはお目にかかれないだろう。

言うまでもなく僕は、今回のスピーチの原稿担当に志願した。

スピーチ当日の五月二七日は、ビーチのイメージとは正反対の天気だった。寒くて雨が降り、息を詰まらせそうな霧に覆われている。だが僕は日光よりも、ジャッキーの両親をＶＩＰ席に入れるにはどうすればいいかで悩んでいた。遊歩道の出店で州知事のクリス・クリスティが大統領に代わってクマのぬいぐるみを獲得するのを横目に見ながら、大統領補佐官のボビーに相談してみると、こんな言葉が返ってきた。

「大統領との写真撮影会にご両親を入れてあげればいいんじゃない？」

そんなことは考えもしなかった。スピーチのチケットは紙吹雪のようにスタッフにばらまかれるが、大統領との写真など、めったに手に入るものではない。しかし、こんな路上では、ホワイトハウスの官僚に泣きつくこともできない。五人の署名が必要なよくわからない用紙もなければ、ファックスのみでこちらの要求を受けつけてくれるオフィスもない。ボビーが一人心当たりを紹介してくれたので、僕は早速メールを送った。それから一時間後には、コンベンシヨン・ホールの舞台裏に立ち、雨から解放されたことを喜びながら、大統領がスピーチを始めるのを待っていた。

「彼女が来てるの？」とテレプロンプターのオペレーターが尋ねる。

「ああ。彼女の両親と一緒に写真撮影会に入れてあげたよ」

しばらく彼は何も言わなかった。だがやがて、嫉妬とも感心ともつかぬ笑みを浮かべて言った。

「その人を手放さなくてすむよう、せいぜいがんばるんだな」

その日は、それだけでは終わらなかった。僕たちは、エアフォースワンが駐機している州兵基地にヘリコプターで戻ることになった。この短い飛行の間、大統領はマリーンワンに搭乗した。これはいわば、ヘリコプターの中のシャンパンである。一方、若手スタッフはチヌーク型ヘリコプターに追いやられた。これは、ツインローターの軍用輸送機で、いわば空飛ぶRV車である。窓は開けっ放しで、長いベンチ二つが座席代わりになっており、中は潤滑油とロッカールームが混じったようなにおいがする。それでも、そこは天国だった。セキュリティチェックを通過するときよりも、大統領専用機に搭乗するときよりも、ヘリコプターに乗り込むときのほうが、自分がものすごく強くなったような気がした。

公平を期して言えば、同乗者の誰もが、ヘリコプターの力を借りなければ強く感じられなかったわけではない。僕が景色に見とれている間、一緒にベンチに座っていた人の中の六人は、角刈りの上にかぶったヘルメットを調節していた。彼らは、僕がヘリコプター内で自撮りしようとスマートフォンを掲げているそばで、ソフトケースに収めたアサルトライフルを膝の上に抱えていた。身につけている防弾チョッキのポケットは、恐るべき小物ではちきれんばかりにふくらんでいる。その生気のない目を見るかぎり、彼らは人命に対して明らかに違法なアプローチができるのだろう。

この人たちは、「カウンター・アソールト・チーム（対襲撃部隊）」のメンバーだった。一般的には、「CAT」という名称で知られている。僕は以前、この人たちはほかのシークレットサービスと何が違うのかと、ベテランのスピーチライターに尋ねたことがある。そのときには、こんな答えが返ってきた。

「問題が発生した場合、シークレットサービスは大統領を問題から遠ざける。CATは問題の原因を見つけ、それをつぶす」

その日の午後、僕たちがニュージャージー州の沿岸地域からヘリコプターに搭乗した際、CATのメンバーは典型的な姿勢を取っていた。ピンと伸ばした背筋、少し上げたあご、きつく結んだ口、「死ぬ前には絶対に見たくないもの」という表現がぴったりの表情である。しかし僕は、これほど冷静ではいられなかった。雨はまだ強く降っており、霧はどんどん厚くなっている。そんな状況で飛行許可が出たのが不思議なぐらいだ。機体が浮かび上がったとき、僕は誰かから聞いた話を思い出した。このヘリコプターのパイロットはレーダーを使わず、目視で操縦するという。

だが僕は不安を追い払った。大丈夫。スタッフには気象予報を担当している大人だっている。安全が確認できないことなどさせないだろう。

しかし、一〇分のはずだったフライトが二〇分にもなると、不安になった。

息が詰まるような濃霧に覆われた空中で、轟音を上げるチヌーク型ヘリコプターの中に閉じ込められた経験がない人のために、そのときの状況を説明してみよう。軍事目的で使えそうな感覚遮断室を思い浮かべてもらうといいかもしれない。ローターが、世界最大のホワイトノイズ（訳注：すべての周波数成分の大きさが同じノイズ）をまき散らしている。窓の外には、どこまでも続くグレーがあるだけだ。そこへ冷たい空気が機内になだれ込んでくると、感覚が麻痺してくる。

僕みたいな人間がこんな経験をすると、次のような疑問に次々と襲われる。僕たちは正しい方向へ進んでいるのか？　そもそもどこかへ進んでいるのか？　もうすぐ死ぬのではないか？　もう死んでいるのか？　ここはリンボ（訳注：キリスト教で、洗礼を受けなかった人間が死後に住むとされる場所）なのか？　それとも煉獄《れんごく》（訳注：カトリックで、罪を犯した人の魂が火で清められる場所）なのか？　まじめな話、月曜日の午後の二〇分をもっと楽しく過ごす方法はいくらでもある。

だがその時間は三〇分になり、四〇分になった。

もちろん墜落したわけではない。墜落していればこの本も存在しない。それでも、このヘリコプターが着陸するまで一時間近くは空中にいた。後にわかったことだが、僕たちは本当に危険な状態にあった。ヘリコプターが飛行を始めたとたん、パイロットは、視界がほどんとゼロであることに気づいた。そうなると、二機のヘリコプターが周囲を確認できず、衝突してしまうおそれが十分にある。しかもその一機には、アメリカ合衆国大統領が乗っている。だからこそ、フライトにそれほどの時間がかかったのだ。ヘリコプターは、緊密な編隊で飛行すると衝突の危険があるため、縦一列に並んで飛行した。僕たちがどこにも進んでいないのではないかと感じていたときには、実際にどこにも進んでいなかった。黄灰色の濃霧の中、計器に頼らず、着陸の順番を待っていたのだ。

ご想像のとおり、ワシントンに帰るフライトでは、不安げな会話があちこちで交わされた。しかし僕は、そのような話にはほとんど加わらなかった。スタッフ用客室のリクライニングシートに黙って座っていたが、恐いというよりばかばかしい感じがした。何度こんな教訓を学び直せばいいのだろうか？　何もかもわかっている人などいない。間違いを犯さない人などいない。スピーチライターであれ、気象予報の担当者であれ、アメリカ合衆国大統領であれそうだ。殺し屋として訓練されたCATのメンバーでさえ、同じ人間でしかない。ニュージャージー州上空のどこか、霧の立ち込めた煉獄の奥深くで、僕たちのヘリコプターは予想外の乱気流にぶつかった。そのとき、メンバーの二人が一瞬ひるんだのを、僕はこの目ではっきりと見た。

母校のキャンパスに戻り、最近のエアフォースワンでのフライトを自慢しなくても、自分に自信を持つ方法はいくらでもある。とはいえ、そんな自慢話が効果的なのも確かだ。

それを実感したのは、あの九死に一生を得たヘリコプター体験の直後だった。僕はその日、五年ぶりの同窓会に出席した。大学を卒業して五年を経た今、友人たちは、二〇代なら誰もが直面する疑問を抱えていた。何をすれば心が満たされるのか？　自分が目指している目標はやりがいのあるものなのか？　成功とは何なのか？　ホワイトハウスで働いていた僕は、こうした疑問に悩まされることがまるでなかった。以前ミーティングで、大統領がヒトラーに似ていると指摘したことがあった。あのときほど充実した人生は考えられない！

「あなたは夢の世界を生きているのね」。少なくとも一〇回はそう言われた。

だが、同窓生にあえて言わなかったことがある。確かに僕は、ほかの人より高いものを目指しているのかもしれない。それでも、そのときそのときの充実感が常に一定しているわけではない。僕は、一つの夢の世界ではなく、二つの夢の世界を生きていた。第一の夢の世界では、大統領専用機で各地を飛びまわり、恋人の両親のポイントを稼ぐのに、大統領の手を借りることもできる。まるで信じられない世界だ。しかし、第二の夢の世界は、もっと異常で厄介なものだ。僕は空中に浮かんでいる。銃を持った男が周りを囲んでおり、どこへ行こうとしているのかもわからない。パイロットは勘だけで操縦している。

僕は天国にいるのか、リンボにいるのか？　深い充実感の中にいるのか、絶え間ない不安の中にいるのか？　ホワイトハウスでは、はっきりわからない場合が多い。

少なくとも僕はもう、定期的に酔っぱらうこともなくなりつつあった。それでもコディが修正した原稿を開くときには、中に爆発物でも入っているような気持ちになった。だが今では、修正内容を確認しなくても、自尊心へのダメージを推定できる新たな方法を身につけた。行政府ビルの職員は、人類学の研究でもするようにウエストウィングの研究をしている。僕はそんな研究を通じて、上司の一行メールが伝える独特の意味を理解できるようになった。

私の修正案——手のつけようのない大失敗。ただのごみ。書き直し。

私ならこう修正する——気に入らないが、まったくだめというわけではない。

一部修正——許容範囲内だが、ぎりぎりのレベル。

いい出来——いい出来。

もう一つ、ほとんど目にすることはないが、「やったな！」や「わお」といった言葉が含まれるメッセージもある。これはただごとではない。完璧な出来で、チームの価値あるメンバーとしての地位を確立したことを意味する。

しかし、ホワイトハウスに戻って四か月がたっても、「やったな！」や「わお」にはお目にかかれなかった。記者晩餐会は大成功だったが、まじめなスピーチでは思うようにいかない。完璧な出来にはほど遠かった。

はっきり言ってしまえば、大統領もそんな状態だった。再選は、有権者に心から「いい出来」と言われたようなものだった。しかし二〇一三年の夏になるころには、明らかに「私ならこう修正する」という段階に来ていた。支持率が上がる要素はどこにもない。熱病は相変わらず猛威を振るい、立法議案は滞り、国民は不信感を抱きつつあった。霧が第二期を覆っている。僕たちには現状を打破する何かが必要だった。

その何かとは、やはりスピーチだった。大統領があの「歴史の中に占める場所」について語ったノックス大学でのスピーチに立ち返るのだ。コディは一週間にわたりオフィスにこもり、オフィスから出てきたときには、「中流階級のためのよりよい取り決め」と題する原稿を携えていた。

このスピーチで支持率が急上昇するとは誰も思わなかった。公職の権威が粉々に砕けてしまったせいで、もはや大統領でさえ、争点や問題についてどう考えるべきかを国民に示すことができない。だがそれでも、どの争点や問題について考えるべきかを国民に示すことはできる。それが、コディのスピーチの狙いだった。その内容はこうだ。一九七〇年代のどこかで、生産性を上げれば賃金も上がるという時代が終わった。労働と報酬の因果関係が消滅してしまった。この結びつきを回復するのが、オバマ大統領の二期目の主要プロジェクトだ。だが大統領の話は、そこで終わらない。残りのスピーチで、中流階級の生活の「土台」となるものを説明する。それは、質のいい仕事、無理なく利用できる医療、ビジネスチャンス、マイホームの購入、そして安定した老後だ。

そう言ってしまうのは危険でもある。国民の間には、大半の政治家は約束を守ろうとしないという考えが広まっている。だがそんなことはない。政治家は約束を守ろうとしている。しかし、そんな考えが広まっているために、政治家は一般的に約束を避ける。それなのに大統領は、自分の業績を判断する基準として、五つの項目を提示した。その意味するところは、こういうことだろう。この優先事項を実現できれば、歴史に名を刻める。実現できなければ、歴史に名を刻めない。

予想どおり、オバマ大統領が果敢に新たな基調を提示しても、政府の手詰まり状態は改善されなかったが、士気は高まった。ここ数か月で初めて、熱病も和らげられるのではないか、成否を決めるのは連邦議会ではないのではないかという希望が生まれた。支持者もそれに気づいたようだ。

友人や家族は、例のごとく僕がこのスピーチの原稿を書いたと思い込み、「あのスピーチよかったよ！」と言った。

僕は自分の功績だとは言わないものの、内部事情に詳しい人間であることをほのめかすようにこう答えた。「最初の草稿を見せたかったよ。あれは〝クリスマスツリー〟だった」

もちろん彼らには、僕の言っていることがわからない。そこがミソだった。どの職場でもそうだが、オバマ・ワールドにもそのメンバーにしかわからない専門用語がある。部外者には理解できない言葉を自由に使いこなせるようになればなるほど、その言葉に頼るのが心地よくなっていくものだ。

クリスマスツリー（名）　個人的な主張や無関係な政策で、スピーチがどうしようもないほど重くなっている状態。

出荷予定（名・複）　ミーティングのあとに割り当てられる仕事。

ビッグフット（動）　上役風を吹かす（「〝ビッグフット〟ですまないが、あの電話会議に出席できるのは上級スタッフだけだったんだ」）。

クリック（名）　撮影会での写真撮影（「時間がない。二〇〝クリック〟だけにしろ」）。

実在の人物（名）　ワシントン以外に暮らす、政府関係者でも有名人でもないアメリカ人。「RP」と省略されることが多い。

株（名・複）　利害関係。

出資者（名・複）　〝株〟を持つ人。

交流（動）　非公式に政策を広める（「この点について〝出資者〟と〝交流〟しよう。ここではどんな〝株〟もないがしろにできない」)。

専門用語のほかに略語もあった。スピーチにおける謝辞(acknowledgment)は「アックス」、大統領がスピーチを読むときに見る機器は「ザ・プロンプター」、連邦議会で毎年行う一般教書演説(State of the Union Address)は「SOTU」である。中でももっとも重要と思われるのは、大統領を各地へ運ぶ金属製の飛行物体を指す略語で、これは常に「ザ・プレーン」と呼ばれた。「エアフォースワン」などと呼ぼうものなら、すぐさま新人だとばれてしまう。

さらに、オバマ大統領自身を指す略語もあった。二〇一一年にはまだ「POTUS」(訳注:「President of the United States」の略で「アメリカ合衆国大統領」を意味する)は、クールな若者たちだけが使う略語だった。やがて誰もが「POTUS」を使うようになると、クールな若者は「P」だけで大統領を指すようになった。イニシャルだけのほうが頭字語よりもはるかにかっこよく、ブラックベリーでも親指のワンタッチだけで入力できるからだ。それなら、あまりに忙しすぎて四文字余計に打っている暇さえないことも、暗に伝えられる。ときには正反対のアプローチを取り、大統領を「ザ・プレジデント」と言う場合もあった。だがそんな機会はあまりなく、権威を強調したいときにのみ使われた。

「〝POTUS〟が修正を送ってきた」

「〝P〟は遅れている」

「〝ザ・プレジデント〟本人がこれを承認したんだ。それでもまだ変更したいのか？」

ホワイトハウスには、こうした用語並みに複雑なしきたりもある。たとえば、メールを転送するときに、本文に何も記載しないで転送する場合がある。これは、単に情報を伝えたいだけという場合もないわけではないが、たいていは暗にこんなメッセージを送っている。

「記録に残しておきたくないから書かないが、こんなくそくだらないものは見たことがない」

最後に一つ、オバマ・ワールド用語に付録を加えておこう。この世界には、よくわからないシステムが働いていることを表現する言葉がいくつかある。その最たるものが「ザ・プロセス」である。この言葉がウエストウィングで使われているかどうかは知らない。行政府ビルでは「ザ・プロセス」は、あらゆるアイデアを飲み込み、そこから逃れられるものはほとんどない謎めいたブラックホールを意味する。たとえば、こんなことがあった。大統領が、コミコン（訳注：漫画などの大衆文化に関する大規模イベント）向けにある動画を撮影した。だが「ザ・プロセス」がゆっくりと作動し、ほぼ撮影が終わっていたその動画をなきものにしてしまった。ミュージカル『ハミルトン』のパロディ動画を提案した際、僕はこれが「ザ・プロセス」を生き延びるだろうかと思ったが、やはり生きて帰ってくることはなかったわけだ。

そのほか、スピーチの冒頭に、興味をそそるエピソードを置くか、睡眠効果の高い「アックス（謝辞）」の羅列を置くかを決めるのも、「ザ・プロセス」だ。大統領がスピーチする場所や日時を決めるのさえ、そうだ。よくインターンは、「スピーチのテーマはどのように決めるのですか?」と尋ねてくる。そんなとき僕は、相手の期待に応えて知っているふりをするが、実際には僕も、彼らが知っている程度のことしか知らない。テーマは、日程調整のミーティングで決まるのかもしれないし、コウノトリが包みに入れて配達してくれるのかもしれない。

だが、僕にも確実に言えることがある。それは、「出資者」が多いと「クリスマスツリー」状態になるように、「中流階級のためのよりよい取り決め」のような重大なスピーチがあると、スピーチをするイベントが増えるということだ。こうした機会は定期的に発生するが、そんなときこそ大統領のスピーチライターが、車の定期点検に勤しむ整備工さながらの活躍を見せる。その目的は、歴史書に名を残すことではなく、アメリカの記者に特定の場所や話題に関する見出しを書かせることにあった。

オバマ、メンフィスを訪れ、コミュニティカレッジ建設計画を発表
大統領、カンザスシティで製造業の回復を称賛

七月下旬、中流階級の生活の土台となる五項目について、項目ごとにスピーチを行うイベントを開催することが決まり、僕は住宅政策を担当することになった。これは、決して信任投票で決まったわけではない。医療はタイムリーなテーマだ。教育は話題になる。それに比べると、住宅問題は刺激が少ない。住宅ローンの利率やホーム・エクイティ・ライン・オブ・クレジッ

ト（訳注：持ち家の価値を担保にして開ける借金の口座）に関するスピーチを僕に任せるのは、太っちょの子供にライトを守らせるようなものだった。

しかし僕は、これまでライトを守ってきた聞き分けのいい選手同様、そんなことには気づかないふりをした。これまでのスピーチと同じように、人間工学に基づいて設計された椅子に背をもたせかけ、ドレスシューズで壁にすり傷のコラージュを増やしながら、着想を練った。僕はこの時間が好きだ。目の前には、カーソルが点滅しているだけの真っ白な画面がある。まるで、ピアノの前に座るベートーベン、絵筆を握るピカソといった心境だ。

だがそのとき、ふと気がつく。それは僕の仕事ではない。僕が行うべきは芸術制作ではなく、組み立てだ。ほんのわずかな例外を除き、政府の仕事に求められているのは、天賦の才ではなく専門的な能力、ひらめきではなく正確さなのである。自分に「ザ・プロセス」が適用されないようなふりをするのは、もうやめよう。

そして、それを実行に移す。わざわざ一から作るのではなく、以前の言葉の断片を集め、それを、コディが書いたノックス大学風スピーチの言葉と組み合わせ、つなぎ合わせる。まったく新しいエピソードを探すのではなく、古いエピソードを組み込む。確かに、新たな表現をいくつか加えはした。ここにジョークを一つ、あそこに「実在の人物」のエピソードを一つ。しかし、それ以上のことはしない。出来上がったのは、これまでいちばんオリジナリティに欠ける原稿だった。

ここまででも十分に「ザ・プロセス」を考慮しているつもりだが、それでもまだ足りない。この段階で、記載内容が正しいかどうかを確認するファクトチェッカーに見てもらわなければならない。今ではもはや、ホワイトハウスが事実確認をすること、ホワイトハウスが事実の存在を信じること自体が、過去の遺物のようになってしまっている。だが少なくとも、本稿を執筆する六か月ほど前までは、大統領の発言が正しいかどうかを確認する調査室が存在していた。そこの調査員のおかげで、僕が恥をかかずにすんだ経験は数知れない。大統領にとってだけでなく、民主主義そのものにとってもなくてはならない貴重な存在だ。まじめな仕事ぶりといい、底なしの謙虚さといい、公務員の手本だと言える。だがその彼らのせいで、僕は死ぬほど悩むことになった。

個人的な問題があったわけではない。調査室のオフィスは、スピーチライターのオフィスから歩いてほんの数歩のところにあった。僕たちは同じチームに属しており、仕事以外では親しくつき合ってもいた。しかし仕事となると、『ウエスト・サイド物語』のシャーク団とジェット団並みに激しく対立していた。

調査員によると、スピーチライターには監視を怠るとフィクションを書き始める癖があるという。だがスピーチライターに言わせれば、調査員はばかばかしくなるほどリスクを嫌う傾向があった。ごくささいな間違いにも怯え、ありとあらゆる行に黄色のマーカーで線を引き、その下に小さくコメントを添えるのだ。たとえば、こんなコメントを書かれると、僕は壁に頭をぶつけたくなった。

アメリカは地球上でもっとも偉大な国だ。

実際にはいくつかの主要指標で、北欧諸国のほうがアメリカを上回っている。

私たちの経済政策はきちんと機能している。

共和党は認めないかもしれないことに留意。

ファクトチェッカーが少々やりすぎだったとしても、それを責めるつもりはない。彼らにしてみれば、確実に成功させるには注意しすぎるぐらいがちょうどいいのだ。しかしその結果、八年にわたる隠蔽や言い訳の軍拡競争が勃発することになった。調査室は、あらゆる主張に「ほぼ」や「ほとんど」を追加した。すると大統領は、スピーチをするときはいつも「ほぼ」や「ほとんど」を飛ばして読んだ。調査室は、ごくわかりきった問題にさえ、調査室の方針を貫いた。するとスピーチライターは、そんな問題にもこだわるのなら、調査室のほうで解決策をいくつか提示すべきだと主張した。

僕は、文言や内容について仲間のスピーチライターと協力して仕事をすることはあまりなかったが、調査室への対抗戦術については仲間と情報を交換していた。同盟国同士で情報を共有していた冷戦時代と同じである。僕たちにはそれ以外に選択の余地がなかった。読者がたった今読んだ文章も、調査室が目を通したら、こんな指摘を無数に受けたことだろう。

歩いてほんの数歩のところ

歩幅は人によって異なり、ときに大きな差を生むことに留意。

私たちは同じチームに属しており

大統領人事局に確認。

シャーク団とジェット団並みに激しく

『ウエスト・サイド物語』では最後に人が死ぬ。「～並みと言えるほど」と言い換えられないか？

大統領は、スピーチをするときはいつも「ほぼ」や「ほとんど」を飛ばして読んだ

「スピーチをするときはほぼいつも」と変えるべき。

私たちにはそれ以外に選択の余地がなかった

その証拠があるのか？　証拠がなければ、「選択の余地が限られていた」とするほうが安全。

真実を守ることに価値はあるものの、調査室は「ザ・プロセス」そのものだった。仕事を任されたときにいくらやる気に満ち満ちていても、ここですっかり意欲を失ってしまう。僕が担当する住宅政策のスピーチは、八月六日火曜日に予定されていたが、その前の日曜日の午後にコディに草稿を送ったころには、もう二度と原稿を見たくなかった。正直に言えば、ほかのスピーチの原稿さえ二度とごめんだった。感情のエネルギーが干上がって空っぽになってしまっていた。ほんのわずかな喜びさえ残っていない。

疲れ果て、おなかがすいた僕は、ジャッキーと一緒に、自宅アパートの近くにあるタイ・レストランへランチに出かけた。すると、注文もしないうちに、ブラックベリーが振動した。コディからだ。内容を心配する気力もなく、ぼんやりと上司からのメールを開いた。

わお、すばらしい出来だ!

すると突然、疲れが吹き飛んだ。次のスピーチの仕事も、同じような感情の浮き沈みがあることはわかっている。その次の仕事も、その次の仕事も。それでもいい。早くまたスピーチの仕事がしたい。

そのときふと気づいた。ホワイトハウスの仕事とはこういうものなのだ。感情の両極端の間をピンポン玉のように行き来し、ようやく僕は心の妥協点にたどり着いた。僕は天国にいながらリンボにいる。なくてはならない存在でありながら消耗品である。訳のわからないプロセスに支配されながらも目的がある。ワシントンはいまだ治まらない熱病にとりつかれているが、僕がいたい場所はそこ以外にない。

この仕事は、最初にホワイトハウスの門をくぐったときに期待していたほどすばらしいものなのか？　もちろん違う。だが、十二分にすばらしいものでもある。住宅政策のスピーチ当日、僕はのんびり大統領専用機のスタッフ用客室に入り、座席に置かれていたカードをひったくった。このときなら僕も、夢の世界を生きていると言えたかもしれない。

カードにはこう書かれていた。「リット様　エアフォースワンへようこそ」

11

聖なる闘い

「僕たちユダヤ教徒にもクリスマスみたいな行事がある。ヨム・キプルっていうんだ」と僕はジャッキーに言った。

一緒に暮らすようになって初めての七月のことだ。まだ一二月まで道半ばというころなので、彼女はあっけにとられていたが、僕は気にしなかった。誤解のないように言っておくと、僕はクリスマスが嫌いなわけではない。クリスマスが嫌いで意地悪をするあのグリンチの肩を持とうとは思わない。ただクリスマスを、ビッグバン理論や、デイブ・マシューズ・バンドや、ペヨーテ（訳注：幻覚成分を有するサボテンの一種）と同じように考えているだけだ。つまり、自分とは無縁のものということだ。

だがジャッキーには、それが受け入れられなかった。長老派の父、カトリックの母に育てられた彼女は、どこからどう見ても熱心な信者というわけではない。ところが、サンタクロースや、クリスマスツリーや、クリスマスの定番映画『素晴らしき哉《かな》、人生！』のことになると、聖ヨハネを優に超える情熱を発揮した。僕がキリストをわが神、わが救い主と認めないことについては、どうでもいいようだ。しかし、クリスマスを一年でいちばんすてきな日だと認めないことについては、それで僕の魂が救われるのかと心配になるらしい。

そこで、その初めての七月に異端審問が始まった。「その、あなたたちのクリスマスには何をするの？」と彼女が尋ねる。

「そうだね、まずは何も食べない」。僕は、崇高で精神的な感じをくみ取ってくれることを願った。だがジャッキーは納得していないようだ。

「一日中何も食べないなら、何をするの？」

「だいたいお祈りだね」

「何を求めて祈るの？　食べ物？」

高祖父がこの世によみがえり、東ヨーロッパからアメリカに渡来してこの話を聞いたら、僕が異教徒とつき合っていると知って激怒したに違いない。しかしその気持ちも、長くは続かないだろう。アパート近くのゲイ地区で男同士がキスしているのを見ただけで、心臓発作を起こし、またぽっくり死んでしまうに決まっている。

ジャッキーと僕がこうしてつき合えるのも、社会が全体的に寛容になったおかげだった。異人種間・異教徒間の結婚や同性婚、あるいは再婚や同棲や無過失離婚（訳注：当事者双方に過失がなく、そのほかの理由でする離婚）。こうした流れは、過去数十年の間に形成されてきたものだが、その考え方は、同性婚を求める運動の主要スローガンに端的に表現されている。

「愛は愛」

ところがただ一つ、この流れに逆らうものがある。それは政治だ。自分が支持しない政党の支持者が自分の子供と結婚することに反対すると答えたアメリカ人は、一九六〇年には五パーセントしかいなかったが、その五〇年後には八倍の四〇パーセントに増えた。つまり、宗教や人種に代わり、支持政党が分断線の役割を果たすようになったのだ。

忠実な民主党支持者だった僕は、こうした政治的分断の影響をじかに受けた。たとえば、二〇〇〇年代半ばには、ブッシュ大統領はバカみたいに休暇を取りすぎだと思っていた。調査や分析の末にそう判断したのではなく、独断的にそう考えていた。だが、やがてホワイトハウスに入ると、真実がわかった。大統領は実際には休暇など取ってはいない。ジョージ・W・ブッシュが、テキサス州の牧場で何日やぶを刈っていようが、絶えず仕事はしていたのだ。これを知ったときには、軽い悟りのようなものがあった。「神は死んだ」というほどの悟りではなく、「神はピーナッツ・アレルギーだ」という程度の悟りだ。それでも、ショックはショックだった。

しかしこんなことは、二大政党の間で起きていることに比べれば何でもない。確かに、二一世紀に入って、民主党も共和党も極端化してきたという点では同じだ。だがそれは、映画の『ポーキーズ』も『サイコ』も、シャワー室での不作法を描いているという点では同じだと言うようなものだ。問題は、その度合いである。

オバマは大統領に就任したとき、党派を超えたところを見すえていた。そのため、教育や地球温暖化、医療など重大な課題については、共和党からアイデアを借りた。極端なところから始めて中道の方向へ交渉していくのではない。オバマの当初の提案は、最初から妥協案を織り込んでいたものが多かった。こうしたアプローチは、数十年前なら成功したかもしれない。だが当時は、ティーパーティ運動真っ盛りの時代だった。オバマが新たな妥協点に足を踏み入れるたびに、一種の白人離れが起きた。

二〇一三年になるころには、論理一辺倒の大統領に対する反発から、論理そのものさえ党派心に左右されるようになった。それどころか、共和党は次第に、論拠よりも、ある種の信仰に従うようになった。地球温暖化はうそだ、不正投票がまかり通っている、赤字は減っているどころか増えている、銃が増えれば銃犯罪は減る、オバマ大統領の景気回復策はまだ何の雇用も生み出していない、などなど。

これらの主張は明らかに間違っているのだが、そんなことは問題にならない。たとえば、ユダヤ教ではミルクと一緒に肉を食べるのを禁じている。だが、チーズバーガーを食べたことがある人ならわかるように、これには何の意味もない。だがそれでいいのだ。あらゆる教義が理にかなったものなら、もはやそれは信仰とは呼べない。だが、共和党を相も変わらず昔からの利益団体のように扱っている記者たちには、そこがわからない。保守運動は変化し、共和党は一種の教会と化していた。

だからと言って、共和党が一枚岩というわけではない。誇りある宗教組織の例に漏れず、共和党の中でも無数の派閥や小グループが支配権をめぐって争っている。その派閥を一つひとつ分類するのはまず無理だが、オバマ大統領の二期目を理解するためには、以下の三グループを知っておけば十分だろう。

第一のグループは、カントリークラブ会員である。これは、上流階級の伝統の守護者とも言える存在で、減税や規制撤廃が正しいと信じ、儀礼を重んじる。下院議長のジョン・ベイナーがその代表格だ。ミット・ロムニーの復活に期待を寄せているが、このグループの命運は必ずしも上り調子ではない。

第二のグループは、地球は球体ではなく平面だと信じている地球平面協会の面々である。その守護聖人がサラ・ペイリンだ。彼らは筋金入りの陰謀説支持者で、オバマ大統領の長文式出生証明書はにせものだと主張している。国連が提唱する自転車シェアリングも、世界征服のための陰謀だと確信している。

そして第三のグループが、聖戦士たちである。この中には、実際に宗教的な動機を持つ人もいるが、そのほかの人たちは、マタイやルカの言葉よりも『ロード・オブ・ザ・リング（指輪物語）』の言葉を引用する傾向が強い。だが、どこで日曜日を過ごすにせよ、彼らには一つの共通した世界観がある。従来の共和党員はリベラル派と論争をするだけだったが、聖戦士たちは善と悪との実存的戦いに参加する。絶えず融和を敵視し、まるで太平洋沿岸に集結したサタンの手下を相手にするかのように、「左派を倒せ」と主張する。

この聖戦士たちは、ペイリン派のような熱意で、ロムニー派の目標を追求する。そのためこのグループは、二〇一三年にはかなりの勢力を誇っていた。

だが正直に言えば、彼らに格好の標的を提供したのは、オバマ自身だった。最高司令官への反感ほど、共和党員を一つに結びつけるものはない。そして、オバマ最大の業績であるオバマケアほど、彼らに反感を抱かせるものはなかった。カントリークラブ会員にとってオバマケアは、富裕層から貧困層への富の移転にほかならなかった。地球平面協会の面々にとってオバマケアは、「死の委員会」を設置し、政府の力を増大させるものでしかなかった。そして聖戦士にとってオバマケアは、左派の最終的な勝利を意味した。いわば、モルドールへの途上にある最終ステップである。

ご想像のとおり、オバマ政権はこの重要な法律が悪だという主張に異議を唱えた。この法律の重要性に反論の余地はない。僕たちは、オバマケアがもたらす結果を考えてわくわくした。何百万もの国民が保険に入れる。医療費の増加を緩和できる。保険会社が既往症を理由に加入を拒否することができなくなる。だが、僕たちのこの法律に対する思い入れは、そんな費用対効果分析を超えていた。民主党正統派の主張の最重要ポイントは、政府は国民生活を改善できるという点にある。一方、共和党正統派の主張の最重要ポイントは、政府は国民生活を改善できないという点にある。オバマケアが理想的に機能すれば、この論争に終止符が打たれる。どちらが真の教会かはもはや疑いの余地がない。

そのためどちらの党も、二〇一三年一〇月一日を最後の審判の日と考えていた。というのは、この運命の日に、Healthcare.gov というウェブサイトが開設され、アメリカ国民がオンラインで保険に加入できるようになるからだ。

一見するとこれは、とりたてて大騒ぎするようなことには思えない。たかだか、アメリカ政府が設計した、インターネット上の保険の窓口に過ぎない。だが、このサイトが運営を始めると、何百万もの国民が新たに保険に加入できるようになる。そうなったあとでオバマケアを撤回すれば、あらゆる州、あらゆる地区の有権者から、ようやく手に入れた医療を奪うことになる。つまり、この法に反対している人々にとって、サイトの開設は破滅を意味する。何としてでも阻止しなければならない。

ここで、テッド・クルーズが登場する。写真で見ると、この一期目の共和党上院議員は、聖戦士とはまったく縁のない高僧のような風貌をしている。大学一年生のときのルームメイトの話によれば、若きテッドはよくバカにされ、触ったものをすべて「クラズ」で汚していくとからかわれていたという（訳注：「クルーズ」は「クラズ」とも読め、その音が「汚いもの」を意味する「スカズ」に通じる）。しかし、和解と裏切りの違いがない共和党では、友だちづき合いが苦手なことが功を奏した。間もなくこの二重あごのテキサス州選出議員は、偉大な聖戦の先頭に立った。彼が編み出した作戦はシンプルそのものだった。オバマ大統領が一〇月一日までにオバマケアの予算を取り消さなければ、共和党は政府機能を一時停止させるという。するとカントリークラブ会員は、愚痴を言ったり舌打ちをしたりしたが、その戦略に従うほかなかった。大統領予備選でティーパーティ運動出身の候補者から自分たちの身を守るため、彼らは思いきった行動を取る約束をしていた。今、そのつけが回ってきたのだ。それに共和党は、二〇一一年の債務上限危機の経験から、人質作戦には効果があると確信していた。アメリカにとってひどい損害になると脅せば、オバマ大統領は降参するだろう。こうして、当初はばかげたアイデアだと見なされていた政府機能の一時停止が、九月にはかなり現実味を帯びてきた。

やがてホワイトハウスで、政府閉鎖に向けた準備が始まった。それは、ホワイトカラーによる最後の審判の日の予行演習のようなものだった。まず、職員が二つのグループに分けられた。国家安全保障に欠かせない仕事に携わっている人や上級スタッフは、「必須職員」とされた。一方、僕はそれ以外の職員に分類された。僕がこのグループに名前をつける仕事を任されたとすれば、もっと失礼にならない言葉を選んだことだろう。たとえば、「価値ある職員」とか「それでもなお特別な職員」などだ。単に「第二グループ」でもいい。だが連邦政府の官僚は、僕の気持ちになどかまってくれない。アメリカ政府の布告により、僕は公式に「非必須職員」とされた。

この淘汰のあと、法律に基づく厳しい警告があった。政府機能が停止している間、仕事用のブラックベリーから一回でもメールを送信すれば、五〇〇〇ドルの罰金が科されるという。僕は、オフィスにいつ戻れるのかわからないまま、机の引き出しを調べ、痛みそうなおやつを処分した。ウエストウィングの非必須職員の最後の仕事はもっと大変そうだった。上級スタッフのアシスタントが、電話の転送の仕方や、ドロップダウンメニューからプリンターを選択する方法を、大慌てで上司に教えていた。

九月三〇日、大雪による全国的な休校日を前にした校長のように、オバマ大統領がテレビに現れ、閉鎖する施設や停止するサービスを列挙した。この通知の数時間後、僕は職場を去った。また、ホワイトハウス職員であることを示すＩＤカードは、クローゼットの奥深くに掛けておいた。また、問い合わせをしたくなる誘惑を避けるため、ブラックベリーのふたを開けてバッテリーを取り出し、本体とバッテリーをそれぞれ引き出しの奥に突っ込んだ。

それからの数日間は、学校が焼け落ちた小学三年生のような気分だった。頭では、この政府機能の一時停止で困っている人がいることはわかっている。だが、心の中ではこう叫ばずにはいられなかった。休みだ！

そう思っているのは僕だけではなかった。ワシントンのバーやレストランは普段から、ストレスの多い仕事と格闘している機能性アルコール依存症患者をもてなしていたが、その人たちが一時停職になったことで、一日中この機能性アルコール依存症に耽っていられるようになった。たとえば、こんな具合だ。近所のブリクストンというバーで、一杯四ドルの「自宅待機パンチ」をしこたま飲む。翌朝には、デイリー・ディッシュでその二日酔いを癒す。その時期、この店ではコーヒーを、連邦政府職員には無料で、連邦議会議員には普段の二倍の料金で提供していた。そしてまた一日中、ルーズ・シティ・バーで楽しい時間を過ごした後、ナンドーズの特別料理「骨なしチキン・腰抜け議会」か、マンゴー・マイクスの無料のナチョスを腹いっぱい詰め込む。

こうした楽しみはしばらく続いたものの、一週間後にはすっかり飽きてしまった。すると不安が押し寄せてきた。政府機能の一時停止は、ここ数世代で最大の政治闘争だ。どちらが勝つかわからない。

共和党は、世論を揺るがそうとあらゆる手を試みた。保守系のFOXニュースは、カントリークラブ会員の用語を借用し、この事件を「政府のスリム化」と言い換えた。まるで政府が低炭水化物ダイエットでもしているかのような言い草だ。だが、それが誰にも受けないと、次いでペイリン派が、トラック運転手による新たな草の根運動「トラッカーズ・ライド・フォー・ザ・コンスティテューション（憲法を擁護するトラック運転手の行進）」の噂話を始めた。この運動の主催者は、壮大な運動を思い描いていた。オバマが面目を失って辞職するまで、怒れる愛国者に一万台のトラクタートレーラーを運転させ、ワシントンの環状線をぐるぐる走らせようというのだ。

この運動のフェイスブックには、高らかにこう宣言されていた。「全アメリカ国民の参加があれば、トラック運転手がわが国救済の道を導く」

僕はそもそも彼らの考え方に同意できないが、それ以上に気になったのが、この文章の言葉づかいだ。道は固定されていて動かすことはできない。だから、どこかへ「道を導く」ことなどとうてい無理だ。いずれにせよ、これは大した問題にはならなかった。結局、姿を見せたトラック運転手は数十人だけだったのだ。彼らはクラクションを鳴らして少し走りまわり、一部の通勤者に不便をかけると、帰りの道を導いていった。

政府機能の一時停止は、大統領のどんなスピーチよりも効果があった。そのおかげで有権者もようやく、子供じみた行動を取っているのがどちらの党なのか気づいたのだ。やがて共和党の支持率が急落を始めた。事態が切迫してくるにつれ、共和党は聖戦士に望みをつないだ。テッド・クルーズならこの窮地を救ってくれるに違いない！

だが、宗教まがいの政治ではこれが限界だった。熱心な信者たちは、篤い信仰心に目がくらみ、自分たちを導く預言者が何の計画も持っていないことに気づいていなかった。聖戦士たちが無計画だったことは、クルーズの仲間であるインディアナ州選出下院議員マーリン・ストゥッツマンの言葉にもよく表れている。

「私たちが軽蔑されることはないでしょう」。ワシントン・エグザミナー誌にそう述べたストゥッツマンは、さらにこう続けている。「この事態から何かを手に入れなければなりません。

それが何かはわかりませんが」

　政府機能の一時停止が長引くと、共和党は最後のただ一つの望みにすがった。きっとオバマはもうすぐ降参する、と。だが今回はそういかなかった。二〇一一年の債務上限危機のときに大統領は、人質犯との交渉で大変な譲歩をしてしまった。それから二年たった今、同じ過ちを繰り返すつもりはまるでなかった。敵がどうしていいかわからなくなるほど、大統領のメッセージは明らかだった。国に迷惑をかけるのはもうやめろ。人質を解放しろ。さもないと、有権者の怒りを買うことになるぞ。二〇一三年一〇月一六日、政府機能の一時停止をめぐる闘争は、共和党の敗走という形で終わった。共和党は政府機能の再開に同意し、民主党は共和党がそうするのに同意した。

　翌朝、僕はホワイトハウスに戻った。シークレットサービスのセキュリティチェックを通過すると、新たにホワイトハウスの首席補佐官になったデニス・マクドノーがウエスト・エグゼクティブ通りに立っているのが見えた。一人ひとりと握手しながら、笑顔を振りまいている。

「よく戻ってきてくれた！　うれしいよ。うれしいよ。よく戻ってきてくれた！」

うれしくないわけがあるだろうか？　この五年間、絶えず苦しい闘いを強いられてきたが、ついに勝利したのだ。約束の地がようやく視界に入ってきた。

　翌日の午後、僕は危うくオバマ大統領の頭髪に火をつけるところだった。

公平を期して言えば、これは共同責任だった。事件の詳細はこうだ。ホープ・ホールの発案で、週一回の定例ビデオ演説を戸外で収録することになった。レジデンスの一階のバルコニーに設置されたカメラには、サウスローンの汚れ一つない一面の緑が映っている。その奥では、コンスティテューション通りの向こうにあるワシントン記念塔が、午後の日射しを浴びて西面を輝かせている。政府機能が再開したことをアメリカ全土に伝えるのに、これほどいい場所があるだろうか？

ホープがプランを説明すると、音響映像チームがそのプランを実現する仕事にとりかかった。ホワイトハウスでは、撮影や原稿の執筆は民間人が行うが、照明や音響設備の操作は軍の下士官兵が行う。僕は、こうした音響映像スタッフと仕事をするのが好きだった。というのは、彼らと僕とでは、ホワイトハウスで仕事をするに至った経緯がまるで違うため、彼らの話を聞くのがおもしろかったからだ。たとえば、同じ一九歳のころに叱られた理由からしてまったく違う。僕は科学の成績が悪くて叱られた。一方ジャレッドというスタッフは、沖合での訓練演習の際、機関銃でイルカを撃って叱られたという。だが、それから一〇年もたっていないのに、彼はすでにプロとしての高い自覚を持っていた。兵役にはそれだけ人を変える力があるのだろう。音響映像スタッフの誰にでも言えることだが、ジャレッドは細部にまで気を配って仕事をしていた。僕にはとうていまねできない。

今回の定例ビデオ演説で機器の操作を担当していたのは、やせてはいるが筋肉質の、ジョーという海兵隊員だった。この男は、危機管理対策の重要性を固く信じていたようだ。収録現場に来てみると、異様に長い延長コードが、とぐろを巻いてレジデンスのほうへ延びている。また、カメラのスペアのバッテリーが充電器に設置されている。ブームマイクは、環境雑音を最小限に抑えられるタイプのものだ。

ジョーは、「ディーバ・ライト」を持ってくるのも忘れなかった。撮影中のモデルの舞台裏の写真でよく見かける、ＬＥＤが並んだスーツケース大の電光板である。このワット数の高い電光パネルを、大統領の椅子の左右に一枚ずつ設置する。そして、まぶしくならないよう散乱カバーで両方のライトを覆う。大きなタッパーのふたのようなものだ。

収録は午後の早い時間に予定されていたため、本来なら余計な照明はいらないはずだった。しかし、ジョーが安全策を取っていてくれて助かった。間もなく、ホワイトハウスの基準から見ても大幅に大統領の到着が遅れることがわかったのだ。僕は何時間もレジデンスをうろつきまわり、ベンジャミン・フランクリンの肖像画（哀愁が漂っている）やマーティン・バン・ビューレンの義理の娘の肖像画（意外にセクシー）をながめて時間をつぶした。

とうとう日が沈み始めたころになってやっと、「Ｐ」が間もなく到着するという連絡が入った。すぐに撮影が始まると見込んで、ディーバ・ライトが点灯された。ところが大統領は、まっすぐバルコニーには来ないで、首席補佐官のデニスとともに、サウスローンを囲む円形の通路を歩き始めた。一周。二周。ついには三周である。あたりが薄暗くなったころになってようやくバルコニーにやって来たオバマ大統領を見ると、その表情に疲労と不安が見える。

ところが腰を下ろした瞬間、大統領の雰囲気が変わった。僕はいつも、こうした収録時に見せる大統領の気分の切り替えの速さに感心しないではいられない。アフガニスタン情勢に関するきわめて深刻な会議を終えてきたかと思えば、明るい調子でマイケル・ジョーダンの誕生日を祝う言葉を収録し、またそのあとで顔を引き締め、わが国の軍隊に対して厳かな賛辞を述べる。定例のビデオ演説のときには、大統領は改まった、やや厳めしい口調を採用するのが常だった。まるで、裏庭でのトランポリン遊びの危険性を訴えるビデオのナレーションを務めているような感じだ。

「今週、民主党議員と責任ある共和党議員の和解により、政府機能が再開されました」

ふと、変なにおいがした。虫よけスプレー？　日焼け止め？　僕は、ほかに気づいている人がいないかと、ホープやジョーをちらっと見たが、そんな様子はない。気のせいなのかもしれない。

「具体的に言えば、民主党と共和党がすぐにも協力できることが三つあります」。大統領はそう言いながら、重要なポイントを強調するような身ぶりをして両手を降ろした。

そのとき僕は見た。

一方のディーバ・ライトにつけたプラスチック製のふたが、くすぶり始めていた。溶けてできた小さな穴から、有害な煙が渦を巻いて流れ出ている。大統領の左耳からほんの数センチメートルのところだ。僕はジョーのほうを見た。ほんの数秒前まで彼は、何の心配もいらないと思えるほど穏やかな表情をしていた。ところが今では、恐怖で凍りついている。

だが大統領は調子よくスピーチを続けるばかりで、ジョーの表情に気づかない。そのとき吹いていたそよ風のせいで、頭のそば一面に広がる有毒な煙にも気づかない。「第一に、責任を果たせる予算の実現に向け、バランスの取れたアプローチの推進に腰を据えて取り組まなければなりません」。そう言う大統領の態度は冷静で落ち着いており、すぐ隣りで赤々と灼熱する機器とは著しい対照を成している。煙霧が立ち込め始めた。プラスチック製のふたは、間もなく火をつけられようとしている暖炉の新聞紙のように、追い詰められ、震えているかに見える。

僕はもちろん、何のためらいもなくその場に割り込み、窮地を救った。炎を消し、大統領を救出し、バラク・オバマ本人から、国民から、世界から感謝された。

というのは、僕の想像たくましい空想の世界で起きた出来事に過ぎない。では、現実の世界ではどうだったのか？　何も起きなかった。僕はまるで身動きができず、一言も言葉が出なかった。そのとき以来、少なくとも一〇〇〇回は同じ質問を自分に問いかけた。

どうして？　なぜ声を上げなかった？　ついでに言えば、なぜホープもジョーも声を上げなかったのか？

この疑問を考えれば考えるほど、ショックや恐怖で僕たちの舌が凍りついていたわけではないことがはっきりしてきた。僕たちの行動を押しとどめたもの、それは、二年前の記者晩餐会のときに僕を救った、あの官僚の姿をした天使の声だった。じぶんのおお、もちぶんをおお、まもれええええ。僕の担当はスピーチの原稿を書くことだ。ジョーの担当はセットの準備であり、ホープの担当はカメラの操作である。つまりこの場に必要だったのは、大統領の頭が燃えないかどうかを確認する担当者だったのだ。しかし、そんな担当者は存在しない。そんな「出荷予定」を割り当てられている人はいない。しかも、オバマ・ワールドで自分の持ち分を離れるのは、大罪にあたる。

これ以上放っておいたら手遅れになると思ったその瞬間、ジョーと僕が絶望的なほど怯えた表情をしているのに大統領が気づいた。一瞬にして大統領の態度が変わった。

「きみたち、どうしたんだ?」

沈黙。

「おい!」。大統領の言葉がきつくなる。

驚くべきことに、それでも僕たちは口を開かなかった。だが、まだしばらく麻痺状態にあった僕とは違い、ジョーは大統領の質問を受け、弾かれたように目を覚ました。そしてタオルをつかむと、僕のそばを走り抜け、ディーバ・ライトを覆って火を消した。

大統領はことの次第に気づくと、手厳しい視線をこちらに向けた。僕はその瞬間、自分を完全に正当化できる長々とした言い訳を用意した。だが意外なことに大統領は、怒るでもなく、疲れたような表情をしただけだった。新たなプラスチック製のふたが装着されると、さっさと収録をすませ、ホワイトハウスへ入っていった。

「じゃあみなさん、よい週末を」

「あ、その、大統領も」

僕は何も、バラク・オバマがどんな罪も許せる聖人だと言っているわけではない。僕の考えはこうだ。大統領の責任は重大であり、本人もそれを十分に理解している。そのため職員が自分の頭を焼き払いかけたとしても、そんなことにかまっていられなかったのだろう。何しろ大統領には心配すべきことが山ほどある。政府機能の一時停止により、わが国の経済は大変な損害を受けていた。共和党の聖戦士たちは、まだ聖戦を続けると豪語している。

それに、オバマ大統領のあらゆる業績を脅かす問題が発生していた。暗い表情で、首席補佐官とサウスローンを長々と散歩していたのは、そのためだった。やんわり伝えても仕方がないので、はっきり言ってしまおう。オバマケアのウェブサイトが、まるで機能しなかったのだ。

「Healthcare.gov にアクセスしてください」。オンライン上に保険の窓口が開設された一〇月一日、大統領は語った。「カヤックで航空券を買ったりアマゾンでテレビを買ったりするのと同じように、保険プランを並べて比較できます」（訳注：カヤックは、国内外の航空券やホテルの予約や料金比較ができるサイト）

そんな力強い説明があったが、実際にはまるでそのとおりにはいかなかった。一〇月一日、アメリカ国民は確かに、ブラウザに「Healthcare.gov」と入力することはできたかもしれない。しかし、誰もがそのサイトを「利用」できるという触れ込みは、どう控えめに見ても現実的ではなかった。実際に保険に加入できたのは、運のいいごくわずかな人たちだけだ。そのほかの数百万人にとって、オバマケアのサイトを通じて保険に加入するのは、コムキャストの顧客サービスを通じてイケアの不良品を返品するようなものだった（訳注：一時期、ケーブルテレビ会社コムキャストの顧客対応やイケアの返品対応は悪評が高いことで有名だった）。サイトは、飛行機のコックピットの操作が簡単に思えるほど利用しにくかった。ページの読み込みも、手書きで書いているのではないかと思えるほど時間がかかった。

しかしそれも、サイトにアクセスできたらの話だ。ある記者が試しにアカウントを作成しようとしたところ、六三回目にしてようやく成功した。

現在、オバマケアのサイトの初期不良についてはよく知られている。だが、一般にあまり知られていないことがある。それは、オバマケアにとってこのサイトは、バスケットボールチームのクリーブランド・キャバリアーズにとってのレブロン・ジェームズだったということだ。つまり、スター選手が欠場すれば、ほかの何もかもがだめになってしまう。

シンプルな約束が果たせなかったときほど、悲惨な結果が待っている。「現在の保険プランが気に入っているのなら、そのプランを継続してもいい」。オバマ大統領は二〇〇八年から二〇一三年までの間に、これと似たような誓約を三〇回以上はした。この事実には驚くばかりだ。

というのは普通、こうした十把《じっぱ》ひとからげな言い方は、怒れるファクトチェッカーの相次ぐ警告にさらされるからだ。

現在の保険プランが気に入っているのなら

客観的に見て問題の多い保険プランでも、それが気に入っているという人がいるかもしれないことに留意。

そのプランを継続してもいい

保険会社は、これまで以上に高いオバマケアの基準に合致しないプランを取り下げざるを得なくなるかもしれない。留意。

こうした警告は無視された。本来なら、こんなことは問題にもならないはずだった。保険を失う危険がきわめて高いのは、標準以下のプランに法外な保険料を支払っている人たちだ。彼らはきっと、オンラインの保険の窓口を諸手を挙げて歓迎してくれることだろう。いわば、使い古した九二年型シビックを、新品のレクサスに買い替えるようなものだ。国民は腹を立てるどころか、感激するに違いない。

しかし、サイトが機能しなければ、保険の窓口は存在しなくなる。レクサスは、バグだらけのプログラムの迷宮の中に閉じ込められてしまった。その一方で、九二年型シビックは、あっさりとスクラップにされつつあった。四〇〇〇万ものアメリカ国民が、旧タイプの保険は間もなく廃止されるとの通告を受けた。

「現在の保険プランが気に入っているのなら」と言ったのはうそではない。意図的なペテンというよりは、根拠のない楽観的見地から出た言葉に過ぎない。しかし、保険を失う恐怖に駆られた国民にとって、そんな違いはどうでもよかった。ここに至って初めて、有権者がオバマ大統領に抱いていた信頼が揺らぎ始めた。

こうしてオバマケアは、単なる一時的な障害や産みの苦しみどころか、大惨事を引き起こした。カヤックで購入したフライトが突然すべてソマリア行きになってしまったとしたらどうだろう？　アマゾンがうっかり顧客の家にスズメバチの巣を発送してしまったとしたら？

ビジネスの世界と政治の世界は違う。カヤックやアマゾンが経営危機に陥っても、それはよくあるニュースの一つに過ぎない。だが、大統領職が危機に陥れば、それこそ大ニュースだ。ホワイトハウスでは、いいニュースはあっという間に消え去るが、悪いニュースは、映画『恋はデジャ・ブ』のように何度も繰り返される。国民は夜ごとにまったく同じ報道を耳にする。オバマ大統領のサイトが機能しない。約束が果たされていない、と。

何よりも悔しいのは、以前から警告を発していた人が外部にいたことだ。たとえば三月には、コンサルティング会社マッキンゼーのチームが、オバマケアのサイトはスケジュールどおりに準備できないかもしれないと予測していた。七月には、同サイトの重要なテストが失敗に終わった。八月には、保険会社数社がナンシー・ペロシのオフィスに懸念を伝えている。今になって思えば、僕の父でさえ、その年の夏にこんなことを言っていた。「コネチカット州の友だちがね、このサイトは面倒なことになるって言ってたよ」

この意見は、まったくの出まかせというわけでもなかった。父は医師であって、政府で働いているわけではない。もちろんアメリカ合衆国大統領でもない。それを考えると、なぜ僕たち政府は、この失敗に気づかなかったのだろう？　言い方を変えよう。僕の父アンディ・リットには、このサイトが面倒なことになるとわかっていたのに、なぜバラク・オバマにはそれがわからなかったのか？

確かなところはわからないが、僕の推測ではこうだ。大統領の頭に火がつきそうだと言う人が誰もいなかったのと同じように、オバマケアが面倒なことになると言う人が、大統領の周りに誰もいなかったからではないだろうか？　僕たちに必要だったのは、悲観論を主張する担当者、警鐘を鳴らす担当者だったのだ。しかし反対論を口にする役目は、誰にも割り当てられなかった。その結果、誰も声を上げなかった。

オバマ・ワールドでは一般的に、スタッフが一丸となって危機に対処していたが、サイトの問題はとてもそれだけですむ話ではなかった。政府機能が再開して間もなく、大統領は、愛国心あふれるプログラマーの一団がカリフォルニアからこちらに向かいつつあると告げた。大統領の第二期の運命――希望と変革の未来――は、もはや僕たちの手中にはなかった。僕たちを救えるのは、もはやシリコンバレーの最終兵器だけだった。

一二月、オバマ大統領の支持率は四〇パーセントにまで落ちた。ハリケーン・カトリーナの被害により致命的な打撃を受けてから三か月後のジョージ・W・ブッシュの支持率と同じである。

そのころは友人から「そっちの雰囲気はどう?」とよく聞かれた。心配しているというより野次馬根性からだ。ホワイトハウスは内部崩壊を起こしていた。そのため、好奇心をそそる話でも聞きたかったのだろう。僕は彼らを満足させてなるものかと思い、まったく問題はないと答えた。

「みんな元気にやってるよ!」

しかしそれはうそで、実際のところはひどい雰囲気だった。アイゼンハワー行政府ビルの廊下では、誰もがうなだれて歩いていた。ウエスト・エグゼクティブ通りを渡る足取りも重かった。まるでホワイトハウスのスタッフ全員が、一斉に交際相手に振られでもしたかのようだ。

ある意味では、振られたと言ってよかった。アメリカでいちばんプレッシャーのかかる職場は、もはやホワイトハウスではなかった。一夜にして宇宙の中心は僕たちのもとを離れ、メリーランド州の何の変哲もないビルに移ってしまった。政府を救う使命を帯びたITマニアが集まる本部である。僕は、マスコミが「IT派遣部隊」と称するこのチームを応援し、その成功を願った。だが個人的にはむしろ、こう思っていた。早く普通の生活に戻ってほしい。ホワイトハウスがまたホワイトハウスらしくなってほしい、と。

しかし心の中では、元に戻れるかどうか疑問に思っていた。サイトは修復できるだろうが、オバマの改革運動へのダメージを修復するのは、それよりもはるかに難しい。ワシントンではよく「感覚は本物」と言われる。普段の僕は、それならガラス張りの窓を通り抜けられるのかと言ってバカにしていた。しかし今回ばかりは、その言葉どおりになりそうだ。政府機能の一時停止事件で優位に立った僕たちは、オバマケアの始動でKO勝ちを収めるはずだった。これまで数十年にわたり、政府の規模や政府の役割に関する議論が絶えなかったが、これを限りにその議論に終止符が打たれるかと思われた。

ところが単なる凡ミスのせいで、偉大な勝利となるはずが、これ以上ないほどの壊滅的敗北となってしまった。マスコミは今後、オバマケアをめぐる論争を延々と続けることだろう。オバマケア反対者はこのサイトを、政府が何もできないことを示すシンボルとして利用するだろう。それを考えると、残念で仕方なかったし、腹立たしかった。そして何より、気分が落ち込んだ。確かに僕たちは、歴史の向かうべき方向へ進んでいる。それでも、こんなありさまで勝てるのだろうか？

ひどく感傷的に聞こえるかもしれないが、こんな事態になっても僕の背中を押していたのは、あのゾーイ・リンだった。「ようやく医療保険に加入できるようになった四〇〇〇万もの国民を見捨てるわけにはいかない」と大統領も述べている。日増しに疑念は募っていたものの、その大統領の言葉には賛成だった。僕は、シャーロットで演壇に立ったゾーイの母ステイシーを思い出した。オハイオ州でボランティア活動をしてくれたウェンディを思い出した。彼女は、深刻な痛みに耐えながら選挙運動本部の近くを行ったり来たりしていた。

それに、ジャッキーのこともあった。彼女は一年前に法律の学位を取得して大学を卒業すると、新人法律家として、かつてない厳しい雇用市場に足を踏み入れた。結局、まともな給料がもらえる仕事を見つけたものの、手当がなく、保険に加入していなかった。

実を言うと、ジャッキーはこのうえなく健康だ。ウェンディやゾーイ・リンとは違う。しかし、それなら安心だというわけにはいかない。健康に恵まれていても、保険に加入していないことが毎日のように心配の種になった。ジャッキーが僕の家族に初めて会った日の夜、全員でブルックリンのバーに行った。その道すがら、僕の妹がたまたま先の細いヒールでジャッキーの足を踏んでしまった。そのときジャッキーは、痛みに苦しんでいるというより、不安でうろたえていた。骨が折れていないだろうか？　緊急治療室はどれぐらいの費用がかかるのだろう？　粘着テープと健康雑誌の情報とで骨を接《つ》げないだろうか？

僕たち二人は、この世界でもっとも裕福な国で高等教育を受け、専門職についている。それでも、即席の添え木をどう作ればいいのかはわからなかった。

プログラマーの作戦部隊は、大統領への信頼に対するダメージまでは修復できなかった。ただし、サイトを以前よりもましなものにはしてくれた。一二月半ばになると、サイトのエラー率は一パーセント未満にまで減った。僕たちはスピーチを通じて、オンラインでの保険加入をアメリカ国民に訴えた。

だがプライベートでは、ジャッキーにもうしばらく待つようアドバイスした。エンジニアがまだ不完全なプログラムを修正している最中だった。それに、どうせ保険が適用されるのは新年からだ。もっと時間をかけてもいい。

結局、保険の登録はクリスマスまで待つことにした。僕たち二人がつき合い始めてから二年目を迎え、僕はとうとう、ジャッキーが大好きなこの祝日を、ニュージャージー州の彼女の実家で過ごすと約束してしまった。実際のところ、その約束はあいさつ程度のつもりで言ったに過ぎない。イングランドの友人に、今度一緒にサッカーを見に行こうと言うようなものだ。ところが彼女はその約束を、自分の主張を全面的に受け入れてくれたものと解釈した。イングランドの友人に、今度、額に聖ゲオルギウス（訳注：イングランドの守護聖人）の十字架の刺青を彫り、スコットランド人をパイプで殴りに行くとでも言ったかのように。

ジャッキーに保険の加入をクリスマスまで待つよう提案した本当の理由は、そこにあった。僕は、クリスマス気分に押し流されそうになると、いつもオバマケアのサイトのことを考え、その気分を打ち消した。高速道路を北に向かっているときには、『おばあちゃんがトナカイにひかれちゃった』を聞きながら、おばあちゃんの外来治療費は誰が払うのだろうと考えた。キリストの生誕の場面を見ると、それを口実に、医療費負担適正化法のおかげで妊娠がもう既往症に含まれなくなったことを口にした。

だが、いくら白け気分でいようと決心しても、結局はクリスマスの魅力に負けてしまった。それは、パジャマ姿の子供たちが朝、プレゼントを開けて喜ぶといっただけのものではなかった。そりの鈴の調べやごちそうの裏では、対立することの多いユダヤ教とキリスト教の伝統が複雑に交錯していた。家族にまつわるさまざまな不安や心配ごとを話し合ったりもしていた。祝ってはいても、まったくのお祝い気分ではないという感じが絶えずあった。それなのに、この雰囲気になじめるだろうかと心配していたとは！　豚肉料理が出たとはいえ、これほどユダヤ的な経験は数か月ぶりだった。

ジャッキーと僕は、包装紙の山やらせん状にカットされたハムの山に幻惑され、医療保険のことまで考えている余裕がなかった。だがクリスマスのイベントが終わると、ついにあのサイトに思いきって挑戦するときがやって来た。二〇一三年一二月二五日の夜、ジャッキーが子供のころ使っていた寝室にこもった僕たちは、注意深くサイトを開いた。

スピーチライターが大統領のスピーチに使えそうな「実在の人物」を探すとき、どうしてもドラマチックな経験をした人に偏りがちになる。英雄的活躍をした消防士、大学に復学したシングルマザー、戦場で負傷した後に復帰した軍人などだ。類いまれなエピソードがないときには（アメリカ中西部の住民によくあるように、「実在の人物」は苛立たしいほどつつましい生活を送っている）、こちらが望む言葉を相手から引き出すこともある。

「つまり、クライスラーの工場に雇われて、アメリカではできないことは何もないと信じられるようになった、と？」

「あの、ええ、そんな感じです」

「いや、はっきりお願いします。そうなんですね？」

僕自身がこうした「実在の人物」になってみて、気づいたことがある。それは、政治家のある決断をきっかけに、まるでドラマチックではない物語が無数に始まるということだ。予算不足を補うため、道路に赤信号監視カメラを設置すると、突然自宅のポストに交通違反切符が送られてくるようになる。ワシントンで貿易協定に関する協議が行き詰まると、マレーシアの歯科医がフォードではなくヒュンダイの車を買うことになる。大統領が医療保険改革を最優先に進めれば、五年後に二〇代のカップルがツインベッドの上に座り、史上もっとも悪評の高いオンラインストアに入って二人の関係が無事にすむかどうか心配することになる。

最初のステップはアカウントの作成だが、これはスムーズにいった。しかし、サインインが予想以上に簡単だっただけで、それからは救いようがないほど大変だった。最適の保険プランを選べるように、サイトが無数の質問をしてくるのだ。この質問を見ていると、中学時代にスクールバスの中でよくやった「究極の選択」ゲームを思い出した。瞬きのたびにおならが出るのと、永遠にしゃっくりが止まらないのと、どちらがいいか？　鼻がまったくないのと、第二の鼻がおしりについているのとでは、どちらがいいか？

健康な若者が医療プランを比較するのだから、それに匹敵するばかげた選択をしなければならなくなる。現在住んでいる州で病気になった場合に医療費がやや安くなるほうがいいか、ほかの州で病気になった場合に多額の医療費を払うほうがいいか？　病院により多く入院できるほうがいいか（今は病院に行く必要もないのに）、がんの治療費を節約できるほうがいいか（今はがんを患ってもいないのに）？　一時間たっても、ジャッキーは次のステップに行けなかった。一息入れようとキッチンに退却し、残りもののハムを食べていると、共和党を支持する彼女の父親がその様子を見てほくそ笑んでいる。

しばらく休憩した後、僕たちは戦場に戻った。それから三〇分以上を費やし、ジャッキーはようやく質問への回答を終えた。だが、「究極の選択」が終わったとたん、問題が発生した。表示される保険プランを比較したいのだが、ブロンズ・レベルと呼ばれるいちばん安い保険の選択肢が、いつまで待っても表示されない。僕たちはサイトを何度も何度も再読み込みしたが、一向に表示は現れない。これだけ何度も同じページの再読み込みを繰り返していると、何か過酷な心理テストでもやらされているような気になってくる。しかし、ほかにどうしようもないので、ひたすら根気よく再読み込みを続けた。こうしておよそ一〇〇〇万回も再読み込みをしてようやく、二人の粘り強さが報われた。保険プランの一覧がすべて表示されたのだ。ジャッキーはその中から一つを選んだ。すると、しばらく待つようにとのメッセージが現れた。

僕たちはそうした。待ちに待った。画面の中央で、小さく輝く円が自分の尻尾を追いかけているような映像を見ながら、ただ待ち続けた。すると、もうあきらめかけていたころになってようやく、何かが現れた。新たな画面だ。

それはトップページだった。これまで入力した情報がすべて消えている。また一からやり直さなければならない。

続く戦いはひっそりと行われた。オバマケアのせいで僕たち二人が仲違いしそうだと思わせてジャッキーの父親を喜ばせるわけにはいかない。しかし、二人の間で交わされる言葉は、音量は抑えられていたが強烈ではあった。個人的な中傷や政治的中傷が、むちのように相手に襲いかかった。

「このサイト、もう使えるって言ってたよね……」とジャッキーがささやき声で言う。

「あのＩＴ部隊もがんばってるんだから」

「かばう価値なんかない！」

「きみは何でも大げさに騒ぎすぎるよ！」

「味方になってくれないの！」

「いつも僕を責めるけど、悪いのは議会だろ！」

「ええ、そう？　じゃあ、民主党は中流階級のことなんか気にしてないのね！」

しばらく沈黙。

「今の、言葉、取り消せ」

しばらくして僕たちは言い争いをやめた。またログインし直すしかないのだ。ジャッキーはまたアカウントを作成し、質問に答え、一つ保険プランを選んだ。そしてもう一度、永遠に感じられるほど長い時間、待った。小さく輝く円の模様がぐるぐる回るのを、息を詰めて見守る。とうとう、何かが現れた。新たな画面だ。

それは確認画面だった。ジャッキーは保険に加入したのだ。

その瞬間をもってあらゆる問題が解消したと言うつもりはない。僕たちに言えるのは、その瞬間に古いツインベッドから飛び降り、かつてないほど強く抱き合った、ということだけだ。二人は悲鳴を上げていた。今回は苛立ちからではなく、喜びから出た悲鳴だ。確かにオバマ・ワールドは、もっとも大切にし、優先的に成立させた法律の運用に失敗した。共和党議員は、僕たちの支持率が下落していくのを見てにやにやしていることだろう。だが、ニュージャージー州のこの小さな部屋では、そんなことは問題にならなかった。

それよりも重要なのは以下のことだ。バラク・オバマは、政治的に妥当な範囲をはるかに超え、全国民を保険に加入させるために闘った。そして失敗を犯した。盲点があった。そのために僕たちをがっかりさせたこともあったかもしれない。だが、決してあきらめなかった。決してジャッキーに背を向けなかった。僕の最愛の女性の味方になってくれた。そのおかげで、これからは彼女が病気になっても、安心して医者に行ける。
僕としては、この一年でいちばん幸せなひとときだった。

12 一文なし

やがて二〇一四年になったが、この年は最低だった。何から何までひどい。最悪である。たとえば、こんな出会いがあった。その年の春先、職場から家へと歩いていると、背の低い、ぽっちゃりした女性が足をひきずりながら、決然とこちらに向かってきた。四〇代後半か五〇代前半ぐらいだと思う。白髪頭をつんつんに逆立て、全粒粉パンのような色合いと質感のセーターを着ている。

「失礼ですが」と女性が声をかけてきた。「大統領就任委員会のスタッフをしていた方じゃありませんか?」

一部のホワイトハウス職員の顔が知られているというのは、珍しいことではない。僕がまだクライシス・ハットに勤めていた二〇〇九年のある朝、一緒にインターンとして働いていたソニアという女性が、夢うつつという感じで出社してきた。

「たった今、ホールフーズ・マーケットでジョン・ファブローを見たの!」とうれしそうに言う。

彼女の話というのは、それだけだった。大統領のチーフ・スピーチライターと話をしたわけでもなければ、ファブローの子供を身ごもったわけでもない。ファブローが高価なレタスを物色している姿をちらっと見たというに過ぎない。どうやら、彼女の世界を揺るがすには、それだけでよかったようだ。

しかし、地元で有名人になれるのはスタッフ一〇〇人につき一人ぐらいで、あとはいつまでも無名のままだ。内気な同僚は、匿名で働けるのが、公務員のいちばんいいところだと言っていた。それ以外の同僚は、匿名という条件で大きな仕事をさせてもらっているのだと考えていた。リアーナに曲を書いたり、バスケットボールのスター選手ドウェイン・ウェイドのシューズを設計したりするのと何ら違いはない。少なくとも僕はそう考え、そう自分に言い聞かせていた。ところが今、街中の歩道で、見知らぬ女性の注目を一身に浴びている。何だか体がむずがゆくなってきた。気づいてくれる人がいた！　僕にもファンがいる！　僕は唇が裂けそうなほどの笑みを浮かべた。

「そうです！　就任委員会で六週間ほど働いていました」。僕がそう言うと、つんつん髪のファンは納得したようにうなずいた。自分の推測が裏づけられて大喜びしている。

「ティム・ケインのスタッフもしていませんでしたっけ？」

この言葉にはびっくりした。俳優のジョゼフ・ゴードン＝レビットに会い、彼が一九九一年に出演したポップターツというおやつのコマーシャルの話をするようなものだ。僕は心の中で、この女性をスーパーファンに格上げした。そして、慎み深さと冷静さを絶妙に組み合わせてこう言った。

「二〇一二年の党大会で、ケイン上院議員のスピーチをお手伝いしました。手始めにはちょうどよかったと思います。修正もほとんど必要ありませんでしたし」。女性は僕の率直な態度に感心するように、先ほどよりもはるかに力強くうなずいた。

「それで今は、ホワイトハウスで働いているのね？」

とうとう来た！　これこそ僕が待っていた質問だ。

「そうですね」。僕は謙虚なふりをするのも忘れて言った。「二四歳のときから大統領のスピーチの原稿を書いています」

女性が大きく目を見開いた。僕はそこで彼女の称賛を浴びるはずだった。ところが女性は、いきなり僕の顔に指を突きつけて叫んだ。

「知ってるわよ！　私の就任式のチケットを盗んだでしょ！」

「え……？」僕は口ごもった。すると女性は、僕が何か言い出す前に猛攻を仕掛けてきた。

「私のチケットを盗んだ！　あんたは人種差別主義者だ！　人種差別主義者で、犯罪者で、KKKの一味だ！」

普段の僕なら、急いで自己弁護しようとしたことだろう。だがこの女性は、僕の生涯を事細かに知っている。僕は一瞬、彼女が僕の知らないことまで知っているのではないかと不安になった。

「そ……そんなことはないと思うけど？」僕はそう答えたが、事態の改善には何一つ役に立たなかった。告発者と化したファンは、今度は通行人にも聞こえるように、さらに声を張り上げて叫んだ。

「こいつは人種差別主義者だ！　犯罪者だ！　ＫＫＫだ！」

僕はこの女性にきちんと説明しようかと思った。腹を割って話し、相手の言うことに熱心に耳を傾ければ、きっとわかり合える。だが、つんつん髪の女性は相変わらず叫び続けているので、僕は考えを改めて逃げ出した。半ば歩き、半ば走りながら、ドレスシューズで歩道を通り抜けていくと、スーパーファンは足をひきずりながら僕のあとを追いかけてきた。

つまり、二〇一四年はそんな感じだった。僕たちはなすべきことをした。誇りに思える業績だ。それなのに、誰からも嫌われた。

苦悩が始まったきっかけは、例のごとくオバマケアだった（オバマケアの話はもういいという読者がいるかもしれないが、当時の僕たちもそんな気持ちだった）。新年が始まった当初は、悪いことずくめでもなかった。国民はようやくオバマケアのウェブサイトを利用するようになっていた。しかし保険の市場は、学生の社交パーティで出されるポンチのようなものだ。この場合、健康な若者は水やソーダ水、病弱な老人はアルコールに相当する。つまり、両者を混ぜる割合が適切であれば、何も問題は起きない。だが、アルコールをうまく隠せないほど水やソーダ水が少ないと、パーティが台なしになってしまう。

そのたとえで言えば、二〇一四年の初めに僕たちが目にしたのは、一〇ガロン容器に入ったエバークリア（訳注：アルコール飲料のブランド）ばかりだった。若者は、オバマケアに関する情報に耳を貸そうとしなかった。ウェブサイトがようやくまともに動くようになったことも、たいていは一月一〇〇ドル以下で保険に加入できることも知らない。この保険加入の第一次締め切りは三月だったが、それまでにアメリカの若者の関心を集められなければ、オバマケアの保険料が跳ね上がる。そうなれば、政策集団がジョークでよく言う「死のスパイラル」が現実のものになってしまう。そこでホワイトハウスのコミュニケーション部門は、最後の得点を狙うロングパスをいつでも投げられるよう準備していた。

実は僕たちも知らなかったのだが、そのための台本が五年前から用意されていた。二〇〇八年のハロウィーンの日、コメディ動画サイト『ファニー・オア・ダイ』のプロデューサーが突如、熱烈な愛国心に駆られ、罫線のない紙とペンをつかむと、こう書きつけた。

私マイク・ファラーは、二〇〇八年一〇月三一日から二〇一六年一〇月三一日までの間に、わがサイトのチームがバラク・オバマに会える機会を絶対に作ってみせる。

当時は、そんなことはまず無理だと言ってよかった。だがファラーは、自ら苦難の道を選び、努力を重ねた。すると二〇一三年初め、初めてホワイトハウスのミーティングに招待された。それからの一二か月間、ファラーは、シークレットサービスにいる日焼けしすぎのエージェントのように、決して押しは強くないものの、いつでも手の届くところにいるといった感じで、大統領の周辺をうろつきまわった。そのころ、ファラーのサイトでは、コメディアンのザック・ガリフィアナキスが司会をする風変わりなオンライン・トーク番組『ビトイーン・ツー・ファーンズ』を公開していた。ファラーは、大統領がこの番組にゲスト出演してくれないものかと思った。実にばかげた考えだが、やがてそれがばかげた考えではなくなった。二〇一四年になり、政府がオバマケアにまつわる危機的状況を打開する苦肉の策を求めていたところ、ファラーがそばにいたというわけだ。

ここで素直に告白しなければならないが、僕は、大統領を『ビトイーン・ツー・ファーンズ』に出演させるのは大きな間違いだと思っていた。そう思ったのは、大統領としてふさわしくないように見えるからではない。大統領が嫌な人間に見えそうだったからだ。強い言葉でも、ちょっと微笑んだり眉を上げたりすれば、意味が和らぐ。カメラでは、大統領のユーモアのこうした微妙なニュアンスをとらえきれない。じかに見ていれば楽しい冗談ですむのに、カメラを通すといじめに見えるかもしれない。

たとえば、オバマ大統領が僕の両親と会ったときの出来事を考えてみよう。シェラトン・ニューヨークタイムズスクエアホテルでのスピーチの前に、舞台裏で写真撮影会が開かれたことがあった。大統領はこれまでも、そんな撮影会を無数に行っていた。

その撮影会に家族を連れて参加していた僕は、自分の撮影の番が来ると言った。「大統領、僕の母と父、妹です」

「お母さん、お父さん、妹さん。お会いできて光栄です！」（大統領は、相手の気持ちを害するおそれがあるため、「初めまして」とは絶対に言わなかった）

僕たちは、いちばん背の高い人を中央に置き、そこから左右に背が低くなっていくような形で並んだ。大統領が僕の肩に手を回すと、僕は「クリック」に備えて身構えた。すると、カメラのシャッターの音ではなく、オバマ大統領の声が聞こえたのでびっくりした。

「その、スピーチの原稿は置いておいたほうがよくないかな？」

印刷しておいた原稿だ。大統領専用機からコピーを持ってきていたのだが、信じられないことに、それをまだ安全毛布のように手に握っていた。僕は近くの補佐官のもとに走っていき、書類ばさみを渡すと、前かがみにおずおずとカメラのフレームの中に戻った。大統領が再び僕の肩に手を回した。だがまたしても、すぐにその手を放した。

「ＩＤカードは？」

今度はあまりふざけた感じはなかった。僕がバーにクレジットカードを置き忘れそうになったときに、ジャッキーがよく使うような口調だ。「ＩＤカードをつけたままだよ。外したほうがいい」

大統領はまだ微笑んではいた。しかしそれはもう、撮影会向けのにこやかな笑みではない。害はないがバカなことをしでかしたスタッフに向ける「こんな間抜け信じられるか？」といった笑みだ。僕はできるだけ素早くＩＤカードを首から外すと、それを無理やりポケットに突っ込んだ。しかしそんなことをすれば、当然ひもがまた飛び出てきてしまう。そこでまたひもを押し込む。するとまたひもが飛び出る。また押し込む。また飛び出る。

永遠とも思える格闘の末、ようやく僕はＩＤカードとひもをポケットに収めた。ようやく撮影の準備が整った。だが大統領は、僕について一言せずにはいられなかったようだ。父親のほうを向いて、少しニヤリとしながら言った。

「彼はとてもいいライターなんですが、ちょっとぼんやりしているところがありますよね」

オバマ大統領は、どうしてそんな言葉を思いついたのだろう？　父がホワイトハウスに手紙を書き、自分の息子をまごつかせるのにいちばん効果のある言葉を教えたのだろうか？

父なら本当にそうしそうだ。僕と違って、切手を貼り忘れることもないだろう。しかし実際のところは、政策メモの内容を読み取る能力が異常に高い大統領が、その能力を人間の読みにも応用しただけなのだと思う。専門用語満載の書類からきわめて重要な問題を見つけ出すように、人間を見通し、いちばん恥ずかしくなるような特徴を直感的に見極めることができるのだ。

とはいえ、意地悪をするつもりなど大統領にはない。からかうのも、悪気のない冗談に過ぎない。それでも、その言葉は必ず、その人の本質的な部分を突いている。

『ビトイーン・ツー・ファーンズ』について心配していたのもそこだ。この父親とのやり取りを、実際の現場ではなくユーチューブで見ていたとしたら、大統領が残酷に見える可能性は十分にある。アメリカ随一の人気を誇るおバカ、ザック・ガリフィアナキスと辛辣な言葉を交わしているうちに、悪い印象を与えてしまうことはないだろうか？

不安は相手方にもあった。この番組のプロデューサーの一人、レイチェル・ゴールデンバーグが後に語ったところによれば、司会者が尋ねる質問について大統領の許可を得ているのかどうか、誰も知らなかったという。実際、本番中のあるとき、司会者は口ごもった。

「どんな気持ちなんですか、そのう……」。司会者はためらったが、大統領はまったく気にしなかった。「遠慮しないで言って、さあ！」

大統領の許可を得て、ザックは思いきって言った。

「どんな気持ちなんですか、最後の黒人大統領になるっていうのは？」

それが自分のジョークだと言えたら、どんなに鼻が高いだろう。だが僕は、プロのコメディアンと仕事をするときには、なるべく口を出さないようにしていた（ザックも、この番組を製作したスコット・オーカーマンとB・J・ポーターも、最高のコメディアンだった）。ただ、オバマケアを推奨する大統領のセリフに多少言葉を加えただけだった。ウェブサイトが突然故障した場合に備え、電話番号も伝えるようにしたのだ。僕は心配しながら成り行きを見守ったが、医療保険を若者にアピールする苦し紛れの最後の試みも、失敗する運命にあると確信していた。

だがそれは、まったくの思い違いだった。僕は、前年の二〇一三年七月に大統領が行った医療関連のスピーチの原稿を書いた。ユーチューブでのこのスピーチの閲覧回数は、本稿執筆時点で一万回ほどだ。ところが、『ビトイーン・ツー・ファーンズ』が公開されると、わずか二四時間で一一〇〇万人がオンラインで視聴した。つまり、比率で言えばこうなる。僕の書いたスピーチは、数か月かけてもダイニングテーブルを埋められるほどの人気しかないが、『ビトイーン・ツー・ファーンズ』は、一日だけでラジオシティ・ミュージックホールを埋められる(訳注：同ホールの座席数はおよそ六〇〇〇)。

それに、この番組を見た人は、それだけでなく行動を起こした。ウェブサイトへのアクセスが、一夜にして四〇パーセント跳ね上がった。三月一一日の公開日に続く二週間で、健康な若者が続々と詰めかけ、保険に加入した。

ウェブサイトが開設される前の二〇一三年、超党派の連邦議会予算事務局は、オバマケアを通じた保険加入は七〇〇万人前後と予測していた。ウェブサイトが壊滅的なつまずきを見せると、反対派は自信たっぷりに、この予測は大きく外れるだろうとほくそ笑んだ。だがそれは、ある意味では当たっていた。四月半ばまでに、予想を大きく上まわる八〇〇万人が加入したのだ。

四月一七日、このよいニュースを高らかに宣伝するため、オバマ大統領が記者会見を開くことになった。コディは、そのトッパーの原稿を僕に任せた。トッパーとは、記者からの質問の前に行う、事前に用意された短いコメントを指す。僕はわくわくした。再起のストーリーを物語る大統領の手助けがしたくてたまらなかった。

ところが、記者会見の数分前にオーバルオフィスの前に行くと、大統領はあまり喜んでいるようには見えなかった。むしろ浮かない顔をしている。確かに、公の場に出る前にはいつもそうしているように、側近の一人と気さくに話をしている。今回の相手は、報道官のジェイ・カーニーだ。しかし、大決起集会前によく見せていたあの元気のよさはない。やがてジェイとの話が、週末に関する話題になった。

「またゴルフですか?」とジェイがジョークを飛ばした。共和党は毎年春になると決まって、毎週一八ホールを回る大統領に逆上し、怒りの花を咲かせていた。だがオバマ大統領は、そのジョークを楽しんでいないようだった。疲れているらしい。

「ジェイ、出かけられるのはそれぐらいだよ」

記者会見室に入って、ようやく大統領が落ち込んでいる理由がわかった。テレビでは、記者会見の大統領は実際より大きく見える。だが実際に現場で見ると、大統領は金魚鉢の金魚のようだった。ジェームズ・S・ブレイディ記者会見室は、記者用の座席が四九席しかなく、アメリカの平均的な車庫よりほんの少し広い程度だ。演壇は、輸送用のパレット並みの高さと威厳しかない。オバマ大統領は、記者を睥睨《へいげい》するというよりむしろ、記者に取り囲まれていた。

ここで話を進める前に、一つだけ明らかにしておきたいことがある。僕が思うに、昔ながらのホワイトハウス記者団を構成する記者の大半が、ある政党の考え方に偏っているわけではない。それでも彼らは、大統領をやっつけようと躍起になっている点では共通している。それはきわめて当然のことだ。記者は誰でも、ウォーターゲート事件を告発したボブ・ウッドワードやカール・バーンスタインになりたがっている。大統領以外の人物に狙いを定めるのは、『白鯨』のエイハブ船長が海でグッピーを追いかけるようなものだ。

記者は、次のウォーターゲート事件を暴きたがっているという点だけでなく、劇的なストーリーのまわりにヌーのように群れ集まるという点でも共通している。彼らは、自分たちがこしらえた枠組みに沿ったストーリーを、まるで未知の惑星か何かのように探し求める。僕もニュースの一消費者として、その気持ちは理解できる。何が重要であり、何が重要でないかを判断する手がかりとして、記者に頼っている面はある。しかし、事実がそのストーリーに沿って歪められてしまうと、きわめて危険だ。あるストーリー構想のまわりに群がりたいという記者の欲求が、彼ら固有の権力者への不信感と結びついたら、どうなるだろう？　大統領の再起が難しくなる。

それでも僕は、オバマケアに関する新たなニュースがそんな状況を吹き飛ばしてくれるだろうと確信していた。タイタニック号が、氷山が船体をかすめたあとも浮かび続け、予定より早く大西洋を横断できたとしたらどうだろう？　大統領の内政の最優先事項で、まさにそれと同じことが起きたのだ。これで形勢が一変することには、誰も異論はないはずだ。

だが、そういうわけにはいかなかった。異論が噴出した。大統領はトッパーで、八〇〇万人が加入したことを熱心に宣伝したが、記者の質問が始まると、その事実はすっかり無視されてしまった。

大統領の医療保険改革はいつ普及するのでしょうか？

最終的に問題点は解消されるのでしょうか？

民主党員は次の選挙戦でこの成果を利用するでしょうか？

これらの質問が理不尽というわけではない。理不尽だったのはその背後にある前提だ。ウェブサイトの当初の失敗により、ストーリーはすでに「危機的状況にある大統領」という章に入ってしまっていた。いくら証拠を積み上げても、ページを元に戻すことはできなかった。

否定的なニュース報道のサイクルにはまり込んでしまうと、オバマ大統領はその状況をよく「一文なし」だと言った。そして、まるでアタマジラミの流行に対処する幼稚園の先生のように、ひどく不愉快そうな態度を見せた。こうした状況は一年に一、二度あるが、いずれは消え失せる。

だが今回は、そうとも断言できなかった。アメリカ国民は、オバマケアのウェブサイトの大失敗を裏切りのように感じており、まだ許そうとは思っていない。その点にいまだ不安があった。

二〇一四年の記者晩餐会が近づいてきたが、この一晩のお笑いで何もかも立ち直せるとは思えなかった。だがその一方で、何かの役に立つのではないかという気もした。大統領が思いきった話題に挑み、そつなくジョークを飛ばせば、有権者の心にかつての炎をまたともすことができるかもしれない。記者も、ストーリーがさほど固まっているわけではないと考え直すかもしれない。やがてジョーク作成のプロセスが始まったが、その目標ははっきりしていた。大きな一撃を加えることだ。

その相手は、政敵だけではない。僕たち政府が意気消沈していた時期を自虐的に笑い飛ばせば、僕たちが前に進み続けていることを世界に示せる。この自虐というコンセプトを理解できない政治家は驚くほど多い。以下のようなやり取りを経験したスピーチライターはごまんといる。

政治家（最高にクールな父親という雰囲気で）　私は自虐ネタが大好きなんだ！　何かないかね？

スピーチライター（おどおどとして）　あの、先生が歌姫のようなまねごとをするというのはどうでしょう？

政治家（急に人格でも変わったように態度を変えて） え？ 歌姫？ そんなことをして誰がおもしろいと思うんだ？

もし読者がこの質問を受ける立場になったとしたら、こうアドバイスしたい。質問には答えるな。発作でも起こしたふりをしろ。死んだふりでもいい。国外に逃げ出せ。何をしてもいいから、口だけは開くな。

だが自虐ネタに関するかぎり、オバマ大統領のジョーク担当ライターは運がよかった。大統領が自虐ネタを心から楽しんでいたとは言えないが、少なくともその価値は理解していた。それに、オバマ大統領にはブラックユーモアのセンスがある。実際に、こんなことがあった。国家経済会議で働いていた僕の友人が、二〇一三年の暮れに初めて大統領に紹介された。

「こちらがデビッド・エデルマン、IT関連の仕事をしています」と友人の上司が言う。

すると大統領は、すかさず疑り深そうな目を友人に向けて言った。

「きみがあのウェブサイトを設計したんじゃないだろうね？」

また、大統領には自虐ネタを喜んで受け入れたくなる理由があった。自分をバカにしたあとなら、大統領をさんざんバカにしてきた人たちを、バカにし返すこともできるからだ。二〇一四年の記者晩餐会に向けてオーバルオフィスで開かれた最初の会議では、草稿の中に、オバマケアのウェブサイトに関するジョークが丸一ページ分含まれていた。その代わり、ミッチ・マコーネルや右派の億万長者コーク兄弟、保守系ニュース番組『FOX&フレンズ』の司会者など、あらゆる批判者をからかうジョークもたっぷりある。

僕たちは、ウラジーミル・プーチンに夢中になる共和党員が増えている事実にも矛先を向けた。これは、実に奇妙な傾向だった。著名な保守派の政治家たちが最近、このロシアの独裁者をやたらとほめたてるようになった。しかも、性的なイメージを抱かせるような言葉でだ。たとえば、元アーカンソー州知事のマイク・ハッカビーはこう述べている。「ウラジーミル・プーチンが震えるのは、ロシアの寒い冬の時期にシャツを脱ぐときだけだ」。まるで、ゲイやバイセクシャル男性向けのSNS、グラインダーに掲載された下手なプロフィールの文句のようだ。保守系のトークショー司会者のショーン・ハニティや、元ニューヨーク市長のルドルフ・ジュリアーニも、これほどではないが、負けず劣らずの発言をしている。そこで僕たちは、グラフィックス・チームの手を借り、こうした傾向をみごとに表現した画像を作成した。パジャマ姿のマイクとショーンとルドルフが、上半身裸のウラジーミルのポスターを見てクスクス笑っている画像だ。

こうしたスライドを加え、映像関連の小道具は日増しに増えていった。フォトショップで加工した十数枚の画像、映画『マトリックス』のパロディ、ジュリアス・ルイス＝ドレイファスがテレビドラマ『ビープ』の自分の役を演じる動画などだ。ネタのために、ひどく困り顔の大統領夫人が、アイスクリームの棒で作った額縁を掲げている写真をわざわざ撮影し、それに加工を施したりもした。技術的な面から言えば、これまででもっとも凝ったジョークの数々である。これで気合が入っていないとは誰も言わないだろう。やがてコディが尋ねた。

「このネタ全部、うまくいくんだろうな？　あの医療保険改革のあとだから、どんな失敗も許されないぞ」

「大丈夫ですよ」と僕は請け合った。「スピーチ当日の午前中にリハーサルをします」


そのリハーサルは、ヒルトンホテルのダンスホールのステージの一〇メートルほど上にある、柵で囲われた狭いキャットウォーク（訳注：高所にある狭い通路や足場）で行われた。床はコンクリート張りで、ワイヤーが四方八方に伸びている。いちばん端には、第三世界の動物園を思わせる、陰気くさい金属製のケージがある。

ケージの中にはスティーブが座っていた。スティーブは、ホワイトハウスの職員ではなく、ワシントン・ヒルトンの職員だ。この男は、会った最初から、ホワイトハウスよりもヒルトンのほうが上だという態度を隠さなかった。短く刈った髪、いやな仕事を押しつけられたと思っている表情を隠しもしない顔、コーヒーをたっぷり保管できるよう完璧に設計された腹、そんな姿のスティーブが、ヒョウのような縄張り意識と飼いネコ程度の労働倫理で、ＡＶブースに陣取っている。

リハーサルにはもう一人、ジェンという女性が参加していた。ホワイトハウスのグラフィックス・チームに最近入ったばかりの新人だ。皮肉でも何でもなく紫のポーチを腰につけているような人物で（訳注：「紫」は共和党支持とも民主党支持とも言えない州や人を指す）、カナダのロックバンド、ラッシュのファンクラブの会長も務めている。そして何よりも、冷静さを失いやすいタイプの人間だった。

リハーサルの今も、ジェンはおどおどしていた。「全部大丈夫かな？　予備のパソコンを持ってきたほうがいいかな？　三重チェックしておいたほうがいいところあるかな？」だが僕は、ジェンの不安そうな態度を見ると、かえって落ち着いた。戦場できたえられた冷静な上官といった気分で、何もかもうまくいくと彼女に断言した。

過去の経験から生まれるこの落ち着いた気分は、その日の夜にヒルトンホテルに戻ってきても、いっそう強まるばかりだった。ホテルに着くと、ＣＡＴのメンバーが、僕のタキシードのジャケットに留めてあったピンバッジを確認する。そして一つこくりとうなずいてアサルトライフルを下ろすと、ホテルの裏口に案内してくれる。僕は、晩餐会前の歓迎会の会場を歩きまわり、軽食をつまんだ。そして大統領が要望した最後の修正を行い、やがてスピーチの準備が整うとキャットウォークへ向かった。

ジェンがすでにそこで待機していた。過呼吸気味ではあったが、流れるような紫のガウンをまとい、マックブックをいつでも使える状態にしてある。スティーブもいたが、その表情はこう言っているようだった。おまえたちのせいでテレビが見られないから、録画してこなければならなかったじゃないか（きっとドキュメンタリー番組の『アイスロード・トラッカーズ』だろう）。

しかし、大統領の漫談が始まると、アドレナリンでハイになるあまり、二人に大した指示も出せなかった。「一文なし」から脱け出すこの絶好のチャンスをうまく生かせそうな気がして、興奮を抑えきれなかったのだ。『ビープ』の動画は大当たりだった。医療保険改革に関する自虐ネタの部分では、聴衆も感心し、拍手喝采した。大統領の間の取り方は、最初からうまかったが、年を追うごとにさらにうまくなっていた。下のダンスホールでは、大統領が次から次へとジョークを飛ばしている。あっという間に、大統領のスピーチが大成功を収めて終わるまで、あとスライドを数枚残すのみとなった。

「二週間前、テッド・クルーズ上院議員と私とで、一緒に法案をまとめました」

僕はキャットウォークから指示を出した。「よし、スライド」

スライドの切り替えはスティーブの仕事だった。このAV担当が、しぶしぶ手を伸ばし、大きな四角のボタンを押す。すると、ダンスホールの巨大スクリーンにこれまで映っていた大統領のライブ映像が、凍りついた地獄の画像に切り替わった（訳注：「地獄が凍りつく」は絶対にありえないことを意味する）。聴衆は爆笑した。

「よし、戻して」。スティーブは、僕の指示を待ってボタンから指を離すはずだったが、僕がそう言ったときにはすでに、不機嫌そうに椅子に体をもたせかけ、のうのうとしていた。もはやスライドはスクリーンから消えている。

　大統領は、頭上でひそかに熾烈な闘いが起きようとしていることにも気づかず、漫談を再開した。その後もスライドは続いた。靴を持って待ち伏せしているバイデン（訳注：ブッシュ大統領がイラクでの記者会見で靴を投げられた事件のパロディ）、テレビドラマ『ゲーム・オブ・スローンズ』風のスタッフ・ミーティング、〝怒り狂う社会主義者〟高校（訳注：シカゴ市長〈民主党〉がオバマの名を冠した高校の設立を発表したのに対し、テキサス州知事〈共和党〉が同じ試みをしたらこんな校名になるだろうというジョーク）の画像だ。スティーブはそのたびに、ボタンを押すタイミングが少し遅れた。そして、やや苛立ったような渋面をしてさっさと指を離し、椅子にぐったりと腰を下ろすのだった。

「残念ながら、私の大統領としての仕事はいずれ終わります」

「よし、スライド」

　スティーブはまた前に身を乗り出した。ところが今回は、僕を嫌うのに忙しくて注意がそれたのか、指がうまくボタンの中央をとらえられず、ボタンの端にぶつかった。すると、画像が一瞬スクリーン上に表示された後、消えてしまった。聴衆はとまどい、僕は激怒した。スティーブのせいでオバマ大統領の正念場が台なしになってしまう！　こんなことがあってなるものか！

だが、そのとき僕は気づいた。次のスライドがない。

僕は狂乱状態で、ジェンのノートパソコンを何度もチェックした。スライド一三——大統領がしかめっ面でオーバルオフィスに立っている写真——はあった。スライド一五——『マトリックス』のコンピューター・コードの画像——もあった。ところが、スライド一四がどこにも見当たらない。大統領夫人がアイスクリームの棒で作った額縁を掲げている写真である。スライド一三、スライド一五。しかめっ面のオバマ、『マトリックス』。その間に何もない。だが、大統領は何も知らない。これから一〇秒もしないうちに、大統領は恥をかくことになる。僕の責任で。

そのころにはジェンも事態に気づき、慌てふためいていた。「スライドはどこ？　スライドはどこ？」と、まるで子供を見失った母親のような口調であえいでいる。僕は、ギロチン台に上っていく男のような口調で答えた。「スライドはない」

一方スティーブはご機嫌だった。『アイスロード・トラッカーズ』よりはるかに見ものだとでも言いたげだ。一秒一秒がスローモーションで過ぎていく中、スティーブは満足そうに手を腹の上に乗せている。まるで、AV担当者の機嫌を損ねるとこうなるという貴重な教訓を教えてやっているかのようだ。ジェンは、何度も卒中で倒れそうになっていた。僕はキャットウォークの小さなモニターを見つめ、茫然としていた。

そのころ大統領は、先を続けていた。「ジョージ・W・ブッシュは、大統領職を離れてから絵を始めました。僕もそれに影響されて、芸術に取り組もうと思いまして」

大統領はそこで間を置き、映像が出るのを待った。その映像がもう存在しないことは、アメリカ中探してもこの三人しか知らない。

「その写真を撮ったはずなんだが」と大統領が言う。僕はと言えば、肌が汗でべたつき、口の中が紙やすりみたいに干からびていた。大統領は、困ったような表情をしてくちびるをなめた。「撮ってなかったかな」

僕は本来、「キャリア」という言葉を、自分の子供の話でもするように頻繁に口にする人間ではない。それでも、そのキャリアが崩壊すると思うと悲嘆に暮れた。オバマ大統領は間もなく恥ずかしい思いをする。「不運な大統領」というストーリーが新たな波となって、マスコミを席巻する。そうなれば、いくつかの首が飛ぶ。その筆頭候補となるのは、もちろん僕だ。

ところが、シリコンバレーは元スピーチライターでも受け入れてくれるだろうかと考えていた矢先に、ある出来事が起きた。一瞬のうちに大統領は落ち着きを取り戻した。そして、ホワイトハウスのさらなる失敗を待ち望んでいる記者でいっぱいのテーブルを見わたすと、苛立ちながらもニヤリとして言った。「スライドがないと、このジョークは成り立たない」。聴衆はそのときになって事態を知り、笑い始めた。

「仕方ない」。間。「おもしろかったことにしておいて」。大統領が自分のアドリブにクスリと笑うと、聴衆も釣られて笑った。さらに、その晩のスピーチのトリを務めるジョエル・マクヘイルに向けてこう言った。

「きみもこうなるかもね」

それは、このゆうべのハイライトにはならなかった。しかし、この夜のストーリーにもならなかった。大統領はアドリブを終え、真面目な締めのスピーチを行うと席に着いた。聴衆は立ち上がって拍手喝采した。僕はスティーブのいるキャットウォークのケージの中に座り、大統領の機転に感謝した。

それでも、一文なしの状態から逃れるチャンスを無駄にしてしまった。ストーリーを変えるのは、かつてないほど難しくなりそうだった。夏が迫っていたからだ。


夏のワシントンDCで、ネクタイにスーツ姿で働いたことがない？　そんな経験をしてみたい？　簡単だ！　まず、首に密着するものを巻きつける。スカーフでも大蛇でもいい。次に、通気性のない分厚い素材で体を覆う。ウールがいいが、ずっしりと重いタールをかぶってもいい。照りつける太陽と黒革のドレスシューズが生み出す不快感を実感したければ、ヒアリの群れで足をきれいに包む。そして最後に忘れてならないのが、水を満たしたたらいだ。それをぐつぐつ煮立たせて、その中に入る。その状態で仕事をしてみるといい。

女性なら、夏の間スカートやドレスを着れば多少ましだが、それでも大した差はない。ワシントンでは毎年夏になると、Tシャツで働こうが軍服一式を身につけて働こうが、誰もが汗みずくになる。これは、忍耐力を高める。世間話のいい話題になる。だが、国を運営する助けにはならない。頭蓋骨の中で脳がゆっくり煮込まれていく。そのため、長い休暇が取れるベテランたちはこの地区から逃げ出してしまい、二三歳の新人ばかりに仕事を任せることになる。だからなのかもしれない。オバマ・ワールドにとっての夏は、『ゲーム・オブ・スローンズ』にとっての冬と同じだ。厄介な出来事が、暑い時期のカのように急激に増える。

二〇〇八年八月二九日　サラ・ペイリンが副大統領に指名される。

二〇〇九年八月七日　「死の委員会」という言葉が登場する。

二〇一〇年八月二八日　ティーパーティ運動の主導者グレン・ベックが、リンカーン記念館前で「名誉挽回」集会を開く。

二〇一一年七月三〇日　債務上限危機における最悪の日。

二〇一二年八月三〇日　クリント・イーストウッドが共和党党大会でスピーチをする（これは裏目に出たが、いまだに話題になる）。

二〇一三年八月一〜三〇日　「政府機能の一時停止」熱が猛威を振るう。

まじめな話、夏の何がいけないのだろうか？　中でも、事態のひどさや混乱の度合いから見て、二〇一四年の夏は群を抜いている。

まずはエボラ出血熱だ。これは、マイケル・クライトンの小説のオープニングが現実化したような病気で、感染力が強く、見るも恐ろしい症状を示すが、治療法は確立されていない。二〇一三年一二月に西アフリカで大流行したときには、ほとんどのアメリカ人がそれを知らなかった。しかし翌年の八月二日、一人のアメリカ人がこの病気に感染すると、突如として国民全員がパニックに陥った。

僕自身もそうだ。僕は事実を正しくとらえようと最善を尽くした。ウイルスに感染したアメリカ人は、海外で医療活動をしていた。それにアメリカの公的医療制度は、リベリアやシエラレオネの制度の数光年先を進んでいる。しかしそうは考えても、安心できなかった。僕は、テレビ番組『マーサ・スチュワート・リビング』で購入したグレーのソファに座り、ジャッキーと新生活の計画を立てた。

「森の中でテント生活をしよう。釣り道具を持っていくよ」

「何もつかまえたことないでしょ」

「確かにそうだけど、おなかがすいてどうしようもなくなれば、腕も上がるんじゃない？」

次いでＩＳＩＳである。こちらはテロ組織のエボラだ。罪のない無数の人々を銃や炎で殺害し、女性を性奴隷にしてしまう。その残虐性を数え上げればきりがない。理解することなどとうていできない。八月七日、この組織が領地を確保するに及び、オバマ大統領は、イラクとシリアのＩＳＩＳ戦闘員への空爆を承認した。すると八月一九日、ＩＳＩＳはその報復として、アメリカ人ジャーナリスト、ジェームズ・フォーリーを斬首する映像を公開した。

これが転機となった。それまでISISはただの外国の悪党に過ぎなかったが、一夜にしてアメリカ国民の敵となった。大統領を批判する人々は、早速これに飛びついた。カントリークラブ会員は、大統領がテロに対して弱腰だと主張した。地球平面協会の面々や聖戦士たちはさらに踏み込み、大統領はテロリストに味方していると非難した。

後者の非難は途方もない誤りだが、前者の主張もそれより多少ましな程度で、誤りであることに変わりはない。大統領はISISに対する戦闘から手を引いたのではなく、司令官数人とともに多数の部隊を派遣し、襲撃や空爆を強化しているのだ。実際、アメリカ軍の支援により、イラク軍やクルド軍はイスラム国の国境を後退させつつある。とはいえ、怯えるアメリカ国民が、「おれがあの忌まわしいテロリストどもを蹴散らしてやる」的な威勢のいいリーダーを求めているのであれば、選挙で選択を誤ったというべきだろう。その年の初め、大統領は外交政策チームとともに「オバマ・ドクトリン」について話し合い、その方針を以下のように決めた。

「ばかなまねはしない」

実に刺激的である。高邁なビジョンが足りない分、常識で補ったというわけだ。オバマ大統領は基本的に、アメリカの権威を振りかざすことに反対ではない。ただ、最高の行動指針は自制にあると信じていた。別の言い方をすれば、ジョン・ウェインの下手な物まねをする大統領ほど危険なものはない、ということだ。国内の右派の評論家もISISのプロパガンダ担当者も、「文明の衝突」という言葉を好んで使ったが、大統領はそれを嫌った。

これは、ほぼ間違いなく正しい判断だった。世界一残忍な殺人鬼たちから、新兵勧誘の簡便な手段を奪うことになる。だが、この方針が国民のムードと相反することもあった。フォーリーが斬首される動画が公開されたとき、オバマ大統領はマーサズ・ビニヤード島で休暇中だったが、そのために休暇を切り上げようとはしなかった。それに大統領は、ISISを「ISIL」と呼んだ。正式にはそちらの名称のほうが正確とはいえ、これは大統領があまり事態をわかっていないような印象を与えた。レストランでウェイターが、「神戸牛」を食べている客に、それは「和牛」（訳注：アメリカでは「和牛」は脂身の多い牛肉を指し、必ずしも日本産の牛肉を指すとは限らない）だと説明しているような感じなのだ。

病的なまでに冷静なオバマ大統領の態度には、政治的盟友たちさえ苛立っていたかもしれない。それでも大統領の言いたいことは、明言しなくても容易に推測できるほどシンプルだった。自制心を失うな、ということだ。

だが、このメッセージが聞き届けられることはなかった。アメリカ全体が自制心を失っていた。しかも、政治がそれに拍車をかけた。早くも二〇一六年の大統領選をにらみ、テキサス州知事のリック・ペリーが、ISISはすでにアメリカの南国境を超えているかもしれないと民意をあおった。するとそれに負けじと、同じく大統領選への立候補を予定していたランド・ポールが、カクテルパーティでうかつに知らない人に近づくとエボラに感染すると喧伝した。こうした主張をナンセンスだと指摘するニュース番組もあった。だが、国民的パニックにつけ込んだ彼らの評価は上がるばかりだった。ある日、たまたまMSNBCを見ていると、アル・シャープトン牧師が化学防護服の着方を教えてもらっているニュース映像が流れた。

僕は思った。おいおい、このままじゃどんなことになるやら。

不安は的中した。恐ろしい出来事が起きたのは、二〇一四年の夏が初めてというわけではない。だが、「世界が崩壊に向かっている」という言葉を頻繁に聞くようになったのは、これが初めてだった。客観的に見れば、まったくそんなことはない。二〇一四年にはアメリカ国内で一八人がテロリストに殺害されたが、これは牛に殺害された人数とさほど変わらない。暴力により死ぬ確率、アメリカの都市で暴行される確率、末期がんに至る確率はいずれも、歴史的に見れば史上最低レベルにある。それでも、世界が崩壊すると確信しているアメリカ人の数は、かつてないほど上昇していた。

僕が思うに、これはメディアのせいだ。もっと正確に言えば、ソーシャルメディアのせいである。ツイッターのおかげで、あらゆる悲劇を、発生した瞬間から追跡できるようになった。ユーチューブやフェイスブックのおかげで、恐るべき最悪の事件を、ただ読むだけでなく、目で確認できるようになった。僕たちは現在、人類史上もっとも暴力の少ない時代を生きているのに、かつてないほど多くの暴力を目にしている。

僕はそう考え、周囲の人たちのように取り乱すことはなかった。だが正直に言うと、さほど悲観しなかった理由はほかにもある。文明が崩壊に向かいつつあると言われていたちょうどそのころ、スピーチライターとしての僕のキャリアが上向き始めたのだ。

ホワイトハウスのスタッフ上層部を構成する「受命職員」は、三層に分類できる。最下層が大統領特別補佐官（ＳＡＰ）、その上が大統領副補佐官（ＤＡＰ）、その上が大統領補佐官（ＡＰ）である。大統領補佐官は、少なくとも建前上は、最高司令官である大統領の直接の指揮下にある。

この役職は、キャンディのようにいくらでも配れるものではない。ＳＡＰやＤＡＰ、ＡＰ（それぞれ「サップ」「ダップ」「アップ」と発音する）の総数は厳密に制限されている。そのため、最初の大統領選以来、大統領のスピーチライターを務めていたカイル・オコナーが、テクノロジー企業への転職のためＳＡＰを辞任すると告げると、僕はそのチャンスを逃すまいと考えた。最初は何気なく、だが次第に恥も外聞もかなぐり捨てて、コディに昇進をせがんだ。すると、その夏の終わりに昇進が認められた。もちろん僕の上には、まだ何十人もＤＡＰやＡＰがいる。それでもとうとう、新たな大統領特別補佐官として、事実上ホワイトハウスの上級スタッフの一員になれたのだ。

この新たな役職には昇給が伴った。あの「説教男」も、今では一年に一セント余分に、僕へ給料を支払っていることになる。しかし、民間企業に比べると誰もが低賃金にあえぐホワイトハウスの中では、お金より重要なものがあった。それは、さまざまな特典である。その点で言えば、ＳＡＰになるのは、くじに当たったようなものだった。昇進が公式に承認されてから数日後、事務室に向かうと、そこで若い女性が新たな特典の数々について説明してくれた。今や僕は、ホワイトハウスのキャンパス内に駐車することも、ウエストウィングの持ち帰り窓口でフローズン・ヨーグルトを注文することも、ネイビーメスのテーブルを予約することもできる。また、額縁に入れて飾っておくようにと、受命職員証明書を受け取った。名刺も、装飾的な紋章が刻印されたものにグレードアップした。本来なら「デビッド・リット閣下」と呼ばれてもいいはずだが、残念ながらそう呼ぶ人は誰もいない。

もっとも並外れた特典は、最後の最後に紹介された。事務の女性は、小さなフォルダーを開くと、長さ二、三センチメートル、厚さ五ミリメートルほどの銀の鍵を取って持ってきた。僕はそれを見てすぐにわかった。テリーがいつも首に掛けている鍵だ。僕はそれを、掩蔽壕《えんぺいごう》や脱出ロケットに入るための鍵だと確信していた。今それが、伸ばした自分の手の上に置かれようとしている。

事務の女性は、僕のあ然とした表情に気づいたようだ。僕の眼差しを厳かな視線で受け止めると、重々しくこう言った。

「この鍵で、上級スタッフ専用のジムに入れます」

13 バケツ

それなら行くまでだ！　せっかく世界一影響力のある人たちの隣りで、たばこを吹かしながらエリプティカル・マシン（訳注：ペダルを踏むと足が楕円形を描くように動く運動器具）を利用する資格を手に入れたのだ。しかし実際のところ、その人たちの仲間には入れなかった。上級スタッフと「真の」上級スタッフとの間には、毎朝新たに線が引かれる。午前七時三〇分からデニス・マクドノーが開くミーティングにいつでも誘われるようになれば、大統領と本当に話ができる数少ない「真の」上級スタッフに仲間入りできたと言えるだろう。

一方、僕のように、午前九時からルーズベルト・ルームで開かれるミーティングに招かれるスタッフは、いわばホワイトハウスの発表会に参加することになる。公平を期して言えば、このミーティングは大変ためになる場合が多い。プエルトリコの債務元利未払い金、コミュニティ・カレッジの中退率、年金制度の性質の変化など、さまざまなテーマが扱われる。連邦政府のどこかで誰かが現在、それぞれのテーマを猛勉強しており、誰も手がけていないテーマなど、ほとんど見つけられないぐらいだ。アメリカの表土の独特の構成について一〇分ほど専門家が

レクチャーしたときのことは、いまだ忘れられない。僕はかつて、土にこれほどの愛国心を感じたことはなかった。決して皮肉ではない。

だが、午前九時からのこのミーティングがすべて当たりというわけではない。たとえば、こんなときがあった。国家安全保障会議の代表者が、パキスタン・アフガニスタン国境沿いの村が直面している混乱状態について講義した。その説明が終わると、一人が手を挙げた。当時のホワイトハウスにはシリコンバレーからの移住者が増えていたが、挙手をしたのもその一人だ。「その少女たちにプログラミングを教えられればいいと思いました」と、ため息交じりに言う。

それから数年後の今でさえ、その瞬間をどう判断すればいいのかわからない。最初は「何それ？」と思った。だがオバマ政権のホワイトハウスは、こうしたささいな文化の衝突により形成され、改善されてきたのも事実だ。パロアルト研究所出身の人間vs.国務省出身の人間、CEOタイプの人間vs.デモ行進をするタイプの人間、大学バスケットボールが好きな人間vs.大学バスケットボールが好きなふりをしているだけの人間（オバマ・ワールドにそれ以外の選択肢はない）、などなど。

さらに、それらをはるかに凌駕する文化の衝突があった。ワシントンに留まり、新たな政策を作成・実施するのが好きなタイプの人間か？　それとも、選挙運動に参加するのが好きなタイプの人間か？

大半のスタッフは必要に迫られ、この両方の世界に片脚ずつ突っ込んでいた。しかし、アイスクリームにもチョコ派とバニラ派がいるように、ほとんどのスタッフが一方の世界に忠誠を誓っていた。選挙派は政策派のことを、世間の荒波にもまれたことのない頭でっかちだと見なしていた。一方、政策派は選挙派のことを、集中力が持続しないお祭り人間だと見なしていた。どちらの言い分も一理ある。

僕は選挙派だった。候補者がステージに上がり、会場全体が息をのむ瞬間が好きだった。「自由」や「市民権」といった言葉に歓声を上げる聴衆を見るのもいい。

そして何よりも、勝つのが好きだった。勝利とともに、アドレナリンやドーパミンが体内を駆け巡る。だが、勝つのが好きな理由はそれだけではない。この二極化した民主主義のもとでは、変革へのいちばんの近道は、共和党議員を民主党議員に置き換えることであり、変革へのいちばんの障害は、その反対だからだ。日々の政治が正しい言葉を選ぶ行為だとすれば、選挙はそのための言語を選ぶ行為と言える。

実のところ、SAPになっていちばんうれしかったのは、しゃれた名刺を使ったりホワイトハウス内に駐車したりできることではない。それは、間近に迫った選挙に関係している。受命職員になると、公的活動と政治的活動とを区分する法律の対象外となる。二〇一二年の選挙のときにはこの法律に妨害されたが、もはやその規定に縛られることなく、選挙のためのスピーチを書ける。SAPになったのはちょうどいいタイミングだった。一一月には中間選挙がある。秋になれば大統領は、仲間の民主党員の応援に駆けまわることになるだろう。

だが僕は、政府の人気がこれほど落ちているとは知らなかった。一一月が近づくにつれ、国民の印象は日増しに悪化し、大統領の支持率は着実に低下していった。すると、上院議員や知事に立候補していた民主党員は、バラク・オバマを水疱瘡《みずぼうそう》患者のように扱い出した。不安もあらわに、一緒にステージに立とうというオバマの申し出を拒否したのだ。

確かに例外もあった。一〇月二八日には、ウィスコンシン州知事に立候補したメアリー・バークの応援に、同州へ飛んだ。その日は火曜日で、夜は凍えるほど寒かった。それに大統領はこの州に、すでに何度も足を運んでいる。それでも、三五〇〇人もの有権者が集会にやって来た。大統領は、高校の体育館を埋めた聴衆に対し、僕たちがともに成し遂げてきた成果を訴えた。そして、この選挙の重要性を強調した。

「不信という選択肢もある。だが、希望という選択肢のほうがいい」

聴衆は熱烈な拍手でそれに応えた。その会場だけ見れば、オバマの支持率は一億兆パーセントに達していた。これも、選挙が好きな理由の一つだ。投票日間近になると、まだ勝敗もわからないのに、いつも勝利を目前にしているような気分になる。

しかし僕たちは負ける運命にあった。大敗である。不信を選択した有権者は、驚くほど多かった。映画『カサブランカ』を公開当時に見た世代を除き、あらゆる有権者にとってこの選挙は、これまでの人生で最低の投票率を記録した選挙だったに違いない。もちろん、誰も投票所に現れなかったわけではない。大勢の共和党支持者が投票に出かけた。その結果共和党は、すでに過半数を獲得していた下院で、さらに議席を一三増やした。上院では、過半数に必要な六議席を超え、九議席を獲得した。ウィスコンシン州のメアリー・バークについては触れないでおこう。民主党支持者が圧倒的に多いマサチューセッツ州やイリノイ州の知事選でさえ、民主党は敗北を喫した。

投票日翌日の午前九時のミーティングは、明るい雰囲気になるはずもなかった。集まったスタッフの表情を見るかぎり、ふたの開いた棺桶が並んでいるかのようだった。政策派は、この結果がまるで理解できず、悲嘆に暮れていた。オバマ政権は、経済を回復させ、ビン・ラディンを抹殺し、アメリカ国民の大多数から支持を得られる法案を提示してきた。それなのにこんな負け方をするとは、どういうことなのか？ 選挙派は、選挙が論理で動かないことを理解していた。しかしだからこそ、論理的に考えれば無理があるのに、中間選挙では民主党に追い風が吹くかもしれないと、はかない希望を抱くこともできたのだ。どちらのショックが大きかったとは、一概には言えない。

中間選挙に敗北した原因の分析は、政治戦略局長のデビッド・シマスに託されていた。シマスはほかのスタッフと違い、ワシントンに来る前に地方で公職に就いていた経験があり、それを証明するかのように、いまだに行政官らしい髪型をしていた。中央からやや右寄りのところで茶色の髪をきれいに分け、滝のように両側に流している。その下の顔は、普段は用心深く楽観的な笑みを浮かべているが、今日はやつれているように見えた。シマスがパワーポイントのスライドを使って敗因を説明をすればするほど、部屋の雰囲気は荒涼としたものになっていく。あまりに多くの無党派層が、この政権にうんざりしていた。あまりに多くの民主党支持者が、この政権に嫌気が差していた。二〇一〇年の中間選挙の比ではない。もっとひどい。

この暗澹《あんたん》たる説明の途中で、シマスのすぐ右側のドアが勢いよく開き、オバマ大統領が入ってきた。

すると雰囲気が一変した。生気のない目に光が灯り、選挙戦中の集会に匹敵する拍手がルーズベルト・ルームに響きわたった。激励の拍手がやむと、大統領は口を開いた。

「負けは嫌いだ。昨晩、私たちは大敗した。だが、今後の二年間からジュースを一滴残らず絞り取るつもりだ」

それから数分間、大統領は楽観的な調子を頑なに続けた。僕はそのとき、大統領の話に注意を払おうと意識していたが、どうしても話が耳に入ってこなかった。周囲のスタッフの様子をうかがうのに忙しかったからだ。巨大な木製の会議用テーブルを囲んで座っていた「真の」上級スタッフは、圧倒的な感謝の気持ちで目を潤ませている。まるで幼い子供が、尊敬する年上の兄貴を見つめているかのようだ。

僕もかつてはそんな顔つきをしていた。どんなに手強い困難があろうと、素直に、ただ一心にオバマを信頼すれば、そういう気持ちになる。しかし、反感と心痛の入り混じった気持ちに苛まれていた僕は、もうそんな気分になれなかった。確かに僕たちは、ジョージ・W・ブッシュが散らかしたものを片づけはした。しかし、僕を含め、多くの国民がオバマに魅力を感じたのは、そのようなことを期待したからではない。僕たちをくぎづけにしたのは、あの一月の夜にアイオワ州で交わした約束だった。

「どんな困難に陥っても、この国を愛していれば変えられる」

今ではもう、はっきりしていた。僕の人生を変えたスピーチは、何の根拠もない楽観的なスピーチでしかなかったのだ。大統領がどんなにいい言葉を選ぼうと、僕たちのストーリーは結局、ミッチ・マコーネルの言語で書かれることになる。不信派が勝ち、信心派が負けるのだ。大統領は叱咤激励の言葉を終え、部屋を出ていった。僕は笑みを浮かべながら拍手をした。ほかに何ができる？　だがそれが、何とばかばかしく思えたことだろう。僕はそれほど世間知らずだったのだ。

そんなとき、僕はボーを心からうらやんだ。オバマ家が飼っていたポーチュギーズ・ウォーター・ドッグである。ボーは、世論調査の数字や手詰まり状態の法案のことなど気にしない。飼い主の支持率など意に介さず、ホワイトハウスの敷地内を気取って歩いている。アメリカでは、大統領のペットが王侯貴族にいちばん近い存在だと知っているかのようだ。二〇一三年には二匹目の犬サニーが加わったが、この犬もそれを理解しているらしい。何の責任もないサニーは、まるで落ち着く前のヘンリー王子のように、ところかまわず跳ねまわっては、あちこちにぺたぺたと足跡をつけている。

　これこそが人生だ、と僕は思った。さまざまな特典や、高いステータスや、自信に満ちた足取りなど、ホワイトハウス生活のいちばんおいしいところだけ満喫させてほしい。あとはいらない。どうして僕が、全世界の幼い子供たちの未来について、眠れないほど心配する必要があるのか？　どうして僕が、クリーンエネルギーの税額控除終了について、自分のことのように腹を立て、拳を握り締めなければならないのか？

　もちろん、犬でなければ幸せになれないわけではない。報道担当局に出没する巨大なクモでもいい。クモになれば、壁に留まるハエのようにこっそりほかの人を観察することも、そのハエを食べることもできる。あるいは、サウスローンに巣を作っているアカオノスリでもいい。小学四年生の集団がやって来て「リンカーン」と名づけた鳥だ。リンカーンは、「政権の危機」という言葉の意味を知らない。何年もの努力がむだになりそうなときにどんな気持ちになるかも知らない。この鳥にとってホワイトハウスは、リスが食べられる巨大ビュッフェ以外の何ものでもない。

　リンカーンはまた、屈辱的敗北のあとには大統領が記者会見を開くのが普通だということも知らない。だが、大統領自身はそれを知っていた。中間選挙の投票日の翌日、大統領は記者を呼び、従来の大敗後の台本どおりに第一幕を始めた。記者の質問は明らかに、「敗北した大統領は目標を断念する」というストーリーに沿ったものだった。

「今後の計画を修正しなければならないとお考えですか？」
「クリントン政権を見習って、進路を劇的に変更しなければならないことを認めたらどうですか？」

ここは、オバマ大統領が今後の目標を見直すと公言する場面になるはずだった。ところが、見慣れないことが起きた。大統領は記者団の前で謙虚になるどころか、一歩も引かずにこう述べた。「私たちが勝ち取ろうとしている原則、日々私の意欲の源になっているもの、いつも私のスタッフの意欲の源になっているもの、それを変更するつもりはありません」。記者会見での言葉づかいを知らない人のために通訳しておこう。大統領は記者に「とっととうせろ」と言ったのだ。

口先だけではなかった。記者会見の数日後、アメリカ政府は中国政府と温暖化防止に関する共同声明を発表した。中国が、温室効果ガスの排出制限に同意したのはこれが初めてだった。マコーネルら、石炭産業が活発な州の上院議員はこれにかみついたが、共同声明を阻止するほどの力はなかった。その同じ週には、大統領がネットワーク中立性の推進を宣言するフェイスブックの動画を公開した。その原稿を書いたのは僕だ。これも、ケーブルテレビ会社やその寄付を受けている議員が猛反発したが、オバマ大統領は意に介さなかった。

だが、温暖化対策やネットワーク中立性への対応は、ほんの肩慣らし程度に過ぎない。一連の大統領権限行使の中で最大の緊張をはらんでいたのが、移民対策である。

二〇一二年の大統領選で、ミット・ロムニーはヒスパニック系の票を二七パーセントしか獲得できなかった。共和党はその結果を分析し、今ではとても信じられないことだが、全会一致で次のような緊急提言をまとめた。移民制度改革を支援しよう！　今すぐに！

フロリダ州やアリゾナ州選出の共和党上院議員らは、この提言を受けて民主党と協力し、不法移民一一〇〇万人を徐々に合法化していくことを認める法案を可決した。ところが、選挙区が共和党に有利になるよう区割りされ、ティーパーティ運動が支配権を握っていた下院では、この改革法案が暗礁に乗り上げてしまった。そこで二〇一四年七月、大統領はこう宣言した。もはや議会の可決を待たず、滞りなく行動する、と。

ところが、それから数か月間、大統領の行動は滞った。今回問題になったのは、共和党ではなく民主党だった。中間選挙を控え、大統領側につくことを不安視していた候補者たちが、選挙に勝利するまで自制するよう大統領に迫ったのだ。そこで大統領は思いとどまったのだが、結局民主党は負けてしまった。中間選挙の投票日翌日の記者会見で、記者は大統領に五回も移民関係の質問をした。その内容は、基本的にはどれも同じだった。「まだこの改革を推し進めるつもりですか？」

大統領はそのつもりだった。そのころホワイトハウスは、一一月二〇日に国民に向けたスピーチを行う計画を立てていた。そのスピーチの原稿を書かせてほしいと僕が頼むと、コディはそれを許可してくれた。

僕はこの仕事を始めて以来、これほど注目されるスピーチを担当したことがなかった。ゴールデンタイムに、全国ネットのテレビで生放送されるスピーチである。それからの二週間、僕はウエストウィング内をばたばたと走りまわった。国民政策審議会にも、ホワイトハウス法律顧問局にも、大統領首席補佐官局にも足を運んだ。しかしいちばん参考にしたのは、デビッド・シマスのチームがまとめた膨大な調査データだった。このチームは、選挙期間中のジョエル・ベネンソンのように、毎晩アメリカの家庭の意識調査に奔走していた。ただし、ジョエルの場合は候補者に関する調査だったが、シマスの場合は政策課題に関する調査である。

「アメリカの移民制度は破綻しています。それについてどう思いますか？」

予定のスピーチまでの数週間、チームは有権者に集中的な調査を行った。僕たちはこの調査対象を「アップ・フォー・グラブズ（「より取り見取り」の意）」と呼び、UFGという略称を用いていたが、必ずしもその選択に偏りがなかったわけではない。圧倒的に白人が多く、政治的には無党派で、大部分は女性だった。主に都市郊外に住む中年の女性である。このグループ全体に「カレン」という名前をつけ、ごく簡単にではあるが、その一般的な考え方を述べてみよう。

カレンは、移民にまったく反対というわけではない。とはいえ、やはりルールに従うべきだと思っている。「不法」にアメリカにやって来る人のことを考えるとむかむかするという。そこで僕は、この調査結果を念頭に置き、大統領の行動を一種の愛のむちとして表現しようと考えた。僕たち政府は、南の国境に沿って警備を強化する。不法移民五〇〇万人を影の世界から引き出し、英語教育を受けさせる。さかのぼって税金や罰金を払わせる。そうして初めて、彼らの滞在を認める。僕の草稿は、厳しく、冷淡で、利己心に満ちたものになったが、UFGの支持を得るには仕方がない。それをコディに送ったときには、「やったな！」というメールが返ってくると確信していた。

だがコディは、僕が知らないことを知っていた。午前七時三〇分のミーティングの常連で、大統領の気持ちの変化に気づいていたコディは、こう提案した。

「これを大統領に見せる前に、ご本人の話を聞きに行こうか？」

大統領と話をする時間が設けられた。僕たちはオーバルオフィスに着くと、机に着いている大統領の向かい側に腰を下ろした。大統領が僕の草稿のコピーに手を伸ばそうとすると、その前にコディが口をはさんだ。

「大統領は、この問題の重要性に注目したいとお考えなんですよね。道義的に考えて、思いきった主張をなさりたいと」

「そう、この問題では大胆にいこう」と大統領が言う。

それから数分間、オバマ大統領は、費用対効果という観点ではなく、原理原則という観点から自分のビジョンを描いてみせた。数百万もの労働者が市民権を得られないままにしておく制度は不公平だ。家族を分断させる制度はおかしい。移民を迎え入れず拒否するよう設計された制度はアメリカ的でない。大統領は大まかな説明を終えると、思い出したかのように、机上の僕の草稿を指差した。

「リット、私が言ったことは全部ここに書いてあるんだろ？」

「あ、ええ。そうです」と僕はうそをついた。

僕たちはオーバルオフィスをあとにした。大統領に本当のことを悟られないように、僕の草稿はコディがきちんと回収していた。尋ねるまでもない。僕は「ビッグフット」だった。つまり上からものを言っていたのだ。それから数日後の夜、オバマ大統領はイースト・ルームに立ち、生放送のテレビカメラを前に、すっかり書き直された原稿に沿ってスピーチをした。

「二〇〇年以上もの間わが国は、世界中から移民を受け入れるという伝統のおかげで、ほかの国よりもはるかに有利な立場に身を置くことができました」

「わが国の果物を摘み、わが国のベッドを整えている労働者が、合法的に暮らすチャンスを手に入れられない偽善的な制度を許していいのでしょうか？」

「聖書にもこうあります。見知らぬ人を虐げてはいけない。私たちもかつては見知らぬ人だったのであり、見知らぬ人の気持ちを知っているのだから、と」

オバマ大統領がＵＦＧを完全に無視したということではない。むしろ、彼らの移ろいやすい意見に以前ほど注意を払わなかったと言ったほうがいいだろう。カレンと違い、ツーソンやリノで不法移民の親から生まれた一九歳の少女は、どこにでもよくいるわけではない。二〇一四年の中間選挙では投票もしなかったことだろう。だが、それでもアメリカ人だ。オバマは彼女の大統領でもある。そのオバマは、自ら「任期の第四四半期」と呼ぶ最後の二年間、有権者も非有権者も、ＵＦＧも非ＵＦＧも含め、あらゆる人々のために約束を果たす国を作ろうとしていた。

結局、大統領のこの告知の中心を占める五〇〇万人の不法移民の保護計画は、最高裁に覆されることになる。だが、大統領の基調の変化に変わりはなかった。このスピーチから二〇一五年の一般教書演説までは、二か月もない。その日が近くなると、コディは完全に戦場詩人モードに入り、何週間もオフィスに缶詰めになった。それ以来、彼に会うこともなくなり、ようやくその姿を目にしたのは、演説の当日になってからだった。まるで、雨水とニコレットだけで生き永らえてきたかのような姿をしている。

「行くつもりですか？」と僕が尋ねる。

「いや」。疲れ切ったコディはそう答えた。「行きたい？」

もちろん行きたかった。その日の夜、僕はスタッフ用のバンに乗り込み、インデペンデンス通りを、ドームが明るく照らし出された連邦議会議事堂へと向かった。

僕は七年前にワシントンに引っ越してきたが、連邦議会に足を踏み入れるのはこれが初めてだった。畏怖と激情の入り混じった奇妙な感覚だ。ミッチ・マコーネルがいる(じかに見るとはるかにハンサムだ)! ジョン・ベイナーがいる(じかに見てもまったく同じだ)! 僕は壁に貼りついたまま、鳥が大嫌いなバードウォッチャーのように、見覚えのある共和党議員を探した。共和党議員はたくさんいた。民主党議員は少ない。

オバマ大統領は、史上最多の反対勢力に占められた会場を見て怯えていたかもしれないが、そんなそぶりは見せなかった。むしろそれに挑むように、自分の業績を高らかに数え上げた。一九九〇年代以来もっとも速いペースで雇用が拡大した。大学卒業者が過去最多を記録した。アフガニスタンでの戦闘任務が終了した。これまでは、変革のペースが遅いと感じている人々の気分を損ねないようにと、業績を誇示するのを控える場面が多かった。しかしもう、そんな煮え切らない態度を取っている余裕はない。大統領は、演説の第一ページ目で「わが国の現状は力強い」と宣言した。信じられないかもしれないが、バラク・オバマが大統領としてこの言葉を口にしたのは、これが初めてだった。

しかし大統領は、もっとも記憶に残る瞬間を、演説の最後に取っておいた。スピーチの終わり間際、「私が選挙運動を行うことはもうありません」と語りかけた。それは、粋で気高い一節になるはずだった。ところが誰もが驚いたことに、そこで共和党議員から自然に拍手が湧き起こった。

そのとき僕は、オバマ大統領はそれを無視するだけだろうと思った。しかし大統領は、一瞬間を置いて素っ気なくうなずいた。これまで大統領をそばから見ていた僕には、大統領が次に何をするつもりなのかがわかった。

やばい、何かばかなことを言いやしないだろうな。

すると大統領は、共和党議員を真っ直ぐ見つめ、ニヤリと笑って言った。「わかってるよ。二回とも私が勝ったんだから」。共和党議員は大統領をにらみつけた。一方、最近の世論調査で屈辱を受けていた民主党議員は大喜びした。きっと反対勢力は、オバマの受け答えは大統領の品位にふさわしくないと言うだろう。だが僕に言わせれば大統領は、リスこそ食べないが、あのリンカーンのように前向きに行動していた。


足かせを外したようなオバマ大統領の態度は、これだけに留まらなかった。たとえば、国民にメッセージを伝える方法である。僕が青のIDカードを受け取った当初は、ホワイトハウスのコミュニケーション手段は、実質的に二つしかなかった。インタビューかスピーチである。確かに、ニューメディア局という部署があり、一年に一度、大統領がユーチューブの有名人と話をしたりもした。それでも、以前のホワイトハウスにとってインターネットは、必需品ではなく装飾品だった。たとえて言うなら、パンツではなく口紅である。

それが、『ビトイーン・ツー・ファーンズ』を機に変わった。この動画が公開されると、なぜもっと早くこうしたツールを採用しなかったのだろうとスタッフの誰もが思った。二〇一五年も二月になり、オバマケアを通じて保険に加入する第二回目の締め切りが迫っている。またオンラインでオバマケアを宣伝することに異論の余地はない。ただ問題は、誰と手を組むかだ。

そこで行われたのが、麻薬取引である。と言っても、文字どおり現金を渡して麻薬を受け取ったわけではない。ホワイトハウスで「麻薬取引」という言葉は、メディア出演を果たすための交換条件をめぐる取引を指す。今回の取引相手はバズフィードだった。まとめ記事で有名になったウェブサイトである。まとめ記事は、インターネット上で鳥インフルエンザのように広まっていた。たとえば、こんなタイトルの記事である。

ハウスボートで育ったことがわかる一七のポイント
〇〇さえできないフェレット映像一五選

バズフィードは二〇一一年、高尚な目標を掲げ、ニュース分野に進出を図った。ニュースメディア、ポリティコの編集を務めていたベン・スミスを引き抜いてバズフィード・ニュースを設立すると、二〇一二年の大統領選の際には最高レベルの報道を提供した。それから数年がたった今、バズフィード・ニュースはそれなりの地位を確立してはいたが、折り紙つきの信頼を得られる究極の素材を求めていた。そこで、大統領とのインタビューに目をつけた。一方、僕たちも、動画でオバマケアを宣伝できる機会を求めていた。

　こうして麻薬取引が行われた。大統領は、ベン・スミスとレジデンスで会い、カメラの前で、政治報道の規範に沿った会談を行う。それがすんだら、廊下を通ってライブラリーに向かう。そして、そこで待機している同社の別部門、バズフィード・モーション・ピクチャーズのスタッフと合流し、恥も外聞もなくオバマケアを宣伝する、というわけだ。

　ベン・スミスとのインタビューについては何の問題もなかった。だが、バズフィード・モーション・ピクチャーズについては、スタッフに会った瞬間から、ホワイトハウスとはそりが合わないことがわかった。政府のデジタル部門の副責任者コリー・シュルマンは、大統領の「株」を守る役目を担っていた。コリーも、僕と同じ二〇代の「ミレニアル」世代だ。しかしこの言葉も、僕たちにとっては、幼いころからデジタル環境に慣れ親しんできた世代という程度の意味しかない。だが、口コミのコンテンツを扱っているバズフィードのスタッフは、デジタル環境にどっぷりはまり、それを仕事にしている。まるで、休暇を楽しむインスタグラムの人気投稿者のように、異様なほど熱心にあるアイデアを提案した。風変わりなアメリカ料理を大統領に無理やり食べさせ、うんざりしているところをカメラに収めたいという。

「インターネットがぶっ飛ぶと思うよ！」とご機嫌だ。

　コリーと僕は、大統領には暗黙のルールがあると説明した。「有権者が食べるものでふざけてはいけない」というのも、そのルールの一つだ。だが取引相手には、余計な注目を浴びたくないというこちらの気持ちがわからないらしい。代わりになる動画のテーマを考える作業が、悪夢のように延々と続いた。捕虜交換の交渉でも、これほど時間はかからないだろう。

やがて、さほど害のないテーマに落ち着いた。「ほかの人と同じように大統領もしていること」というテーマだったが、その具体的な内容を決める際にも、大統領の「株」を守るために悪戦苦闘しなければならなかった。大統領に、カメラの前で電子タバコを吸ってもらおう。だめ。尻に食い込んだパンツを直してもらおう。だめ。コリーと僕がこうしたアイデアを否定するたびに、相手は言った。

「まじ？　インターネットがぶっ飛ぶの間違いなしなんだけどな」

やがて話が決まった。大統領には、恥ずかしがらずにばかなことをしてもらう。鏡を見て変な顔をする、自撮り棒を使って撮影する、ジャンプシュートを打つふりをする、オバマケアの宣伝文句を述べているときに「February（二月）」の発音を間違える、といったことだ。撮影本番の前日、バズフィード・モーション・ピクチャーズのスタッフがリハーサルのためレジデンスにやって来た。僕は、もう相手との間に意見の相違がないことを願っていた。

ところが、ビデオ監督の姿を一目見ただけで、僕の希望的観測は崩れてしまった。ここでは、この人物をマンバン（「男の団子ヘア」の意）と呼ぶことにしよう。その髪型がことのほか浮いていたからだ。チャリティ（「慈善」の意）やフェイス（「信頼」の意）といったあだ名と同じだと思えばいい。それだけではない。確かに、誰もがビジネススーツを着用しなければならないわけではない。それは十分わかっている。だが、ホワイトハウスのミーティングに、スキニージーンズを穿いてくるとはどういうことだ？　国に対する反逆行為と言ってもいいのではないか？

その態度が、髪型や服装と全然一致していないのであれば、そんな姿でも許せたかもしれない。だが、ホワイトハウスのライブラリーに入って得意がっているこの男の姿は、ボーの人間版としか思えなかった。やがてマンバンはコリーに向かって言った。

「撮影は、まずジャンプシュート、次に自撮り棒、それから保険の宣伝という順番で行こうと思ってるんだけど」。マンバンは、戯画に描かれた思慮深い男のように唇をなめた。#思案中。

「きみはどう思う？」

コリーは即座に応じた。「保険の宣伝を最初にしたほうがいいと思う。大統領にも、こんなことをする理由がわかるようにね。それからジャンプシュート、自撮り棒で」

するとマンバンは別のポーズを取った。#本気で思案中。そのまま数秒間じっとしていたが、突然息を吹き返した。

「よし！　じゃあ、まずジャンプシュート、次に自撮り棒、それから保険の宣伝で行こう」

これは事故でも何でもない。マンバンはこの戦術を何度も繰り返した。（一）意見を言う。（二）大げさな身ぶりで相手に意見を求める。（三）一言一句同じ意見を繰り返す。

ここでコリーがマンバンの股間を猛烈な勢いで蹴り上げなかったのは、その性格ゆえだろう。相手の頭を強引に剃り上げるようなこともしなかった。言うまでもなく、それがホワイトハウスのスタッフのあるべき姿である。ナンセンスな出来事にも喜んで対処し、自分をばかにする人にも朗らかに微笑む。すべては、自分の上司である大統領に、もっと重大な問題に心を砕いてもらうためだ。麻薬取引が行われる当日、大統領は、それまでにスタッフが無数の軽い頭痛に耐えてきたことをまるで知らなかった。ニュース報道向けのインタビューを終えると、やがて大統領がライブラリーに入ってきた。ホープ・ホールがカメラを持ってその後ろについている。

「さあ、次は何をするんだ?」

僕たちは保険の宣伝から撮影を始めた。何時間にもわたる執拗な堂々巡りの末、とうとうホワイトハウス側が勝ったのだ。コリーが言っていたように、真面目な部分を先に撮影したおかげで、大統領はその後の撮影を楽しく進めていった。ジャンプシュートや自撮り棒のほか、いらいらしながら皮肉めかして「オバマのおかげだな」と言うジョークもある(訳注:オバマケアのせいで保険料が値上がりしたりしたため、人生のあらゆる不幸をオバマのせいにするこの皮肉めいたジョークが流行していた)。すべては、不気味なほどスムーズに進行した。やがてコリーが撮影の終了を告げると、大統領は一緒に写真を撮ろうとバズフィード・モーション・ピクチャーズのチームを呼び寄せた。ホープ・ホールが片膝を突いて構え、冗談を言い合う大統領と撮影クルーを撮影している。僕は、かみしめていたあごをようやく緩めた。

だが、すべてが終わったと思ったちょうどそのとき、マンバンが前に進み出た。そしてズボンのポケットに手を突っ込むと、明るいオレンジ色の名刺を取り出し、それをバラク・オバマに手渡した。

「どうぞ、大統領。また撮影が必要なときにはぜひ」

僕は愕然とした。どんな状況であれ、マンバンの売り込みは図々しい以外の何ものでもない。だがこのときは、そのうえ、ホープがすぐそばで床に膝を突き、大統領と撮影クルーとのやり取りを撮影していたのではなかったか？　無礼にもほどがある。僕はそのとき、ホワイトハウスのほかのスタッフと部屋の隅に立っていたが、小さく息をのむ音があちこちから聞こえた。オバマ大統領は微笑んだだけだった。それからドアのほうへ向かったので、僕はそのまま退出するのだろうと思った。

ところが違った。大統領は足を止めると、ホワイトハウスのスタッフのほうへ真っ直ぐ歩いていって話しかけた。それは舞台上の脇台詞のようだったが、一語一語が軽蔑の念にあふれていた。

「まいったね」とオレンジの名刺を振りかざしながら言った。「ローロデックス（訳注：回転式の卓上名刺ホルダー）に入れようかどうしようかな」

その瞬間の見事さは、このページにはとても表現できない。実際それは、見事というほかなかった。もっともらしい文句を述べたわけではない。だが、その場にいた人には、大統領が何をしたかは火を見るより明らかだった。言葉でボディスラムをくらわしたのだ。

いいや、それだけでは終わらなかった。ドアから出ていくとき、大統領は補佐官のマーブのほうを向くと、首を振りながら大声でこう言った。

「やれやれ、人から名刺をもらうのって〝最高〟だな」

立派な大統領がすべて善人とは限らない。リンドン・B・ジョンソンは、メディケアを創設し、公民権法に署名した大統領だが、ゴリラも赤面するような私生活を送っていた。だがバラク・オバマは、スタッフが侮辱されているのを黙って見過ごすことなどできない人間だった。そのため、自分の権力を使って他人の尊厳を守った。必ずしもそんなことをする必要はなかったのに、そうしたのだ。

こうしたごく基本的な良識は、オバマ大統領の政策にも反映されているように思う。多くの人々がオバマのチームに参加し、逆風が吹いてもチームに留まる気になったのは、きっとそのためだろう。大統領が二〇一四年の中間選挙の痛手から回復できるのかどうかは、まだわからない。だがそのころの僕は、ゆっくりとではあるが、大統領への信頼を回復しつつあった。ホープ・ホールをあとに従え、大統領がライブラリーを去っていくのを見ながら、僕は心のどこかで、バラク・オバマにかつてないほど激しい愛情を感じていた(後に確かな筋から聞いた話によると、大統領はオフレコで、マンバンの髪型をからかっていたという)。

しかし、バズフィード・モーション・ピクチャーズの仕事は正しく評価してあげなければいけない。本当にインターネットがぶっ飛んだのだ。動画は数千万回再生された。その春の終わりまでに、オバマケアのおかげで、さらに一六〇〇万人のアメリカ国民が保険に加入した。

それだけではない。オバマが大統領職に就いたときに九・三パーセントだった失業率は、五・五パーセントにまで減少した。赤字は減り、外国の石油への依存度も下がった。温暖化防止のルールについて新たな前進を見た。キューバとの国交正常化交渉を開始し、冷戦時代にかかわる最後の難題を解決する道筋をつけた。オバマ大統領はもはや、議会の可決を黙って待っているのをやめ、自分の仕事をしようとしていた。

アメリカ国民もそれに気づいたようだ。オバマ政権の支持率は、中間選挙のときには不支持率より一三ポイントも低かったが、四月になるころには不支持率と同程度にまで持ち直した。こんなことが起こるとは誰も予想していなかった。ストーリーによれば、オバマ政権は瀕死の状態だったはずだ。ところが実際には、そんな政治的流れをものともしなかった。

周りからはよく「そっちの雰囲気はどう？」と聞かれた。

僕は「みんな元気にやってるよ！」と答えた。今回は、うそではなく本心からである。有意義なものが死の底から蘇るのに立ち合えば、この上なく心が浮き立つものだ。それは、現在の気分を引き立たせてくれるだけでなく、これまでの過去も正当化してくれる。スタッフはみな、あらゆる休暇を惜しみ、結婚式や誕生日パーティにも出席せず、実入りのいい仕事の依頼があっても断ってきた。そうしたすべての過去が突然、意味を持つようになる。僕は、ホワイトハウスでこれほど幸せを感じたことはなかった。

三月から四月になり、恒例のホワイトハウス記者晩餐会が近づくころには、この晩餐会が楽しみで仕方ないほどだった。コメディの脚本家となった大学時代の友人、アンドリュー・ローにアイデアを求めると、その当時の雰囲気を完璧に表現したジョークを提案してくれた。

中間選挙後に顧問が私に尋ねた。「大統領はバケツリスト（訳注：死ぬ前にしておきたいことを書き出したリスト）を作成していますか？」そこで私はこう答えた。ああ、「バケツリスト（bucket list）」と同じ韻を踏むリスト（訳注：「fuck-it list（やけくそリスト）」を指す）ならあるよ。

移民対策？　バケツに入れろ（もうやけくそだ）！　やってやろうじゃないか。

温暖化対策？　バケツに入れろ（もうやけくそだ）！　やらないでどうする？

だが僕は、大統領がこのジョークを採用しないのではないかと思った。いくら駄じゃれとはいえ、公の場で悪態をつくのは危険だ。それに、二〇一二年の晩餐会のときには、バイデンの「大きな棒」発言に基づくジョークも採用されなかった。しかし今回は、オバマ大統領の第四四半期の晩餐会だ。結局、大統領は一か所修正を入れただけだった。最後の文章の「やらないでどうする？」という言葉を線で消すと、こう書き換えた。

バケツに入れろ（もうやけくそだ）！　やらなきゃいけないだろ。

大統領が提案したそのほかの要望も、やはり第四四半期にふさわしいものだった。コーク兄弟にまつわるジョークの隣りの余白には、「もっと辛辣に、手厳しく？」と書かれていた。元副大統領ディック・チェイニーの最近のコメントをもとにしたジョークにも修正の要望があった。先日チェイニーは、オバマは自分の人生で最悪の大統領だと公言した。僕はこれに対し、表面を焦がすだけで中までは焼かないようにと、「この場で仲よくやれると思ったのに」というジョークを考えたが、大統領は気に入らなかったらしい。余白にこう記していた。「ここはもっと辛辣で、痛烈な言葉のほうがいい」。そしてさらに強調するように、こう添えてあった。

「相手はチェイニーだぞ！」

大統領の意気込みは僕たちにも伝染した。その年のジョークは、口から自然に流れ出るように次々と生まれた。だからといって、準備が簡単に終わったわけではない。僕たちは、その晩のスピーチのハイライトにうってつけのジョークを求めて努力を重ねた。どんなネタがハイライトにふさわしいだろう？　これまでとは違うことができないか？　だが、これといったアイデアが浮かばない。もうあきらめようとしていたとき、あるパーティのことをふと思い出した。

僕のようなスタッフがホワイトハウスのパーティに押しかける理由は、主に二つある。料理と有名人だ。二〇一四年のある晩、僕はこの二つの目的を達成した。エッグノッグ（訳注：牛乳に卵と砂糖を混ぜた飲み物）やジンジャーブレッド・ハウス（訳注：ジンジャーブレッドなどで作ったお菓子の家）を横目に、ある著名人に狙いをつけ、ラム・チョップとカリフラワー・マカロニ＆チーズの間にその人物を追い詰めたのだ。標的になったのは、コメディアンのキーガン＝マイケル・キーである。僕は早速話しかけた。

「大統領にジョークを提供している者です。『キー・アンド・ピール』の大ファンなんです」（訳注：『キー・アンド・ピール』は、当時コメディ・セントラルで放送されていたキーガン＝マイケル・キーとジョーダン・ピールのコント番組）

僕は運がよかった。キーガンは、コメディ・セントラルの人気番組のスターというだけでなく、今まで見たこともないほど陽気な人物だった。

「そう、挨拶してくれてありがとう！」キーガンは、心からそう思っているような口ぶりでそう言った。

「大統領もあなたの番組を気に入ってますよ。一緒にお仕事をする機会があるかもしれませんね」。僕はキーガンにメールアドレスを教えてもらい、お礼のメールを送った。だがそれ以来、キーガンのことはすっかり忘れていた。

キーガンにうそを伝えたわけではない。大統領は本当に番組のファンだった。特に、番組に繰り返し登場する「オバマの怒れる通訳者ルーサー」というキャラクターがお気に入りだった。共演者のジョーダン・ピールが、そのトレードマークである冷静さを生かして大統領に扮し、スピーチをすると、一文ごとにキーガンが割って入り、大統領が経験しているばかげた事態について不満をまくし立てる、というコントだ。僕は毎年、記者晩餐会の台本を任されるたびに、現実の世界で大統領とルーサーを共演させられないものかと密かに考えていたが、タイミングに恵まれなかった。二〇一二年には、オバマが内心では怒っていることを示したいという状況ではなかった。二〇一三年には、二週間前にボストンマラソン爆弾テロ事件が起きたばかりだった。二〇一四年には、オバマケアのウェブサイト問題のあとだったため、謙虚な姿勢が必要だった。

だが、二〇一五年は？　バケツに入れろ（もうやけくそだ）！　僕は受信箱からキーガンのメールを探し出し、連絡を取った。

すると数日後に返信があった。ルーサーは喜んで協力するという。僕は急いで台本をこしらえた。ロベットもハリウッドからジョークを送ってくれた。翌日、僕はコディとともにオーバルオフィスに出向き、大統領に原稿を見せた。すると大統領は、怒れる通訳者のセリフを練習する必要などないのに、わざわざセリフを読み上げ、愚痴を発散して楽しんだ。

「おまえら全員ばかか！」大統領は指で空を切りながら、架空の記者団に向けて言った。すでにこのルーサー関連のジョークの採用を決めたようだ。また、スピーチの数段落後にエボラ関連のメディア報道に対するジョークを書き足した。

あれ何だったかな？　大統領としての地位はおしまいだと言われた一五回のうちの一回なんだけど。

大学時代、即興コントグループのショーの前にウォーミングアップをしていると、揺るぎない自信が満ちてくることがときどきあった。そんなとき僕たちは、そのショーが大成功する未来を目の当たりにしていた。この大学の控え室で起きたことが、オーバルオフィスでも起きた。オバマ大統領が原稿を最後まで読み終わると、特別な出来事の間際に生まれる、あのうきうきとした感覚が内心に湧き起こるのを感じた。

「明日の午前にまた確認に来たほうがいいでしょうか？」とコディが尋ねた。これまでは、スピーチ当日の正午前後に最後の打ち合わせをしていたからだ。ところが大統領は首を振った。

「いや、いいよ。実を言うと、このスピーチはめちゃくちゃ得意なんでね」

翌日の午後、詮索好きな記者たちの目を避けるため、キーガンをウエストウィングにこっそり入れ、コディのオフィスに隠した。そして、記者たちが晩餐会前の歓迎会に出かけたことを確かめると、リハーサルのためレジデンスに向かった。

マップ・ルームに演壇が設置されていた。五か月前に大統領が移民対策のスピーチの練習をした場所だ。だが今回の大統領はタキシード姿で、かなりリラックスしていた。何年もお笑いコンビを組んでいた相手と話すように、キーガンと雑談している。

ところが、リハーサルが始まると問題が発生した。大統領が笑いをこらえられないのだ。「覚悟はいいか。そのなまっちろいケツをじっくり据えて聞けよ」とキーガンが叫ぶ。ロベットがハリウッドから提案したこの言葉が、その晩のルーサーの最初のセリフだったが、それを聞くと大統領は思わず吹き出した。

「わかってる、わかってる。笑わないようにしないとな」

だが大統領には、その約束ごとがどうしても守れず、毎回吹き出してしまった。「ちょっとツボに入っただけだから。本番では気をつけるよ」
五、六回の中断を繰り返してようやく、台本の最後のページにたどり着いた。この部分には少しひねりを加えていた。ここで大統領は、地球温暖化否定論者の議員に意見を述べ始めるが、やがて怒りを抑えきれなくなり、次第に激昂していく。そして、しまいにはルーサーさえ大統領の憤怒を抑えられなくなってしまう、という筋書きだ。
「この部分は難しくない」と大統領はキーガンに請け合った。「本当に腹を立ててるからね」。

それから少し考え込むようにして言った。

「とにかく、笑わないようにしないと」

しかし、その点はやはりどうにもならなかった。二回目のリハーサルの間も、大統領は一回目と同じように笑いをこらえきれなかった。もう、これ以上練習している余裕はない。僕は大統領とキーガンの間に入り、最後の修正箇所を手早くメモした。そしてそれぞれ車に跳び乗ると、スピーチが行われるヒルトンホテルへと急いだ。会場に着くと、大統領は主賓席に着いた。キーガンは自分にあてがわれた部屋に入り、グレーのスーツを着て、金の指輪を八つ指にはめた。僕はいつものように、晩餐会の間中、気体分子のようにそわそわと飛びまわっていた。偶然にも、たまたまカーテンの陰に立っていたときに、大統領が舞台裏にこっそりやって来た。僕と目が合うと微笑み、首を振りながら言う。

「ブレイクしないようにしないとな」

大統領が、ネタの途中で笑ってしまうことを意味するお笑い用語を知っていたことに驚いた。だが、次の言葉には驚かなかった。

「で、受けるかな?」

これは、オバマ大統領が何年も前からよく尋ねてくる質問だ。これまでは、返答に詰まるのが常だった。だが今回は、完璧な返答ができた。僕は、大統領が五か月前にルーズベルト・ルームでスタッフに行った叱咤激励を思った。行く手にどんな障害があろうと、自分の言葉を語り、自分の歴史を刻もうとする大統領の決意を思った。第四四半期に残されたこれからの二〇

（左から順に）僕でない人、僕、こちらも僕でない人（ローレンス・ジャクソン撮影）

か月を思った。そしてニヤリと笑いながら、アメリカ初の黒人大統領の目をじっと見て言った。

「覚悟しておいてくださいよ。あのなまっちろいケツが飛び跳ねますから」

14

きらきら光るダイヤモンドの山

スティーブと僕はキャットウォークに座っていた。二人の関係は、学校の保護者面談で鉢合わせした離婚夫婦のように冷ややかだ。下を見ると、怒れる通訳者ルーサーが堂々と登壇してきた。キーガンは大統領にできるだけのことはすると約束していたが、その言葉にうそはなかった。血管を浮き上がらせ、目をむいている。あのケツにまつわる冒頭のセリフを叫ぶと、僕は素早く大統領に目を走らせた。

笑うな。笑うな笑うな笑うな。

僕は、大統領が笑いを飲み込んでいるのを見てぎょっとした。吹き出しそうに見えたからだ。だが、もうあと戻りできないところまで行く間際に、何かのスイッチが入った。ちょうど自転車のギアを変えたような感じだ。そのとき、大統領の顔が真面目くさった表情に一変した。それ以降はもう、週一回のビデオ演説で使う、あの落ち着いた口調で話を続けた。裏庭でのトランポリン遊びの危険性を訴えるビデオのような口調である。

「私たちはマスコミを通じて、その日のいちばん重要な出来事を判断します」と大統領が言うと、ルーサーがすかさず割って入る。

「FOXニュースは、くだらないたわ言で白人の老人を怯えさせるだけだがな!」

ルーサーは相変わらず声を張り上げていたが、僕はもう心配する必要を感じなかった。大統領はもう吹き出さないだろう。実際、それからの五分間は非の打ちどころがなかった。間の取り方は申し分なく、身ぶりも完璧だった。地球温暖化否定論の話題になると、先に述べていたとおり、オバマ大統領は本気で怒り出した。

「子供たちはどうなる? 目先のことしか考えない、ばかで無責任なあのほら吹……」

「大統領!」とルーサーが叫ぶ。「おっとっとっとっと。おっと。おい!」

「何だ?」大統領がきつく言い返すと、会場のダンスホールは狂喜した。

会場以外でも熱狂的な反応が見られた。週明けの月曜日に開かれた午前九時のミーティングで、ホワイトハウスのデジタル部門の責任者ジェーソン・ゴールドマンがいいニュースを伝えた。大統領とキーガンのコントの動画をフェイスブックに公開したところ、三五〇〇万回も再生されたという。「怒れる通訳者ルーサー」はわずか四八時間で、政府が提供した動画の中でインターネット史上もっとも高い人気を獲得したのだ。

僕がこの話題を取り上げたのには、二つの理由がある。第一の理由は、自慢したいからだ。だが第二の理由のほうが大きい。ある意味では、ホワイトハウスのスタッフはみな錬金術師だと言える。彼らは、奇跡を信じてホワイトハウスに馳せ参じ、現実世界の出来事の重苦しい断片から、輝かしい完璧なものを作り上げようと努力を重ねる。だが間もなく、そんなことは決して成し遂げられないことに気づく。現実世界に関係することは、どんなにうまく実行しようと、汚れる運命にある。

ところが幸運に恵まれれば、ある日いつもどおり自分の仕事をしていると、輝かしい金塊が魔法のように膝の上に現れる。それは、公務からもらえる最高の贈り物の一つだ。こうして、もうどんな奇跡も起こらないとあきらめてかなりたったあとに、ふとささいな奇跡にあずかれる。

この奇跡の瞬間を「レガシー」と呼ぶ。僕たちもときにはそれを経験した。ビン・ラディンの抹殺は、レガシーと言えるかもしれない。そのほか、自動車産業の救済、イラクやアフガニスタンからの軍の撤退、DADT法の廃止もそうだ。しかし僕たちは、こうしたレガシーだけでなく、ホームレスが目を輝かせて語るダイヤモンドの山のようなレガシーを思い描いていたのではなかったか？　僕たちは、はるか遠くにあるユートピアを夢見ていた。称賛が滝のように押し寄せ、支持率が常にとてつもなく高い、陽光にあふれた政治のパラダイスだ。

そこにはまだ到達していない。オバマが大統領を辞職するまでの二〇か月で、歴史の中にそれなりの場所を占められるかどうかは、まったくわからない。だがホワイトハウス内では、間違いなく何かが変わっていた。オバマ大統領の「やってやろうじゃないか」的な颯爽とした態度は、日増しに周囲へ伝染していった。僕たちはもはや、甲羅に引っ込んだカメではなくなっていた。

自信が増すにつれ、政権の運営能力も高まった。とはいえ、政権初期の運営がひどかったわけではない。オバマ政権のホワイトハウスは、最初からきわめてスムーズに機能していた。それでも、ホワイトハウスを運営する期間が長くなれば、それだけ失敗から学ぶことも多くなる。オバマケアのウェブサイトの大失敗のあとには、重大な決定事項について、楽観論を警戒する懐疑派のチームを組織することが次第に多くなった。また、かつては多様性が欠如していたが、徐々に白人ばかりの部署は減り、ほとんど存在しなくなった。これらがほんのわずかなステップであることは承知している。しかし、そのほんのわずかなステップが、官僚主義に毒されない純潔な精神を育んでくれる。僕たちは徐々に進歩していた。

少々意外なことに、僕も進歩していた。自慢に聞こえることを恐れずに言えば、僕は丸二年の間、主権国家を怒らせることがなかった。いや、それ以上によかったのが、とうとうホワイトハウスをわが家のように感じられるようになったことだ。ある一瞬を境に変化が起き、まゆから飛び出したわけではない。それは、言語を学ぶようなものだった。たとえば、ポルトガル語を勉強し、練習し、恥をかいてまた学ぶ。するとある日、交通渋滞の道路で自分の前に誰かが割り込んできたときに、完璧なポルトガル語で悪態をつく自分に気がつき、こう思う。

うわ、身についてるよ。

だが、ホワイトハウスが居心地よく感じられるようになったのは、政治の世界の駆け引きに慣れたからというより、ホワイトハウス内の駆け引きに慣れたからと言ったほうがいい。今では、大統領夫人のオフィスに多数の友人を作っており、イースト・ルームで開催されるコンサートに忍び込んでも、あっさり追い出されなくなった。政策関係の知人が増えたおかげで、ファクトチェッカーとの戦いにも勝てるようになった。また、法律家があとでチェックすることがわかっている場合には、あえてすきだらけの主張を一つ草稿に追加するという卑怯なテクニックさえマスターした。そうすれば法律家は、その部分さえカットすれば満足し、残りの部分には手をつけないからだ。

僕はまた、一種のトップシークレットを知り、大統領の位置を探知できるようになった。それは、オバマ大統領が絶えず鳴らす口笛である。大統領がいつこの癖を身につけたのかはわからない。二〇一四年ぐらいだと思うが、もっと前かもしれない。確かに言えるのは、この癖が始まったとたん、止まらなくなったことだ。たとえば、写真撮影会の終わりや収録の開始を待っていたとする。すると、遠くから口笛が聞こえてくる。一音一音は明瞭だが、音の順番はバラバラで、子供が吹くリコーダーか鳴き損なった鳥のさえずりのようだ。その音が大きくなるにつれ、大統領は近づいてくる。そのため、口笛がクレッシェンドの頂点に達するころまでに、姿勢を正しておけばいい。

ホワイトハウスでは何でもそうだが、この口笛もまた、権力の大きさを示す非公式のバロメーターとなった。口笛に悩まされている人ほど、大統領と接する時間が長いということだ。たとえば、控え室で「あれには本当にいらいらする」と言っていたある大統領補佐官は、最側近の地位にある。その口調は、何か言いたくてたまらないようだった。それは、こんな言葉だったかもしれない。

「申し訳ありませんが、大統領、裁判官の選任が滞ったり、イエメン情勢が悪化したりしているのはわかりますが、どうかあれだけはやめていただけませんでしょうか？」

　僕はSAPであり、大統領の癖に悩まされるほど重要な地位にはいなかった。しかし、ネイビーメスでのランチに部外者を連れていけるほどの地位にはあった。制服を着たウェイターが、ウッドパネルのダイニングルームの席に僕たちを案内し、オリジナルのデザートを勧める。「チョコレート・フリーダムはいかがでしょうか？」チョコレートが好きでない人も、これには耳をそばだてて尋ね返す。「チョコレート・フリーダム？」すると、ウェイターが返事をする前に、僕が割って入る。

「いいの勧めるよ！　チョコレート・フリーダムは誰でも好きだからね！」

　やがて、溶けたチョコレートが中からしみ出たチョコレートケーキや、キャンディの殻で覆われたバニラ・フローズン・ヨーグルトが運ばれ、連れの顔が満面の笑みに輝く。これほど自己満足に浸れる瞬間はない。僕はランチを食べているだけだが、連れは一生に一度の経験を楽しんでいる。僕はこうした場所でなれなれしくふるまえる力に酔い、『ザ・ホワイトハウス』のロブ・ロウのように自信たっぷりに、青いIDカードを見せびらかしながら、ホワイトハウス内をぶらぶらしていた。ところが、そんなこれ見よがしの態度がピークに達したちょうどそのころ、エアフォースワンのコート用クローゼットで下着姿を同僚に見られるという失態を犯してしまった。

その言い訳をここでさせてほしい。

ホワイトハウスのスタッフに起きる不運には二種類ある。第一の不運は不可抗力だ。アンドルーズ空軍基地に向かう途中で、バンが道路上の穴にタイヤを突っ込んでしまい、その衝撃でシャツにコーヒーをこぼしてしまう、といった場合である。

第二の不運は、いわゆる山岳事故だ。大きな失敗は一つもない。だが、小さな失敗が連続して起こる。ベースキャンプに上着を忘れてしまう。カラビナがきちんと締まっていない。ブーツが半サイズ小さすぎる。一つひとつのミスは取るに足りないことだ。しかし、それが積み重なり、さらに不運が加わると、知らないうちに、大統領専用機の中でパンツ姿を同僚にさらすことになる。

この山岳事故に至る出来事は、六月の第一週から始まっていた。大統領は、その週の土曜日にワシントンを出発してドイツに向かい、日曜日にG7サミットに参加し、翌日の午後に帰国する予定だった。コディもテリーも、三六時間に及ぶ時差ボケ・パーティに興味はなかったらしく、僕に同行を命じた。

それはまさに、僕が望んでいたことでもあった。それまでに、エアフォースワンに搭乗した経験がなかったわけではない。すでに、整理しきれないほどの自撮り写真を機内で撮影している。機内で飲める最高のビールはイングリングのブラック&タンだということも知っている。フライト中に、映画『俺たちニュースキャスター』と『オフロでGO!!　タイムマシンはジェット式』両方の続編を見たこともあれば、少なくとも一回はイーベイのオークションをチェックしていたこともある。だがこれまでは、いちばん遠くてもカリフォルニア止まりで、機内で一泊したことがなかった。

それが、第一の失敗の原因になった。寝間着のことをすっかり忘れていたのだ。外遊責任者のルーク・ローザが着替えを持っていったほうがいいと教えてくれたときには、すでに手遅れだった。買い物に行く暇がないので、クローゼットをあさるしかない。すると、選択肢は二つしかなかった。ボクサー・ショーツをだぶだぶのTシャツで隠すか、大学一年のときに買ったパジャマのズボンを穿くかだ。パジャマのズボンには、映画『インクレディブル・ハルク』の絵がプリントしてある。この選択はいわば、映画『ソフィーの選択』の寝間着版だった。僕は結局、ハルクを選んだ。

第二の失敗は、離陸のわずか数分後に起きた。スタッフ用の客室に、何の警告も説明もなく、医療チームのメンバーが入ってきて、睡眠薬をキャンディのように配り始めた。海外旅行に慣れているベテランスタッフは、万事を心得ているのか、すぐに薬を飲むと、カーペットが敷かれた床に最適な寝場所を確保した。だが僕は椅子に残り、薬も飲まなかった。

そのとき僕は学んだ。エアフォースワンは、寝るには最悪の場所だ。寒いし、うるさいし、座席は四五度以上倒れない。「エアフォースワンのせいで八時間が台なしだ」というのが、ぜいたくこの上ない文句だということはわかっている。それでも、この飛行機を設計した人は、極秘通信設備を設置するだけでなく、通路の照明の光をもう少し抑えようとは考えなかったのだろうか？

いや、考えなかったのだろう。薬の助けを借りなかった僕のもとに、眠りはやって来なかった。知らないうちにうとうとはしたが、せいぜい一時間ほどだ。

僕はフランス領空のどこかで目を覚ますと、第三の失敗を犯した。食事をしたのだ。特におなかが空いていたわけではない。だが、「軍隊は腹で行進するんだよ」という乗組員の名言をなぜか思い出し、立派な兵隊になろうと、がつがつ食べてしまった。卵、クロワッサン、ジャム、果物、コーヒー。トレイを平らげるのに忙しく、そのころから飛行機の左舷に列ができていたのにまるで気づかなかった。皿がきれいになるころには、一〇人以上がトイレの前に並んでいた。ビジネススーツに着替えるための待ち行列である。今から並んだら、自分の番が来るまでに優に一時間はかかるだろう。そんなに待っていたら、飛行機が着陸してしまう。

僕はパニックに陥った。現実の悪夢が頭をよぎる。飛行機が着陸し、アンゲラ・メルケルが出迎えに来ているところへ、パジャマ姿で出ていったらどうなるだろう？　僕は必死の思いで、スタッフ用の客室内のどこかに着替えられる場所がないか探した。パソコンやプリンターが置かれた小部屋は、ドアがなく問題外だった。椅子の上に毛布をかぶせて着替えるのも、誰かに見つかるリスクが高すぎる。そのときふと、天才的なアイデアがひらめいた。客室の前方に、スタッフがコートを掛けておくクローゼットがある。高さは一八〇センチメートル、奥行きは六〇センチメートルほどだ。

申し分のないアイデアだった。僕は、同僚がこちらを見ていないすきに、クローゼットに素早く入り、後ろ手に扉を閉めた。そして電光石火のスピードで、シャツや靴下、パジャマのズボンを脱ぎ捨て、ハンガーに掛けてあったスーツのズボンを引ったくった。するとそのとき、外遊責任者のルークが、コートを取ろうと決然と扉を開いた。

自分は同僚たちにどんな思い出を残すことになるだろう？　誰でもついそんなことを考えてしまうに違いない。意義深い仕事、壮大な仕事に携わっている人なら、なおさらだ。僕の場合、以前の同僚には、今から数年後に僕の名前を聞いたら、ライターらしい自信に満ちた人物を思い出してほしい。そして「あいつが書いたジョークが好きだった」とか「インフラ投資を活性化させたやつだろ？」とか言ってほしい。

実際、そんなふうに覚えている人もいるかもしれないし、そうでない人もいるかもしれない。だが、ドイツ上空のどこかで、ルークのあ然とした表情や、その後ろでにやにやしている顔を見たとき、確実にわかったことがある。少数とはいえ結構な人数の同僚にとって、思い出の中の僕はいつも、足元にくしゃくしゃのパジャマをまとわせ、半裸で、驚きのあまり青ざめた顔をしていることだろう。

つまり、僕のレガシーも生まれつつあったということだ。それはともかく、僕のささやかな功績もささやかでない失態も含め、僕の業績は大統領自身の業績に、どれほどの影響を与えたのだろう？

スタッフの士気を高める責任がある人なら、「多大な影響を与えている」と答えるだろう。第四四半期の間のある日、アイゼンハワー行政府ビルの一階、ウエスト・エグゼクティブ通りに向かう階段のすぐ外側に、スタッフのモチベーション向上を目的としたポスターが貼られた。マーチン・ルーサー・キング牧師とリンドン・B・ジョンソンの白黒の写真の下に、ごつい大きな文字でこう印刷されている。

世界を変える出会い《ミーティング》

僕はいつも、これはうそだと思っていた。「ミーティング」のポスターなら、電話会議の音声を絞り、アマゾンでクリスマス・プレゼントを物色しているスタッフの写真を使うべきだろう。それでも、このポスターが言いたいことはわかった。僕がどんな仕事をするにせよ、それはオーバルオフィスに何らかの形で影響を与えている。あらゆる行動が、世界一影響力のある人物の権威を高めもすれば、傷つけもする。

だが残念ながら、このポスターのメッセージは、床のタイルが語るメッセージと矛盾していた。行政府ビルの廊下には白黒のタイルが張ってあるが、そこには化石が無数に点在している。恐竜の歯やマストドンの牙など、みごとな標本になりそうな化石ではない。軟体動物の化石だ。大半は、らせん形の殻を持つ脚の長い生物に過ぎない。ゴキブリのような姿のものもあるが、ティラノサウルスはいない。

僕はこれを見ていると、ずいぶん前に絶滅したこの友人たちの生い立ちを考えずにはいられない。足元に眠るこの石化した小さな生物たちは、当時のホワイトハウスのスタッフだったかもしれない。もしそうなら、先史時代の泥の中を自信たっぷりに泳ぎまわり、自分たちはきわめて重要な存在だと得意に思っていたはずだ。そして、自分が残すレガシーについて考えたこともあったに違いない。だが数百万年後の今、彼らはここで、別の時代の最上位捕食者に踏みつけにされている。

このポスターと床に見られるメッセージの矛盾ほど、ホワイトハウスのスタッフの人生を特徴づけているものはない。人類の運命を、死すべき人間の手に委ねるのは、根本的にばかげている。僕は何も、もっといい方法があると言っているわけではない。現在は最重要人物でありながら、将来は化石に過ぎなくなるという事実が、精神的に大きな負担になると言いたいだけだ。正当な理由があるとはいえ、そんな矛盾の中で生きるのは、内心に激しい苦痛を伴う。それが精神を追い込んでしまう。

ホワイトハウスのスタッフは、それぞれ異なる方法でこの心の苦しみに対処する。ものに当たり散らす人もいる。ヨガや喫煙、あるいはその両方を始める人もいる。マラソンに取り組む立派な人も多少いる。たいていの人は酒に頼る。

そしてわずかながら、威張り散らす人がいる（その数は、読者が思うほど多くはない）。彼らは、オーバルオフィスに関係しているというだけで威張り散らす。そんなときには、自分と大統領との区別、つまらない嫉妬心と重大な国民的関心事との区別ができなくなる。仕事のせいで自分を普通の人間以上の存在だと見なすようになった彼らを、責めるつもりはない。こうした神のごとき意識は、いわばワシントンの沼地で流行するマラリアだ。それでも、善良な人々がその犠牲になるのは、はたで見ていて忍びない。

では、僕はどうだろうか？　その誘惑に負けたことがあるのか？　この質問に客観的に答えることはできない。逆説的に聞こえるかもしれないが、愚かな行為を演じていながら、場合によってはそれに自分で気づいていないおそれがあるからだ。だが、これだけは言える。運動でストレスを発散できない日に神経を鎮めようとしても、ビール一杯ではまず足りない。帰宅後は、自分では認めたくないほど頻繁に悪ガキのようにふるまい、ジャッキーに自分と同じくらいのストレスを与えていた。航空会社の顧客サービスなどを相手に、「おれを何様だと思ってるんだ？」と心の中で毒づいたことさえ何度かあった。

こうした気苦労のため、ほかのスタッフと同じように僕も老けた。若かろうが年老いていようが、後輩であれ先輩であれ、ホワイトハウスでの月日は犬の年齢と同じ割合で進む（訳注：犬の一年は人間の七年に相当する）。僕の場合、二四歳から二八歳までの間に、たまに見つかる程度だった白髪が、頭皮を侵略した新生物のように増殖した。目の下にできたくまは、もはや刺青のように消えなくなった。口の両側にできるしわを「笑いじわ」だと言う人がいると、傷つくだけでなく侮辱されたような気がした。笑いじわのある人はたくさん知っているが、彼らは、寝る間も惜しんで予算の説明に苦心しているわけでもなければ、テレビで議員の姿を見るたびに顔をしかめているわけでもない。趣味を持ち、ブランチを楽しんでいる彼らの口元は美しい。

もちろん、いちばん老けたのは大統領だ。しかも、その姿を誰よりも公にさらしている。二〇一二年に僕は、大統領は二期目の終わりごろにはモーガン・フリーマンに似てくるだろうというジョークを書いたが、大統領は一蹴した。

「つまらないな」

それから三年がたって、その言葉の意味がようやくわかった。映像からもはっきりわかるように、白髪が爆発的に増えただけではない。二〇一五年当時、大統領の目には、はれぼったいくまの中に、さらにまたはれぼったいくまがあった。笑いじわは、まるで氷河に削られたかのような様相を呈していた。指はか細くなり、皮膚はどことなく薄くなったようにさえ見える。視力も衰えてきたため、スピーチライターは密かに、原稿のフォントサイズを二四から二六に上げた。大統領の体に、これまでのあらゆる危機、あらゆる決断が、年輪のように刻まれていた。

だが、それだけの犠牲を払う価値があるのだろうか？　僕が思うにこれは、つらい仕事に携わる人なら誰もが直面する本質的な問題だ。オバマ大統領の仕事ほど、つらい仕事はない。大統領はそれを承知の上で、この職業を選んだはずだ。確かに、戦闘機のパイロットや海兵隊員が経験するような危険を冒しているわけではない。それでも犠牲を払ってきたことは確かだ。

それなのに、その犠牲がまったく無駄になるおそれも十分にあった。任期の最後から二番目の夏の初めに、まさにそんな事態が訪れた。オバマには、民主党員も含め、ほかの政治家とは違う独自の魅力があった。それは、政府には問題解決以上のことができるという信念だ。政府は、国民共通の願いを達成できる。古くからの課題に取り組み、これまでよりも住みよい国にしていける。

そのため、オバマ大統領のレガシーの大半が、以前からアメリカ国民を悩ませてきた二つの問題に集中することになった。政治的な課題である医療保険改革と、倫理的な課題である人種問題対策である。二〇一五年六月、この二つの問題それぞれに暗雲が立ち込めた。

医療保険改革では、暗雲は訴訟という形を取って現れた。それまで、医療費負担適正化法はほぼ成功していた。保険の未加入率は史上最低を記録した。医療費の増加ペースも鈍化した。オバマケアは、最高裁の訴訟からも、政府機能の一時停止からも、およそ一億兆回に及ぶ撤廃決議からも生き延びてきた。

だが聖戦士たちは降伏しなかった。不屈の闘志であやふやな論拠を持ち出し、さらなる法廷闘争を試みた。それは実にばかげた論拠で、いわば立法における誤植のようなものだ。僕たちは、最高裁がそれを聞き届けるはずがないと思っていた。ところが、最高裁がそれを聞き入れたため、不安を感じないではいられなくなった。

もう一つの人種問題のほうは、それ以上に複雑だ。言うまでもなく僕は、この問題の権威ではない。だが、こんなジョークにかけては世界屈指の専門家だと思う。

「何が起ころうと、私はアメリカ初の黒人大統領として歴史に名を残す可能性が十分にあると思う」

僕は毎年、大統領の漫談にこの一節を組み込もうとしたが、カットされてしまった。しかしそれが、ジョークとして優れていなかったからだとは思わない。オバマ・ワールドでは、大統領は自分が大統領選に勝利したという事実以外に、人種問題に関するレガシーを生み出せないのではないかという不安が常にあった。だから、それをジョークのネタにしたくなかったのだろう。

だが、二〇一五年の半ばには、その最悪のシナリオがもっとも現実味を帯びたシナリオとなった。アフリカ系アメリカ人が警察に殺された事件を機に、数十年間くすぶってきた人種間の緊張関係が、一気に発火したのだ。新世代の公民権活動家が「ブラック・ライブズ・マター（黒人の命も大切）」運動を展開し、変革が遅々として進まない現状に異を唱えたが、それも当然だった。悲劇的な事件が起こるたびに抗議の嵐が吹き荒れ、暴動が発生する。そして誰もが、こんな悪夢が二度と繰り返されないことを願う。だが、悲劇に終わりはなく、どんどん積み重なっていくばかりだ。

そんなときに、チャールストンで事件が発生した。六月一七日、モップを頭にかぶったような髪型の二一歳の白人が、黒人が集まる教会に入り、聖書の勉強会に参加した後、九人を銃で射殺したのだ。殺人犯のディラン・ルーフは、行き当たりばったりに行動したわけではない。人種間戦争を始めたい、いやむしろ、すでに人種間戦争が始まっていることをアメリカ国民に知らせたいと思って犯行に及んだという。

この男の作戦が成功し、混乱と暴力と憎悪が延々と続く世界が始まるおそれは十分にあったと思う。結局ルーフのテロ行為がよそに転移することはなかったが、それでもこの事件でアメリカ国民ががっくりと落ち込んだことは間違いない。翌日の夜、コメディ風のニュース番組『ザ・デイリー・ショー』では、司会のジョン・スチュワートが今日はネタ切れだと言い、代わりにきわめて悲観的な内容のスピーチを行った。

「私たちはそれでも行動しないでしょう。そう、それが私たちなのです」

翌週の月曜日、憂鬱と不安がアメリカ全土を覆っていた。ホワイトハウスも例外ではない。その週の間に、最高裁が数百万人の保険を無効にするおそれがあった。金曜日には大統領がチャールストンを慰問することになっていたが、最高慰安官をもってしても、冷徹な絶望の論理には太刀打ちできない気がした。第四四半期に続いた一連の勝利は、あっという間に輝きを失ってしまった。オバマ大統領がアメリカに寄せる信頼は根拠のないものだったのか？　大統領のレガシー、僕たちのレガシーは瓦解してしまうのか？　その答えは誰にもわからなかった。だが、すべての答えが明らかになるのに、四八時間もかからなかった。

それは木曜日、最高裁の判決とともに始まった。ホワイトハウスの補佐官は、こうした判決を事前に知らされているのではないかと思っている人は多い。確かに、コネはいくらでもある。だが、実際には何も知らされておらず、まるでオスカーの受賞者のように判決が発表される。一国を支配しているという幻想に始終とらわれているスタッフなら、残酷この上ない異常なやり口だと思うに違いない。計算高く用意周到なポーカーのプレーヤーが、ゲームの途中でプレーを止め、いきなりロシアン・ルーレットに参加するところを想像してほしい。判決の日は、まさにそんな気分になる。

二〇一五年の六月には、こうした緊張の瞬間が、普段にも増して緊張をはらんでいた。午前九時五五分、判事が判決の発表の準備をしているころ、ホワイトハウスはあらゆる作業を止めた。時間が秒単位で刻々と過ぎていく。そのころにはジャッキーも会社の保険に加入していたため、彼女が危険にさらされることはない。しかし、ゾーイ・リンら数百万の国民にしてみれば、次の瞬間が人生でもっとも重大な瞬間になるかもしれない。僕はそわそわと頬の内側をかんだ。脚の貧乏ゆすりが止まらない。

やがて一〇時になった。拍子抜けの結末だった。裁判所はオバマケア以外の判決について発表するという。僕はアドレナリンをほとばしらせたまま、仕事に戻った。

それが六月二五日の木曜日まで続いた。その日の午前九時五九分、医療費負担適正化法は「シュレーディンガーの猫」状態だった。生きていると同時に死んでいるというわけだ。そのちょうど一分後、裁判所は判決を公表した。採決の結果、六対三で聖戦士の負けだった。バラク・オバマの看板政策が裁判で覆されることはなかったのだ。

判決のかなり前からコディは、考えうる裁決それぞれについて一つずつ、大統領のスピーチの原稿を作成していた。その日の午前、ローズ・ガーデンに立った大統領が読み上げたのは、その中でもっとも輝かしい内容のスピーチだった。

「成立から五年を迎えた今、これはもはや規則ではありません。医療費負担適正化法という法律でも、オバマケアという政治ゲームでもありません。これがアメリカの医療なのです」

どう見ても、これは楽観論だ。オバマケアにまつわる政治ゲームは、厳密にはまだ終わっていない。それでも広い視点から見れば、大統領の言葉は否定しようがなかった。バージニア州の人口の二倍近い国民にとって、医療費負担適正化法は、目に見えない地雷原でもなければ政治的目標でもない。医療保険そのものなのだ。この法律は、議会により効果を弱められてしまうかもしれない。いずれ廃止されてしまうかもしれない。しかし、誰にでも医療を受ける権利があり、政府がそれを支援すべきだというオバマケアの背後にある根本原則は、もはやアメリカ国民の生活に織り込まれている。

その日はまるで、ホワイトハウス全体が政治的な恍惚状態にあるかのようだった。同僚たちは頬を紅潮させ、目が合うと訳もなく微笑み合った。ミーティングはハグやハイタッチで始まり、ハグやハイタッチで終わった。チョコレート・フリーダムさえ、甘さが増した。その瞬間を超えるときなどないような気がした。

ところが、わずか一日後に、それを超える瞬間がやって来た。

しかも二回だ。六月二六日の午前一〇時、僕のオフィスの外で歓声が上がった。ドアを開けて見てみると、映画『マチルダ』でトランチブル校長に反撃する子供たちのように、インターンが廊下にあふれている。実はそのとき、最高裁がまた別の裁判の判決を公表していた。アメリカ全土で同性婚が合法と認められたのだ。

とても信じられない出来事だった。おそらく廊下ではしゃいでいる大学生たちは、年齢的に見て二〇〇四年のことなど覚えていないだろう。その年、ジョージ・W・ブッシュは「同性愛者の主張」に反対することで、二期目続投を確実にしたのだ。当時大学一年生だった僕はよく覚えている。感謝祭の休暇で家に帰ると、幼なじみのクリスがうちにやって来た。そのとき彼に対して思ったことが、いまだに忘れられない。

かわいそうに。こいつは一生結婚できないのだろう。

それは、マンハッタンでのことだった。ニューヨークのような民主党支持者が多い州でも、同性婚の合法化は可能性が低いどころか、荒唐無稽でさえあった。竜に乗って空を飛ぶとか、サルのような尻尾が生えるとか、それと同じレベルのことである。ところが、それから一〇年がたった今、クリスは好きな州で結婚できるようになった。

今回、ローズ・ガーデンでのスピーチの原稿を何パターンも書いていたのは、行政府ビルで一緒に働くスピーチライター、サラダ・ペリーだった。このときも、もっとも感動的なスピーチ以外はすべて破棄された。

「こうした旅は、少しずつ前へ進んでいくことが多いものです。熱心な市民の絶え間ない努力により、二歩進んでは、一歩下がります。そうしていると、やがてこんな日がやって来ます。ゆっくりとした粘り強い努力が正義により報われる日が、思いがけなく訪れるのです」

二三九年に及ぶアメリカ合衆国大統領の歴史を見ても、僕たちがこのとき経験していたような瞬間はなかなか見つからない。今世紀はまだ始まったばかりだが、その世紀でもっとも進歩的な法律と、もっとも劇的な平等への歩みが、わずか二四時間の間にそれぞれ承認されたのだ。だがオバマ大統領には、そんな思いがけない正義の瞬間を祝っている暇さえなかった。あと数時間でチャールストンへ行き、弔辞を読まなければならない。

その前の週にコディがチャールストンでのスピーチの原稿を書き始めたころ、僕は、大統領がこのスピーチに乗り気でないという情報を人づてに聞いた。大統領は銃乱射事件について、すでに八回も国民に向けてスピーチを行っている。そのたびに何かを変えなければいけないと訴えたが、何も変わらなかった。今回もそれまでと何が違うのだろう？

しかし、スピーチ当日になるころには、大統領もその答えを見つけていた。犯人を憎んでいるはずの犠牲者の遺族が、法廷に現れたディラン・ルーフに許しの言葉をかけた。チャールストンがあるサウスカロライナ州の州知事である共和党のニッキー・ヘイリーが、州議会議事堂の上に掲げられていた南北戦争時の南部連合旗を下ろすよう要請した。つまり、殺人鬼はこの事件を通じてアメリカの最悪の部分を呼び覚まそうとしたのだが、逆にアメリカの最良の部分を呼び覚ます結果になったのだ。オバマ大統領は弔辞の中に、それを説明する言葉を入れた。

神の恵み。

「この恐ろしい悲劇を通じて、神はこの国に恵みを垂れました。そのおかげで、これまで見えなかったものが見えるようになりました」。大統領は、改めて思ったことを雄弁に語った。南部連合旗が生み出す苦しみ、銃犯罪の恐怖、人種差別がもたらすいつまでも癒えない悪性の傷。

こうした内容よりもはるかに重要だったのが、言葉づかいだ。新人のスピーチライターが、アフリカ系アメリカ人を対象にしたスピーチを初めて書くときには、よくこう言われる。「聴衆を教会へ連れていけ」。こうしたスピーチで大統領は、市民権運動の活動家や黒人説教師が数世代にわたり使っていた口調を借用した。僕たちの仕事は、それに合った言葉を見つけることだ。しかし、これらのスピーチは限定的で小規模なイベント向けであり、全国民向けではなかった。全国民が見ているときには、大統領はいわばジャンルの垣根を越えたアーティストとなり、牧師にも教授にもなった。キングにもケネディにもなった。

ところが、今回は違った。「教会は、これまでも今も、アフリカ系アメリカ人の生活の中心です。私たちが自分になれる場所です」

「彼らが」ではなく「私たちが」と言っていた。これまでは、悲劇や不当な事件が起きると、オバマ大統領はたいてい、アメリカ黒人が常日ごろどんな経験をしているかを説明し、その「怒れる通訳者」となった。しかし今回は、同胞の苦悩を表現するのではなく、同胞と一緒になって悲しんだのだ。大統領は一語一語を語るにつれ、次第に心痛に耐えられなくなったようだった。やがて何の前触れもなくスピーチをやめ、うつむいて首を振った。

僕は、ライブ配信でこの姿を見て、とまどいを覚えた。何年もオバマ大統領の様子をつぶさに見てきて、あらゆる身ぶり手ぶりの意味を知っているつもりでいた。ところが、こんな姿は見たことがない。大統領は泣くのをこらえているのか？　立ち去ろうとしているのか？　しばらくの間、沈黙しかなかった。会場の追悼者たちが、固唾《かたず》をのんで見守っている。

すると、世界一影響力のある大統領が、穏やかに『アメージング・グレース』を歌い始めた。

驚くべき神の恵み、なんと心地よい響きだろう
ステージ上にいた牧師の一人が喜び、笑いながら言った。「歌い続けて、大統領！」

それが、私のような哀れな人間を救ってくれた
その後ろにいたもう一人の牧師がうなずき、手を叩いた。間もなく、会場全体がその歌声に和した。感情を抑えきれずに泣いている人もいる。満面の笑みを浮かべている人もいる。だが、ほとんどの聴衆がその両方の状態だった。後ろにいた教会のオルガニストが即興で伴奏する中、スピーチはクライマックスを迎えた。やがて最後の一文に至ると、大統領はその中の一語を強調した。

「神がこれからも、アメリカ〝合衆〟国に恵みをお与えくださいますように」

そして締めくくりに、右手で満足げに軽く演壇を叩いた。

誰に呼びかけられたわけでもないのに、ワシントン中の人間がホワイトハウスに押し寄せる

ときがまれにある。ビン・ラディン抹殺が報じられた夜がそうだった。同じことが六月二六日金曜日にも起きた。仕事帰りにホワイトハウスから一・五キロメートルほど北のところでジャッキーに会うと、自然と群衆に合流しようという話になった。

ラファイエット公園にたどり着くと、僕たちは驚きの目を見張った。ホワイトハウスが、虹色にライトアップされている。ペンシルベニア通りの至るところで、あらゆる種類のカップルが手を取り合っていた。歓声を上げ、笑い、泣いている。ほとんどの人が、大統領が住んでいるホワイトハウスを見上げ、政治にかかわるいちばん身近なもののそばで喜びに浸っている。

どんなレガシーにも、心に永久に残るような決定的瞬間の映像が必要だ。バラク・オバマは、そんな瞬間をいくつも提供してくれた。そこから、いちばん印象的な映像を選ぶとすると、何になるだろう?

歴史家はさまざまな議論をするだろうが、僕ならあの夏の夜の映像を選ぶ。僕の心の中で、大統領はいつも歌っていることだろう。必ずしもうまいとはいえない音程で。

驚くべき神の恵み、なんと心地よい響きだろう
それが、私のような哀れな人間を救ってくれた

その輝かしい奇跡の瞬間にあっても、オバマは人間的で弱々しく見える。髪は白く、心は悲

しみに暮れている。だが、不幸以上の何ものかをつかむチャンスを与えてくれた神に感謝するその声は、水晶のように澄み切っている。

かつて見失った道も今は見つかり
かつて見えなかったものも今は見える

この二日で、バラク・オバマは歴史に占める自分の場所を確保した。確かに、オバマが直面した問題は永遠に解決されないだろう。医療費負担適正化法はまだ攻撃にさらされている。人種間にもまだ断層線が走っている。LGBTに対する差別も生々しく残っている。しかし、僕が今暮らしているこの国では、医療がもはや特権ではなく権利になっている。好きな人と自由に結婚できる。黒人の大統領がかつての南部連合の中心地に赴き、肌の色や信条を問わず、あらゆる国民を教会へ連れていくこともできる。

オバマ大統領は、経済を立て直しただけではない。戦争を終わらせただけでもない。アメリカを、僕の子供時代よりも暮らしやすい国に変えた。僕が七年前に生活していた国、僕が七日前に生活していた国は、根本から変わったのだ。

二〇〇八年一月三日、新人上院議員だったオバマは僕に、この国を愛していれば変えられると言った。それからの七年半、僕はその約束がうそでないことを望み、その約束を実現するために働いたが、実現できたかどうかよくわからなかった。だが今、虹色のホワイトハウスの鉄扉の外に立ちながら、僕はもはや疑問を抱く必要はないと思った。この国を愛する人から見れば、まだ進むべき道のりは長い。それでも、この国を変えられたのかと問われれば、僕はこう答える。

イエス・ウィー・ディド。

15 ゴールライン

それでも、何かがしっくりこなかった。この二日間は、オバマ・ボットが夢にまで見た勝利の瞬間が相次いだ。しかし僕は、さほど勝利を喜ぶ気持ちになれなかった。その日の午前、同性婚を合法化する判決が発表された直後、スピーチライターの仕事をしているチェルシーと鉢合わせした。数週間前にホワイトハウスに入ったばかりのインターンだ。最新の歴史的勝利を受け、満面の笑みを浮かべている。

だが僕は、そんな彼女にこう言っていた。「言っておくけど、いつもこんなんじゃないからね」

そのとき僕は思った。やばい、もうこの仕事を辞めたほうがいいな。

燃え尽き症候群。ホワイトハウスの外で誰もが使っている言葉だが、そういう感じではない。実際には、感情が麻痺してしまったのだ。割に合わない大変な仕事をこなす毎日に、魂の理想主義的な部分が徐々に浸食されてしまった。僕は、畏敬の念に目を輝かせてホワイトハウスにやって来たスタッフをたくさん知っている。だがそんな彼らも、一年半もすると、脱獄を計画している囚人のようにしか見えなくなる。

僕はまだ、ホワイトハウスの囚人になってはいなかった。いまだにこの仕事が好きだ。だがいつも好きというわけではない。時間がたてばたつほど、気に入らない部分が目につくようになる。「こうしたステップが効果を上げつつあります」といった文章についてファクトチェッカーと格闘するのにうんざりする。パーティでの大統領の謝辞に、自分の名前を入れてくれと頼んでくるスタッフと言い争うのにうんざりする。どんなスピーチ原稿にも、予算編成に関する分厚い付録が必要なわけではないことを説明するのにうんざりする。こうした不満の数が増えるわけではないが、いらいらは次第に募ってくる。

それに、三〇回目の誕生日までまだ二年もあるというのに、すでに年老いた気がした。たとえば、インターンのチェルシーが夢中でこうまくし立てる。「もちろん、『ザ・ホワイトハウス』が大好きです。八年生(訳注:日本の中学二年生に相当)のときにネットフリックスで全エピソードを見ました」。それだけでも十分なのに、数週間後にとどめの一撃が来た。現実のホワイトハウスの若い補佐官が、僕の原稿に対してこんなメールを寄越したのだ。

「『私たちは一心同体だ』と大統領に言わせるのはどうでしょう?『ハイスクール・ミュージカル』のセリフですよね?」

先輩のいいところは、こんなばかばかしい指摘に反応しなくてもいいことだ。チームワークという概念が、このテレビ映画が公開された二〇〇六年より前からあることはわかりきっているので、僕はまるで気にかけなかった。だが、権威を手に入れたために、自分が正常な判断力を失ってしまったのではないかと思うことはあった。たとえば、知り合いにウエストウィングを紹介するとき、勝手に立ち寄り先を一つ追加し、ネイビーメス近くにある光り輝く赤い箱に誘導して、こう説明した。

「これが新しいソーダマシンです！　なんと、違う味のソーダを混ぜられます。僕のお気に入りはラズベリー・ライム・ジンジャーエールですが、好みは人それぞれです」

すると知り合いは、不満そうに話題を変えようとして言う。「すごいね。で、向こうのあれは何？」

「ああ、あれですか？　シチュエーション・ルームです」

そう、僕はもう感覚が少し麻痺していた。確かに、二期目が終わるまで、あと一年半もない。一八か月などあっという間に過ぎてしまうだろう。だが結局、僕はこの仕事を辞めることにした。しかし、その気になったのは、決していらいらが募っていたからではない。十分な成功体験があったからだ。大統領自身が、それをうまく表現している。

「私たちは、あらゆる闘いに勝ったわけではない。やるべきことはまだたくさんある。だが、かつて、私たちにこの国をよい方向へ変える力はないと皮肉る者がいたが、その人たちは間違っていた」

オバマ大統領のこれほど確固とした勝利宣言を聞いて、僕はすっかり満足した。それはちょうど卒業式のように、これまでの章の終わりと次の章の始まりを告げていた。大統領にはまだ、やるべきことが山ほどある。コディもそうだ。最後の一般教書演説、民主党党大会でのスピーチ、退任演説がある。それでも、アイゼンハワー行政府ビルには、一流のスピーチライターがほかに五人も控えている。ワシントン中を探せば、出番を待っている人はもっとたくさんいる。僕はもう、なくてはならない存在という気がしなかった。受命職員の刻印のある名刺をもらった時点で、必須職員にはなった。だが今では、このうえなくいい意味で、もういてもいなくてもいい存在だと実感していた。

すると、奇妙なことが起きた。ホワイトハウスを去る日を決めたとたん、仕事の出来がずっとよくなったのだ。もう草稿が「酔っぱらって」いるかどうか気にするのはやめた。言い過ぎではないかと不安になっても、とにかく書いた。だからって上司に何ができる？　どうせもうすぐ辞めるんだから、クビにしたけりゃするがいい。

チャールストンでの弔辞から一週間後、コディが僕に、刑事司法改革に関するスピーチの原稿を依頼してきた。全米黒人地位向上協会（NAACP）の全国大会で演説するのだという。僕は、そのテーマを聞いて心が躍った。この時期にぴったりの話題だ。しかし、移民政策のスピーチでの手ひどい失敗がふと頭をよぎった。アメリカでは、過去四〇年の間に受刑者の人数が激増している。NAACPの大会の参加者にとって、これは道徳的な問題だ。アメリカの理想に反し、家族や近隣の人々の心に大きな傷跡を残す。だが、ＵＦＧの考え方は違う。彼らは経済的な問題を口にする。道路や学校など、資金の使い道はいくらでもあるのに、なぜ囚人に年間八〇〇億ドルも使わなければならないのか？

僕は難しい仕事を任されたことを知り、自分にできるかどうか疑問に思いながら、オフィスに戻った。ところが驚いたことに、何かが変わっていた。気が楽になっていた。リスクを恐れておずおず書くどころか、言葉や文章が流れるに任せた。縄を強化するために子縄を組み合わせるように、事実、エピソード、論拠、原則を交互に組み合わせた。コディに草稿を送ったときには、これまでのキャリアで最高の出来だと確信していた。

しかし、何時間たっても返事がない。修正を待ったが一言もない。これまでの経験から、こういうときに向こうで何が起きているかはだいたい見当がつく。コディはきっと、大幅な修正をしているのだ。戻ってくる草稿は赤字まみれだろう。希望を捨ててからだいぶたったころ、ブラックベリーのライトが点滅した。僕は打ちしおれたまま、上司からの返信メールを開いた。

わお、すばらしい出来だ！　今回は詩神が降りてきたようだな。

コディが最近になって詩神の存在を信じるようになったのか、以前から信じていた詩神がようやく僕に降りてきたのか、そのあたりの事情はよくわからない。だが、そんなことはどうでもいい。僕は空中をふわふわ浮いているような気分だった。

次の日、大統領秘書官のフェリアル・ゴバシリを通じてオーバルオフィスに呼び出された。ホワイトハウスで働き始めて四年になるが、その部屋で大統領と二人きりになったのは、これが初めてだった。僕は、大統領が黄色の法律用箋に手書きした数段落分の文章やメモを確認すると、オフィスに戻り、大統領の意向に沿って原稿を修正した。その翌日、僕たちはフィラデルフィアに飛んだ。現地に到着すると、舞台裏で大統領を待っていたＮＡＡＣＰの役員たちから、自然に『アメージング・グレース』の合唱が湧き起こった。

正直に言うと、ホワイトハウスに勤めていた間には、実にひどいスピーチも書いた。専門的すぎるスピーチもあれば、退屈きわまりないスピーチもあった。問題があるばかりか、聞いていて恥ずかしくなるようなスピーチも、わずかながらある。今思うと、大人になってから引き出しの中に見つけた高校時代のポエムのようだ。しかし、ほかならぬこの日の午後、満員の会場で大統領が行ったスピーチは完璧だった。四年目にしてようやくである。聴衆は、大統領がこの問題の深刻さを述べると息をのみ、今後の措置について説明すると拍手喝采した。大統領のスピーチは、費用対効果を分析し、詳細な政策を提案しつつも、道徳的な視点を見失うことは決してなかった。

「絶望に対して見て見ぬふりをすることを認める制度は、どんな制度であれ司法制度とは言えない。それは不法制度だ」

一年前ならとても書けない言葉だった。あまりに挑戦的で、大雑把で、印象操作と言われるおそれがきわめて高いからだ。しかし今は、僕にとっても第四四半期である。何を気にすることがあろう。バケツに入れろ（もうやけくそだ）！　やらないでどうする？

オバマ大統領は、スピーチの締めくくりに「実在の人物」のエピソードを紹介した。フィラデルフィア生まれのジェフ・コープランドは、三八歳までに六回逮捕された。刑務所では時間をつぶすため、監房の中を何時間もジョギングして過ごした。囚人仲間からは「ランニングマン」というあだ名をつけられた。

ところがある日、なぜかは自分にもわからないが、生活を改める気になった。それからはアルコールを一滴も飲まなくなり、コミュニティ・カレッジを最優秀の成績で卒業した。成績の平均点は三・九五だった（訳注：最高点は四点）。その後、仕事を見つけた。

「そしてつい二年前、ランニングマンは初めてマラソンに挑戦しました。彼は今、成功を手に入れようとしているのです」

会場から割れんばかりの拍手が湧き起こった。大統領はさらに続けた。

「私たちは完璧ではありませんが、完璧に近づいていく力があります。一マイルずつ、一歩ずつ。それを次から次へと積み重ねていけば、間もなくゴールラインが見えてきます。そこはもう、以前いた場所ではありません。もっとすばらしい場所なのです」

「そこはもう、以前いた場所ではない」。ジェフ・コープランドの人生は、僕の人生とは想像以上に違うことだろう。それでも、彼に当てはまることは、僕にも当てはまる。僕は、初めてバラク・オバマに魅せられたあの一月の夜を思い出した。まるで仕事のようにマインスイーパをしていたクライシス・ハットでの日々を思い出した。今の僕は、スタート地点からかなり離れたところまでやって来た。ゴールラインが見える。

だが、すぐに出ていったわけではない。大統領が中間選挙後に僕たちを叱咤激励してからちょうど一年後の二〇一五年一一月五日の午前九時、僕はまだルーズベルト・ルームにいた。大統領は勢いよくドアを開けて入ってくると、こう語った。数多くの人が私たちの負けを宣言した。だが、私たちが成し遂げたことを見てほしい。イランとの核合意を実現した。数百万もの雇用を生み出した。賃金を上げた。クリーン・エネルギーを増やした。消費者の権利、市民の権利、女性の権利、労働者の権利の保護政策を無数に実現した、と。僕は、このような場で大統領と同席するのはこれが最後だろうと思い、誰よりも熱烈に拍手した。

それからコディと相談し、辞職の日を決めた。二〇一六年一月二二日の金曜日である。その日が近づくにつれ、ホワイトハウスのあらゆるものが、その個性を強めていくような気がした。アイゼンハワー行政府ビルの地下室は、今までにも増して殺戮《さつりく》が似合う舞台になった。アイクスの外にまで広がる油のにおいは、かつてないほどきつくなった。

そう感じるにつれ、これまで慣れていたものにもう触れられなくなる寂しさを痛切に感じた。

ローズガーデンの花々のにおい、フロアのタイルに閉じ込められた化石、印象的だがつつましい男性用トイレ、上級スタッフ用ジムのドアの重み。ありふれた表現かもしれないが、こうしたホワイトハウスらしいものとの別れ以上に寂しく思ったのが、同僚との別れだった。腹の立つ人もいるにせよ、本当に仕事ができる人がスタッフの九五パーセントを占める場所など、決して多くはない。

だが、失うことを何よりも残念に思ったのは、権力だった。それを言ってはいけないことは承知している。ジェームズ・ボンドの映画に登場する悪役のように思われてしまう。だが、かまうものか。社会の変革を望む者が権力を欲しがるのは、歌手がマイクを求め、役者が舞台に恋焦がれるようなものだ。この五年間、七万三〇〇〇平方メートルに及ぶこの職場のおかげで、僕の持てる力は一〇〇万倍に増幅された。僕がすばらしい洞察力を見せたり、詩神と戯れたりすれば、わずかではあれ、国全体をよい方向へ進めることができた。こんな権力を味わいたいと思わない人がいるだろうか？

いよいよホワイトハウスで過ごす最後の週が始まった。僕は心のどこかで、ぎりぎりになってオーバルオフィスから呼び出しが来るのではないかと期待していた。

「リット！　辞職しないでくれ。きみがいなければ、この国が立ち行かなくなる」

もちろん、そんな呼び出しがあるはずもない。エイリアンの侵略やゾンビの襲撃により辞職が延期になることもなく、最後の週は、目まいがするほど大量の書類の確認に費やされた。それは、借り物競争の逆バージョンと言えるものだった。スポーツクラブにジムの鍵を戻したか？　パソコンやブラックベリーを事務局に返したか？　ライブラリーから借りたフランクリン・D・ルーズベルトの伝記は返却したか（少なくとも一九回は貸し出しを延長していた）？

こうした項目の処理に、月曜日と火曜日のほとんどの時間がつぶれた。

一月二〇日の水曜日には、僕が担当した最後の大統領のスピーチがあった。デトロイトへ向かう途中で二〇〇〇カロリーに及ぶランチを食べ、帰りには吹雪に見舞われ、車が渋滞に巻き込まれたことは、本書の冒頭で述べた。木曜日には、前夜のスリップによる動揺も癒えないまま、荷造りを始めた。

僕はこれまで、オフィスがきれいだと言われたことは一度もない。むしろ、否定しようもないほど乱雑をきわめていた。その机まわりを整理するのは、遺跡の発掘作業のようなものだった。しかも、整理に残された時間は、思っていた以上に短くなりそうだった。水曜日の夜に少し雪が降ったが、天気予報によれば、金曜日の午後には、この地域で史上最大規模の猛吹雪になるという。そのため、数年分の瓦礫を急いで段ボール箱に詰めた。

僕はそんなつもりもなかったのに、実にありふれたものを詰めたタイムカプセルを、あちこちにいくつも仕込んでいた。数キログラムに及ぶ運動着、ふたの開いた靴クリームの缶、片方しかない七種類もの靴下、スポンジ弾を撃つおもちゃの銃。銃はコディからのクリスマス・プレゼントで、文章が浮かんでこないときなどに特殊作戦の兵士のように乱射したものだ。そのほか、カフェテリアから拝借したプラスチック用品はかなりの量になっていた。買ったまま結局読まなかった分厚い歴史書も三十数冊ある。僕は、これらを詰めた重い段ボール箱をいくつも車に運んだ。このときほど、ホワイトハウスのキャンパス内に駐車できる特典をありがたく思ったことはない。木曜日は、夜遅くまでこの作業にかかりきりだった。

ホワイトハウスでの最終日となった金曜日、予想される猛吹雪のため、連邦政府は一時閉鎖となり、職員は在宅勤務を命じられた。だが、在宅でオフィスの整理はできない。僕はやはり出勤するしかなかった。その日は帰りのことを考え、車は家に置いておき、車輪つきのスーツケースを持っていった。数年分のがらくたが十分に収まりそうなほど大きなものだ。オフィス用品、ラム酒やウィスキーのミニボトル、相棒のいない片方だけの靴。吹雪が早めに来るのではないかと心配し、思い入れがあるかどうか、取っておくべきかどうかなど考えず、何から何まで詰め込んだ。二箱組の頭痛薬が一箱だけあったり、大統領用のエムアンドエムズの箱が積んであったりする。

手を止めたときが一度だけあった。擦り切れ、色あせた額縁を見つけたときだ。

その額縁には、曽祖父宛ての手紙が収めてあった。一九三四年、曽祖父はホワイトハウスに宛て、ルーズベルト大統領の誕生日を祝う手紙を書いた。大統領自身からの返事はなかったが、首席補佐官の一人ルイス・ハウから感謝の手紙が届き、そこに、あなたの手紙は確かに大統領に手渡したという内容が認められていた。僕はこの曽祖父に会ったことがない。モーリスという名前以外、ほとんど知らない。だが、ホワイトハウスの便箋に書かれたこの手紙を、曽祖父が大切にしていたことはわかる。それを額縁に入れ、死ぬまで保管していたのだから。

僕はふと、曽祖父がこの状況をどう思うだろうと考えた。ほんの三世代先の僕が、オーバルオフィスから数百メートルのところにオフィスを持ち、自分専用のホワイトハウスの便箋を与えられていたのだ。人類の歴史を見ても、こんなエピソードはめったにない。いかにもアメリカらしい。

だが、それほど詩的な気分にも浸っていられなかった。やばい、雪が降ってきやがった。予報どおり、本格的な吹雪が到来していた。雪片がひっきりなしに降ってくる。いやな考えが頭に浮かんだ。数十センチメートルも雪が積もれば、スーツケースの車輪が役に立たなくなり、歩道で立ち往生してしまう。すぐにでもここを出なければ。

こうして、権力の回廊の歩き納めは、まるで威風堂々たるものではなくなった。オフィスに残っていたわずかばかりの品をつかみ、慌ててスノーブーツのひもを締めると、誰もいない広い廊下を駆け抜けた。ダウンジャケットの中はすでに汗だくだ。

だが、外に飛び出た瞬間、僕は立ち止まって周囲を見わたした。そうしないではいられなかったのだ。降り積もる雪のせいで、ホワイトハウスのキャンパスとその外側の世界の役割が入れ替わっていた。外側の世界は混乱をきわめていた。一方こちらは、何もかもが手つかずのきれいなままで、静まりかえっている。僕は、ウエスト・エグゼクティブ通りの北端まで歩いていった。セキュリティチェックを通過するとき、ゲートのロックが解除されるあのカチッというなじみの音が聞こえた。

一年後には、同僚の大半がホワイトハウスを去ることになるが、彼らにはきっと、僕のような感慨に耽る余裕もなかっただろう。オバマらしい政策の大半（それはアメリカらしい政策でもあった）が、かつてない攻撃にさらされることは間違いなさそうだからだ。僕は、その点ではラッキーだった。ホワイトハウスとペンシルベニア通りの間のフェンスのそばに立ち、大統領が以前、ジェフ・コープランドについて語った言葉を思い返した。

「私たちは完璧ではありませんが、完璧に近づいていく力があります。一マイルずつ、一歩ずつ」

帽子にたまっていた雪が崩れ、ジャケットに降りかかる。僕は、過去八年に積み重ねてきた道程を思った。有権者を戸別訪問し、裸でドライブした。郡の組織をまとめ、ジャニス・マイヤーの机をピカピカになるまで磨いた。オーバルオフィスで『ゴールデン・ガールズ』の主題歌を歌った。ジェシー・ジャクソンのコートにつかまって歩いていく小男を見た。シャーロットでの党大会にアリゾナ州から参加し、幼い娘のためにあきらめずに闘おうとする母親に出会った。思っていた以上に何度も幻滅したが、数えきれないほど何度もまた頑張ろうという気になった。愛する女性のためにオバマケアのウェブサイトに挑んだ（あれは二人の愛を確かめる最大の試練だった）。インターネットをぶっ飛ばす手伝いをした。完璧なスピーチを一本書いた。トイレでサーモンを見つけ、エアフォースワン内で半裸姿を見られ、大統領に面と向かってヒトラーに似ていると言った。

僕は、スタートしたころより完璧に近づいていた。少なくともそう感じた。一つの章が終わり、新たな章が始まるときに、それ以上望むことがあるだろうか？

右手でスーツケースをつかみ、左手でフェンスの鉄棒を握ると、まつ毛についた雪を瞬きで落としながら、最後にホワイトハウスをもう一度見た。そして雪の中に躍り出ると、微笑みながらゲートを抜け、アメリカ国民が暮らす外側の世界へ向かった。

終　サソリを踏みつぶす

「それで、あの希望や変革とやらは、いったいどうなったんでしょうね？」

二〇一七年一月二八日。その日もまた、サラ・ペイリンが頭の中でそうささやいている。八日前にドナルド・トランプが大統領に就任して以来、絶え間なくこの声がする。ジョギングをしているとき、ジャッキーとティラピアを料理しているとき、CVSでペーパータオルの六個パックを買っているときなど、何をしているときも、このやけにくだけた口調の侮辱が耳を離れない。どこからともなく聞こえてくる悪意のある鼻歌のようだ。

その日僕は、六歳の女の子の空手の練習を見ていた。そのために、飛行機でアメリカを半分ほど横断してきたのだ。その子は、一年生にしてはまだ小さい。白い道着に身を包み、明るい紫の眼鏡をかけ、同じ明るい紫のヘアバンドで髪をポニーテールにしている。そこは、子供向けの小さな空手道場だった。サンドバッグが数個、やる気を促すポスターが数枚、カプリソーネをたくさん積んだ長いテーブルが一つあり、マットの中央にはインストラクターが立っている。ミスBと呼ばれている若い金髪の女性だ。

「私があなたに向かってきていると思って」。ミスBはそう言うと、体をかがめ、分厚い黒の防具で身を固めた。「やって！」

　女の子は小柄ながら、驚くべき怒りを秘めていた。「ハイス！」と叫ぶと（最近の子供は「ハイヤ！」ではなくこう言うらしい）、ゴルフボールほどの膝を突き上げる。ミスBの防具に当たると、心地よい「ドスッ」という音がする。

「ハイス！」ドスッ。

「ハイス！」ドスッ。

　道場の壁沿いのベンチに座っている僕たちのほうへ、この女の子の父親が身を寄せてきてささやいた。「娘が以前、私にあれをやったんですよ。バスルームに立っていたら、こちらに走ってきて、脚めがけてね」。僕はその場面を想像して笑った。

　しかし今は、ドナルド・トランプが大統領だ。このごろの僕はいつも別のことを考えてしまう。アリゾナ州の小さな空手道場にいながら、僕の意識は、二〇一五年秋のワシントンでの麗しき一日に舞い戻っていく。そのときの僕は、ウエストウィングから自分のオフィスに帰っていくところだった。アイゼンハワー行政府ビルの階段を上っていくと、デビッド・シマスが下りてくる。滝のように左右に流れ落ちる髪の下で、当惑したような、「信じられるか？」といった笑みを浮かべている。

「ドナルド・トランプ！」大統領政治戦略局長はそう言ってニヤリとした。

「ドナルド・トランプ！」僕もそう言ってニヤリとした。

誤解しないでほしいが、二〇一六年の大統領選に出馬したトランプの選挙戦を見て喜んでいたわけではない。選挙戦を始めてまだ数か月しかたっていないのに、トランプの選挙戦はすでに国の恥となっていた。ブッシュがほのめかすに留めていたこと、ペイリンが笑顔で覆い隠していたことを、トランプは声高にわめき散らした。これまで特定の人にしかわからない表現で語ってきたことを、あからさまに叫びたてたのだ。メキシコ人が殺人や強姦を犯している。不法移民が仕事を奪っている。ジャーナリストは敵だ。オバマがＩＳＩＳを設立した。ウラジーミル・プーチンは模範的な人物だ。白人至上主義者はすばらしい。

それでも、選挙派の人間として、この混乱を好奇の目で見ていなかったといえばうそになる。トランプが共和党の予備選を勝ち進んでいくのを見て、僕たちの不倶戴天《ふぐたいてん》の敵だった共和党は、チンパンジーをペットとして飼っているとどうなるかを思い知ったことだろう。だが共和党は、トランプと手を切るチャンスがいくらでもあったのに、手を切ろうとしなかった。このままいけば、トランプは保守派の運動を分裂させるに違いない。そうなれば、有権者の過半数がこの男を拒否するだろう。トランプの勝利などありえない。

僕たちのこうした考えは、三分の二だけ当たっていた。しかしそれは、ヒンデンブルグ号の最後の飛行が「ほぼ問題がなかった」と表現するようなものだ（訳注：飛行船ヒンデンブルグ号は一九三七年、飛行を終えて着陸する間際に爆発事故を起こし、多数の犠牲者を出した）。

それでも、これだけは言っておきたい。ロナルド・レーガンの共和党は、ドナルド・トランプの登場とともに死んだということだ。これまでの数年間、ポール・ライアンに代表される共和党は、支持者が重視しているのは保守派のイデオロギー（富裕層に対する減税、広範囲に及ぶ規制撤廃、男らしいあごなど）だとうそぶいていた。ところがトランプは、そのどれもがナンセンスだと暴いてみせた。共和党の支持層には、何よりもまず、機会均等に対する怒りがあることに気づいたのだ。「誰が私たちをひどい目にあわせているのか？」という質問に対し、トランプは簡潔に答える。誰もかれもだ。トランプは、あるときに不法移民を攻撃したかと思えば、またあるときにはウォール街の銀行家を攻撃した。こうして、グローバル・エリートを恐れる人からもマイノリティを恐れる人からも支持を得た。

さらにトランプは、民主主義はもはや手に入らない贅沢品になったと感じているアメリカ人が増えていることにも気づいていた。共和党の党大会で「私だけがこの状況を解決できる！」と宣言すると、会場の聴衆は喝采を送った。僕は、『マーサ・スチュワート・リビング』で購入したグレーのソファに座り、ジャッキーとテレビを見つめながらショックを受けた。

「有権者が実際にトランプを選ぶなんてありえないよね？」

「ないよ。絶対に」とジャッキーは答えたが、その声は自信がなさそうだった。

確かに、数の上ではジャッキーの言葉は正しかった。大統領選の投票日当日、得票数ではヒラリー・クリントンがトランプを上まわった。しかし、票を獲得した場所が悪かった。トランプは激戦州で大きく票を伸ばした。僕の以前の受け持ち区域だったオハイオ州ウェイン郡では、前回の大統領選でもミット・ロムニーが二一ポイント差で勝利したが、トランプはそれをはるかに超え、三四ポイント差で勝利した。こうして投票日の夜が終わるころには、「選挙人団」という選挙制度のせいで、トランプが次期大統領になっていた。

それが三か月前のことだ。一月二八日土曜日の話に戻そう。ワシントンでは、新たにわが国の最高司令官となった男が、オーバルオフィスからプーチンに電話をしていた。一方、アリゾナ州では、来週の黄帯の試験を前に、ミスBが足さばきの稽古をつけている。

「床に虫がいると思って」。ミスBが、熱心に練習に励む女の子に言う。「どの虫がいちばんきらい？」

「サソリ！」

「そう、サソリね。じゃあ蹴りのあと、そのサソリを踏みつぶすように足を下ろして。いい？」

明るい紫のヘアバンドがひょいと動いた。一年生の女の子はまた練習を始める。僕はその姿を見ながら、この子を初めて見たときのことを思い出した。選挙運動用のビデオの中で、生まれて数日の乳児が、胸にチューブを何本も装着していた。二度目に見たときには、シャーロットで父親の腕に抱かれ、熱心に耳を傾ける聴衆に母親がスピーチするのをじっと見つめていた。その一年後には、保険金の生涯上限を撤廃する法律のおかげで、三回目にして最後の心臓切開手術を受けた。それからは、母親のステイシーが期待していた以上に症状が改善していった。

「ハイス！」ドスッ。

「ハイス！」ドスッ。

ゾーイ・リンは、小さな足を力強くマットに叩きつけた。あのサソリはとても生き延びられないだろう。


僕がアリゾナ州に来たのはそのためだった。ワシントンではすでに、オバマが苦労して成し遂げたあらゆる業績を取り消す話が持ち上がっている。どの大統領命令が撤回されるのか？どの法律が廃止されるのか？　こうしてバラク・オバマのレガシーの一部は、書類上に残るだけになるだろう。だが、そうでないレガシーもある。ゾーイはフェニックスの小学校に通い、メキシコ料理や動物のぬいぐるみが大好きで、来週の黄帯の試験に合格しようと頑張っている。つまり、取り消せない業績もあるということだ。オバマの決断のおかげで、数百万もの国民が仕事を見つけた。二〇〇八年のクリスマスをイラクやアフガニスタンで過ごした兵士も、二〇一六年のクリスマスは故国で過ごせた。八年前には自由の身だったビン・ラディンは、もはやこの世にいない。いくらトランプでも、それは変えられない。

それにオバマは、僕が望んでいたようにわが国の政治をひっくり返すことはできなかったが、わが国の文化を根底から変えた。バラク・オバマ自身、さまざまな民族や世界の間の、いわばグレーゾーンで育った。そのため、オバマ政権の間、ゲイやレズビアン、アフリカ系アメリカ人、移民、科学おたく、おかしな名前の子供など、新たな世代のマイノリティは、かつてのように疎外感を抱くことなく成長できた。一方、僕と同じような子供など、新たな世代のマジョリティは、自分とは違う人間について、恥ずかしく思ったり怖がったりしなくてもいいことを学びながら成長できた。このような大転換は、しばらくその流れを抑えることはできるかもしれない。しかし、逆行させるのはまず無理だ。

法律を廃止するのも、口で言うほど簡単ではない。僕は何も、甘い考えでそう言っているわけではない。ゾーイが防御動作の練習をしていたときには、トランプ政権が始動してまだ八日しかたっていなかったが、オバマが成し遂げたさまざまな前進が押し戻されようとしていることは、すでに疑いがなかった。

しかし、オバマを好きでない有権者でさえ、優先すべきだと考えている課題の多くがオバマと共通している。アメリカ国民は、きれいな空気や水を望んでいる。富裕層の減税よりも中間層の賃金の心配をしている。医療費負担適正化法のおかげで保険に加入できた人は、その保険が失われてもいいとは思っていない。確かに、わが国のような議会制民主主義では、人気のある意見がすべてではない。だが、幾分かの力はある。それが今、元大統領の見解とだいたい一致している。

それでは結局のところ、バラク・オバマはいい大統領だったのか？　この疑問はもう、チャールストンでスピーチした夜に解決済みだと思っている。それをトランプ政権下でもう一度考えてみても、答えは変わらない。未来は恐ろしく不確かになってしまったが、あの過去がなければ、立て続けに蹴りや突きを繰り出すゾーイ・リンの姿は見られなかったはずだ。言うまでもなくオバマはいい大統領だった。彼女の元気がそれを証明している。

オバマのレガシーの話はここまでとして、ほかのスタッフについてはどうだろう？　そう言う僕は至ってまじめだ。オバマ・ワールドの中には、大統領自身を含め、ホワイトハウスが人生のクライマックスだったという人もいるだろう。だが、大多数のスタッフはそうでもない。僕を含め、ホワイトハウスの仕事が大学を出て初めての本格的な仕事だったというスタッフは何千人といる。そんな僕たちの名前が、歴史書に登場することはない。僕たちが下した選択を検証しようと、研究者が生涯を費やすこともない。それでも、僕たちが残せる一つのレガシーとして、以下の疑問にはぜひ答えておきたい。政治にかかわるのは、正しい二〇代の過ごし方と言えるのか？　そうでなければ、次の世代は何をすべきなのか？　僕たちはこれからどうすればいいのか？

僕はこの疑問を考えるたびに、大学の卒業式でイギリスの元首相トニー・ブレアが行ったスピーチを思い出す。ブレアの言葉そのものは覚えていないが、このスピーチのタイトルを「私の身に起きたおもしろいこと　イギリス元首相トニー・ブレア」とすべきだと思ったことは覚えている。ブレアはフランス人をからかうなど、いろいろなエピソードを次々に語り、心の赴くままに従うよう勧めた。さほど深刻な感じでもなかった。

結果的に僕は、そんなつもりもなかったのに、このアドバイスに従うことになった。政治の世界に入ったのは、高尚な理念からではない。たまたま卒業式前後の短期間、そこ以上におもしろそうな場所はないと思ったからだ。心が官僚の世界に赴いていたので、体も素直にそれに従ったのである。

これは、まったくの偶然ではあるが、賢明な選択だった。オバマ・ワールドで二期スピーチライターの仕事をして、誰もが政治の世界に入るべきだとは思わなかったが、誰もが公務の世界に入るべきだとは思った。これは、仕事の内容とは関係ない。むしろ、道徳的姿勢に関係しているからだ。公務につけば、常に「自分はよい行いをしているか?」と誠実に問いかけることになるからだ。自分自身にのみ心を砕き、自分の名声や財産、権力、幸福を何よりも求める人を、悪い人だと言うつもりはない。だがその選択は好ましくない。

ぜひ公務を経験してみてほしい。それは何も、世界が自分を必要としているからではない。そんなことはまずない。世界は自分なしでも問題なく進んでいくし、問題があったとしても、自分だけが解決できるわけではない。それでも公務を勧めるのは、自分のことしか考えられない有能な人間ほど鼻持ちならない存在はないからだ。こうした人間は危険だ。穴を埋めようとして、かえって穴を大きくしてしまう。確かに、誰でも成功はできるかもしれない。だが、地球上での自分の時間が取るに足りないものでありながら、それでもなお重要な意味があるということを実感できるのは、公務だけだ。

それだけではない。若者が公務につけば、学校では学べないことが学べる。

僕は、オバマ・ワールドでの八年間で粘り強さの価値を学んだ。二一歳のころは、歴史が向かうべき方向へ向かっている人は、穏やかな満足感に常に包まれているものと思い込んでいた。よいことをすれば気持ちがいいと思っていた。そうでなければ、誰がわざわざよいことをするだろう？

だが現在では、歴史の向かうべき方向について考えるたびに、ホワイトハウスの同僚の送別会を思い出す。送別会の最後に、主役の上司の一人が乾杯のスピーチをする。

「まる一年間、ジェイコブはメモからデータを集め、それをもとにパワーポイントの資料を作成した。そして、そのパワーポイントの資料からデータを集め、メモを作成した」。心得顔で笑う聴衆を前に一呼吸置き、スピーチはさらに続く。

「そのおかげで、一億四〇〇〇万ものアメリカ人労働者の給与税減税が実現できた」

このエピソードのどちらも間違いなく正しい。確かに、デモ参加者や、明確なビジョンを持つ指導者や、自由を求めて闘う戦士が、変革をもたらすこともある。だが、床一面に汚いカーペットが敷かれたむさ苦しいビルで働くオフィスワーカーが、変革をもたらすこともある。変革は、意義ある目標を設定し、それを達成する体制を整え、最初の高揚した気分が消え去ったあともずっと努力し続けられる人から生まれる。バラク・オバマは、大統領選では希望で勝利をつかんだが、任期中は粘り強さで勝利をつかんだ。

また、オバマ・ワールドでの八年間で、集中することの価値も学んだ。ニュースが生まれてから話題が沸騰するまでのニュースサイクルは、オバマ大統領が就任したころにはすでに二四時間にまで縮小していたが、退任するころには数秒になっていた。ツイートの嵐が瞬時に襲い来る時代になり、大統領は、即座にあらゆる問題に対処しなければならないプレッシャーに絶えず直面した。だが、そんなときに大統領は多大な辛抱強さを発揮し、僕は一度ならずいらいらした。対処が遅れているようにしか見えなかったのだ。ところが実際には、十中八九オバマの行動が正しかった。後にわかったことだが、大きな問題を解決する秘訣は、無視すべきささいな問題を見きわめることにある。

オバマ・ワールドから学んだことは、リストにしたら何ページにもなるだろう。ほかにも、たとえばこんなことを学んだ。決定は結局、意思決定プロセスがものを言う。度量の大きさは、身についた習慣であって、生まれ持った性質ではない。大統領を含め、どんな人間も、ガムをかんでいると間抜けに見える。

その中でも、疑いの余地なくもっとも価値があると考える教訓が一つある。それは、大人なと存在しないということだ。少なくとも、僕が子供のころに思っていたような大人はいない。僕たちがある程度の年齢に達すると、この世界にもう親はいなくなり、子供だらけになる。この子供の中には、あらゆる年齢、あらゆるサイズ、あらゆる職種、あらゆる政治傾向の人がいる。

　僕がオバマ・ワールドで過ごした時代にいちばん感謝している理由がそこにある。人格の形成期にあたるこの八年間、僕はこの子供ばかりの世界で、意に反して大人らしくふるまわなければならなかった。子供は楽しみを求め、大人は達成感を求める。子供は崇拝の対象を求め、大人は尊敬を受ける。子供は自分が獲得したものに価値を見出し、大人は自分が担う責任に価値を見出す。だが、子供と大人で何よりも違うのは、愛し方だ。

　僕が常にこれを理解していたわけではない。二〇一一年、ジャッキーとつき合い始めてまだ一か月もたっていないある晩、僕はアイランド・ジュレップをしこたま飲み、おしゃべりを始めた。

「問題はね、この国の政治に愛が足りないことだよ」

　あとで考えると、何を話しているのか自分でもわからないが、ワシントンに暮らすある種の若者がそう言えば、一緒に寝たい相手への口説き文句でしかない。それがかなった僕はラッキーだった。それでも、もしその話について問い詰められれば、ここに出てくる「愛」とは「夢中になる」という意味だと言っていたのではないかと思う。それこそまさに、僕がイリノイ州選出の新人上院議員を初めて見たときに抱いた気持ちだった。この人は非の打ちどころがない！　最高だ！　完璧なこの人にしか、完璧な世界は作れない！

今にして思えば、この種の愛もすばらしいことに変わりはないが、子供の愛だった。大統領に対してであれ、一人の人間や一つの国に対してであれ、本当の愛はもっとざらざらしたものだ。それは、相手の欠点があらわになったあともずっと求め続けることだ。深く思いを寄せ、自分の幸福よりも相手の幸福を優先する以外の選択肢を持たないことだ。これは単なる感情ではない。それをはるかに超えている。愛とは、幻滅してもなお信じ続けることである。

この愛には、暗黒の時代でさえ明るく輝かせる力がある。トランプが大統領に選出されてから四日後、僕は片膝を突き、どんなに幻滅しても僕を信じ続けてくれるかとジャッキーに尋ねた。いや、たぶんもっとロマンチックな言い方をしたと思う。少しぼかした感じで。それでも彼女にイエスと言ってもらえた僕はラッキーだった。

おかしなことを言うようだが、ジャッキーがプロポーズに応じてくれたときの気持ちは、わが国の新たな最高司令官にはわからないだろう。ドナルド・トランプは七〇歳の子供だからだ（ほかにもいろいろ欠点があるが、それも子供ゆえなのかもしれない）。

僕がゾーイ・リンに会いにフェニックスへ行ったのは、大統領就任式の八日後だが、そのころにはすでに、ホワイトハウスによちよち歩きの幼児を置いておくとどうなるかが明らかになってきた。僕は「最後にスマホをチェックして以来、アメリカがどれだけ悪化したか？」というゲームを考案し、トランプ大統領就任後の一週間、そのゲームを無数に繰り返した。

その答えは、いつも「かなり」だった。環境保護庁の科学者に緘口令が敷かれた。家族を引き裂く新たな国外退去のルールが策定された。法の支配はすでにほころび始めていたが、共和党が支配する連邦議会は消費者保護法の攻撃に忙しく、それどころではなかった。

恐るべき事態だったが、意外ではなかった。むしろ意外だったのは、欠点があるにもかかわらずこの国を愛し、闘わずしてあきらめることを拒む国民が大勢いたことだ。これまで政治にまるで興味を示さなかった友人がぞろぞろやって来て、自分たちにできることはないかと尋ねてきた。僕には簡単に提示できる解決策などなかったが、その質問自体が答えになっていた。そこには、アメリカの最良の部分が表れている。挑戦的で、誇り高く、何があっても楽観的だ。二〇〇八年の大統領選が思い出される。

ステイシー・リンがその一人だったことは言うまでもない。彼女の話では、今回の大統領選の投票日の夜は最悪だった。翌朝はベッドから起き上がる気にもなれなかったという。だが、闘いをやめるつもりはさらさらなかった。それ以外の選択肢はない。一月一五日、ステイシーは地元選出の上院議員の事務所の外に立ち、娘の医療を守るよう要求した。大統領就任式の翌日には、「ウィメンズ・マーチ（女性たちの行進）」に参加した。アメリカ全土で行われたこの抗議集会にはおよそ三〇〇万人が参加し、一回の抗議活動としてはアメリカ史上最大規模となった。

ステイシーは言う。「ゾーイとの人生みたいね。ひどい運命を背負わされたら、力を結集して運命を取り戻さないと」

リン家のキッチンに座って話を聞いていると、さまざまな疑問が浮かんだ。彼女は、僕たちが勝つと思っているのか？ 弱気になったときにはどうしているのか？ 彼女にも眠れないことがあるのか？ だがこの話は、はしゃぎ盛りの六歳の女の子に遮られてしまった。ゾーイは最近キックスケーターを買ってもらったばかりで、外へ遊びに行きたがっている。それは、本来あるべき子供の姿だった。ホワイトハウスで暮らした一人の男、そしてその男をホワイトハウスに導いたあらゆる人々のおかげで、ゾーイはほかの子と同じように、じれったそうに跳ねまわっている。

しかし、それですべてがすんだわけではない。リン家の私道から出ると、僕はスマートフォンを取り出し、最近お気に入りのゲームをした。すると、僕が最後にスマートフォンをチェックしてから数時間で、アメリカはかなり悪化していた。トランプ大統領が、イスラム教徒の入国を禁止するという選挙公約を果たそうと、まずはアフリカと中東の七か国からの入国を禁じたのだ。署名されたばかりのこの大統領命令は、愚劣さと悪意のかたまりと言っていい。イラクでアメリカ軍のために働いていた通訳が、まるで犯罪者のように空港で拘束された。グリーンカード保持者が不当に勾留された。幼児は食べ物も与えられず、老人は薬も手に入れられない。痛ましい出来事だった。

だが、それで終わることはなかった。数時間もすると、何千もの市民が自発的にアメリカの各空港に押し寄せた。ボランティアの弁護士が勾留者の弁護に奔走した。米国自由人権協会が大統領を告訴し、勝利した。結局僕は、スマートフォンである動画を見て、その夜を笑顔で終えることができた。

その動画は、ジョン・F・ケネディ空港で撮影されたものだった。バラク・オバマのスピーチが僕の人生を変えたあの夜に降り立った空港である。だが今回、ターミナルは人でいっぱいだった。選挙戦のときのような熱気にあふれている。カメラが警備室の扉のほうへパンすると、頭にスカーフを巻いた中年女性が勾留を解かれ、足を引きずりながら出てきた。家族が駆け寄って女性を抱き締めるが、女性は安堵のあまりぼんやりしている。そのままゆっくり空港を出ていくと、群衆が騒々しい歓声を上げた。

「U－S－A！　U－S－A！」

意外なことに、ホテルの自室で動画を見ていた僕も、心の中で一緒に叫んでいた。

翌日の午後、ステイシー・リンも僕もフェニックス空港にいた。ステイシーは抗議のため、僕は自宅へ帰るためだ。やがて飛行機が離陸した。車や家が次第に小さくなっていく。そのとき、また例のごとく、サラ・ペイリンの言葉が脳裏をよぎった。

「それで、あの……」と尋ねてくる。

だが、この八日間で初めて、それより一〇〇万倍も重要な疑問がその言葉を押しのけた。ゾーイ・リンは医療を受け続けられるのか？　自由とチャンスの国で育つことができるのか？　夢を実現できるのか（今のところ彼女の夢は、黒帯を取ることと、好きなときに消防訓練ができるように学校の校長になることだった）？

その答えは僕にはわからない。誰にもわからない。しかし、これだけは言える。ドナルド・トランプは、わが国の大統領かもしれないが、わが国の形を決めはしない。今後もわが国の形を決めるとは思えない。ゾーイ・リンは六歳になった。今のところ、ここはまだバラク・オバマのアメリカである。

できないことは何もない。

謝辞

スピーチライターには、謝辞に関する二つのルールがある。第一に、短くまとめなければならない。第二に、それができない場合は、うっかり誰かを書き漏らすことのないようにしなければならない。僕は今、第一のルールを破ろうとしている。第二のルールを破る可能性もかなり高い。こう前もって謝罪しておいてから、以下の人々に感謝の意を表したい。彼らがいなければ、本書の執筆はできなかった。

エージェントのダン・グリーンバーグ。僕がしようとしていることを、僕よりも先に理解してくれた。

編集者のデニス・オズワルド。僕に答えられない質問をし、僕が答えを見つけるまでそばを離れないでいてくれた。

アシュリー・ガーランド、ジェームズ・ファシント、メーガン・ディーンズ、ミリアム・パーカー、ソーニャ・チューズ、エマ・ジャナスキー、そのほか出版社エコーのメンバー。本書に一読の価値があることを確信し、絶対に読むと請け合ってくれた。

キャサリン・バーンズ、モス家の人々。友情に篤く、激励や、天才的なストーリーテリングのアイデアを教えてくれた。

マイク・ファラー、ブラッド・ジェンキンス、『ファニー・オア・ダイ』チーム。質のよい作品を制作するという信念を持ち、数多くの良作を生み出した。

ユナイテッド・タレント・エージェンシーのアマンダ・ヒムソンとジェーソン・リッチマン。その仕事は補足的でありながら効果的だった。

ビンカ・ラフルーア、ジェフ・ヌスバーム、ポール・オーズラック、ジェフ・シェソル。大した証拠もなかったのに、僕にはスピーチの原稿を書く才能があると判断してくれた。

バレリー・ジャレット、コディ・キーナン、ジョン・ファブロー、マイク・ストロットマニス。僕に千載一遇のチャンス（ときには二度目のチャンス）を与えてくれた。

ホワイトハウスにいたころ、無報酬かつたいていは匿名で、大統領のジョークを考案してくれたジャッド・アパトー、デビッド・アクセルロッド、ベス・アーモジーダ、ケビン・ブレイヤー、ジョン・ロベット、アンドリュー・ロー、ニーナ・ペドラッド、ピート・シュルツ、ネル・スコベル、レイチェル・スクラー、ウィル・スティーブン、ケイティ・リッチ、トミー・ビーター、ウエストウィング・ライターズのスタッフ。彼らが提供してくれた類いまれな作品を全部集めれば、本番の長さを五倍は優に超えるスピーチができるだろう。

大統領や大統領夫人のスピーチライター・チームの仲間であるデイブ・カベル、ローラ・ディーン、サラ・ハーウィッツ、スザンナ・ジェイコブ、スティーブ・クルピン、タイラー・レヒテンバーグ、カイル・オコナー、サラダ・ペリー、アニーシュ・ラマン、カーリン・レイチェル、ミーガン・ルーニー、テリー・スープラット。その才能や友情、ほんのときどきだが、僕のオフィスが汚いことをからかってくれたことに、いつも感謝している。

ある章に目を通したり、激励の言葉や貴重なアドバイスをくれたりなど、ほんの少しでも本書をいいものにしようと時間を割いてくれたマイク・バービグリア、ジョアンナ・コールズ、ビリー・アイクナー、アシュリー・フォックス、ピーター・ゴドウィン、ベン・オーリン、ティグ・ノタロ、B・J・ノバク、エリック・オートナー、ケビン・ロー、デビッド・セダリス、エリック・スミス、キンボール・ストラウド、アレクサンドラ・ビーチ（このリストはほんの一部に過ぎない）。

最後に、僕をいつも励ましてくれたオハイオ州のボランティアの方々、ホワイトハウスの仕事仲間、選挙運動仲間。本書を書いている間すっかり忘れていたことを今でも許してくれる友人たち。心が広く優しい家族。いつも僕の模範となり、僕を信じてくれた両親。そして誰よりも、あらゆる点についてジャッキーに感謝したい。

24歳《さい》の僕《ぼく》が、オバマ大統領《だいとうりょう》のスピーチライターに?!

2018年5月30日　初版1刷発行

著者 ———— デビッド・リット
訳者 ———— 山田美明《やまだよしあき》
カバーデザイン ———— 長坂勇司（nagasaka design）
発行者 ———— 田邉浩司
組版 ———— 近代美術
印刷所 ———— 近代美術
製本所 ———— フォーネット社
発行所 ———— 株式会社光文社
〒112-8011　東京都文京区音羽1-16-6
電話 ———— 新書編集部 03-5395-8289
書籍販売部 03-5395-8116
業務部 03-5395-8125

落丁本・乱丁本は業務部へご連絡くだされば、お取り替えいたします。

ISBN978-4-334-96218-0 Printed in Japan